KB149592

사회적 갈등,
어떻게 해결할 것인가

방사성 폐기물 처리장 선정과 관련한
부안군과 경주시의 사례를 중심으로

사회적 갈등, 어떻게 해결할 것인가

초　판 1쇄 인쇄 2019년 12월 10일
　　　 1쇄 발행 2019년 12월 15일

지은이 이승호, 김기홍
펴낸이 박경수
펴낸곳 페가수스

등록번호 제2011-000050호
등록일자 2008년 1월 17일
주　　 소 서울시 노원구 동일로 1114 무궁화빌딩 2층
전　　 화 070-8774-7933
팩　　 스 0504-477-3133
이 메 일 editor@pegasusbooks.co.kr

ISBN 978-89-94651-33-0 93330

사회적 갈등,
어떻게 해결할 것인가

방사성 폐기물 처리장 선정과 관련한 부안군과 경주시의 사례를 중심으로

| 이승호, 김기홍 |

Pegasus
페가수스

들어가는 말

　한 국가가 발전하고 경제규모가 커짐에 따라 그 국가 내에서 사회적 갈등은 과거보다 더 빈번하게 발생하게 된다. 각 경제주체가 경제활동의 영역에서 저마다 바라는 바가 다르고, 바라는 바가 일치하지 않는 영역에서 갈등이 생기기 때문이다. 이런 갈등이 반드시 바람직하지 않은 것은 아니다. 그 갈등을 통해 각 경제주체는 자기의 바라는 바를 명확히 할 수 있고, 그 갈등 해소 과정을 통해 사회는 한 단계 더 발전할 수 있기 때문이다. 그러나 사회가 발전할수록 갈등의 영역이 확대되고, 그 갈등의 해소에 더 많은 비용과 노력이 들게 마련이다.

　한국의 경우 이 같은 사회적 갈등이 가장 첨예하게 드러난 사례는 방사성 폐기물 처리장(이하 방폐장) 건설과 관련된 것이다. 방폐장 건설은 단순한 폐기물 처리 장소를 결정하는 문제가 아니라 방사능이라는 치명적인 위해의 관리 문제와 맞닿아 있다. 쉽게 말해 아무리 많은 경제적 보상을 한다 해도 방폐장 건설이 나와 내 가족의 안전을 위협한다면 쉽게 건설을 용납하기 어렵다는 것이다. 그래서 이 방폐장 문제는 일반적인 사회적 갈등과는 조금 더 복잡한 양상을 띠기도 한다.

　하지만 한 국가의 차원에서는 이 방폐장 건설은 마냥 뒤로 미루기만 할 문제는 아니다. 원자력 발전을 계속하는 한 방사성 폐기물은 여전히 만들어지고 있기에, 어떤 형태로든 방폐장 건설은 반드시 필요하다. 만약 원자력 발전을 그만 둔다고 해도 지금 가동되고 있는 원자력 발전소를 완전히 없애는 과정에서 그동안 만들어진 방사성 폐기물을 관리하고 처리할 장소 역시 필요하다. 하지만 방사능 문제, 쉽게 말해 핵 문제는 누구나 쉽게 인식하고 처리할 수 있는 문제는 아니다. 중앙정부, 지방정부, 지역주민 심지어는 관련 단체의 입장도 저마다 차이가 날 수밖에 없다. 그래서 이와 관련한 사회적 갈등은 거의 필연적이라 할 수 있다.

이 책은 1983년 방폐장 건설 문제가 제기된 이래 2005년 경주시에 중·저준위 방폐장 건설이 확정되기까지의 사회적 갈등과 그 해결과정을 분석한 것이다. 돌이켜 보면 단순한 방폐장 건설 입지를 결정하는 데 무려 20년 이상이 걸렸다. 본문에서 자세히 설명하겠지만 이 문제를 해결하기 위해 고심하는 20년 동안 한국 사회가 경험한 갈등은 매우 다층적이고 복합적이었다. 중앙정부의 일방적 결정, 지방정부의 일방적 결정 혹은 중앙정부와의 협의, 지방의회의 반론, 지역주민과 시민단체의 찬성과 반대 등 일반적인 사회적 갈등에서 경험하는 모든 측면이 고스란히 드러나 있다. 사회적 갈등을 연구하는 연구자 입장에서는 이 방폐장 입지 선정 이상 가는 사례를 찾기 힘들 정도였다. 그래서 그 과정의 분석을 통해서 왜 방폐장 건설 입지 하나를 결정하는 데 20년 이상이 소모되었는지, 왜 부안군에서는 격렬한 주민 반대가 발생했는지, 왜 경주에서는 부안군과는 반대로 시민의 열렬한 찬성이 이루어졌는지 그 과정과 원인을 하나씩 분석해 나갔다. 본문에서 자세히 설명하겠지만 그 분석방법으로는 게임이론적 관점과 협상론적 관점이 동시에 사용되었다. 두 관점은 상호보완적인 것으로서 게임이론적 관점에서 제시된 다소 모호한 결론을 협상론적 관점을 통해 명료하게 했다. 독자들을 위해 조금 먼저 결론을 이야기하자면, 방폐장 입지 선정 과정에서 가장 중요한 요인은 지방정부의 중재자와 협상가의 역할, 지방정부와 지역주민의 끝임없는 소통 (내부협상으로 표현했다), 그리고 중앙정부의 정교한 협상구조 등을 들 수 있다.

하지만 이 책의 분석 역시 완성된 것은 아니다. 2005년의 결정을 통해 2014년 경주에 건설된 것은 중·저준위 핵폐기물 처분 시설이지 고준위 핵폐기물 (사용 후 핵연료라고 말하기도 한다) 처분 시설은 아니다. 다시 말해, 경주시에 방폐장을 건설하기로 결정된 중요한 구조적 요인 중의 하나는 당시 정부가 중·저준위와 고준위 핵폐기물 처분 시설의 건립을 분리했기 때문이다. 방사성 폐기물의 완벽한 처분이라는 관점에서 보면 중·저분위보다는 고준위 핵폐기물 처분 시설의 건립이 더 중요할 수 있다. 고준위 핵폐기물 처분 시설이 건립되어야 핵폐기물 처분이 완결되기 때문이다. 그런 점에서 정부는 고준위 핵 폐기물 처분 시설을 건설하는 과정에서 이 책에서 제시한 정책된 시사점을 통해 충분히 활용했으면 한다.

이 책은 부산대학교 대학원 글로벌경제컨설팅 전공에서 공부한 이승호 박사의 『방사성 폐기물 처리장 입지갈등관리에 대한 게임이론과 협상론적 분석』이라는 박사 학위 논문을 대폭 수정 보완한 것이다. 이 논문의 기본적인 아이디어는 지도교수인 내가 제공한 것은 맞지만, 그 아이디어와 관련된 자료를 정리하고 게임이론과 협상론을 통해 방폐장 입지 선정과정을 분석한 것에는 이승호 박사의 공이 크다. 내가 한 것은, 논문 지도과정에서 이론적 명확성을 제고하고, 또 이 논문을 책으로 만드는 과정에서 독자들이 쉽게 접근할 수 있도록 장절의 구성을 바꾸고, 문장을 좀 더 세련되게 다듬고, 불필요한 이론적 설명과 약간의 오류를 수정한 것이다. 하지만 이 책 역시 사회적 갈등 해소에 대한 완결된 이론적 함의를 담고 있지는 않다. 게임모형을 만드는 과정과 협상론적 분석에서 정량적(定量的) 정치성(精緻性)보다는 정성적(定性的) 일관성(一貫性)을 택했기 때문이다. 사회적 현상에 대해 고민하는 연구자가 항상 직면하는 문제이기는 하지만, 어떤 형태로든 보다 완성된 이론을 향한 연구가 이어지기를 바란다.

돌이켜 보면 경제학이라는 학문적 영역에서 사회적 갈등 현상을 연구하고 분석하려는 것은 쉬운 일이 아니다. 이 사회적 갈등의 영역에 최적화와 개인의 합리성을 근거로 한 경제학적 이론을 적용하기는 쉽지 않기 때문이다. 이승호 박사가 나의 관심영역인 게임이론과 협상론을 공부하겠다고 했을 때 내가 적극적인 성원을 보내지 않은 것도 이 때문이다. 하지만 이승호 박사의 지적인 호기심과 연구열은 끝내 나의 전폭적인 관심을 끌기에 충분했다. 박사 학위를 끝낸 지금, 나는 이승호 박사가 게임이론과 협상론적 관점에서 사회적 갈등에 대한 연구를 지속적으로 해 나갔으면 한다. 특히 이 책에서는 불필요하다고 생각해서 대폭 삭제한 토마스 셸링(Thomas Schelling)의 연구를 통해 전략과 게임, 그리고 협상이 난무하는 이 현실세계에 대해 더 깊은 통찰을 해 나가기를 바란다.

존 맥밀란(John McMillan) 교수를 통해 게임이론을 공부하고 토마스 셸링을 소개 받았던 것이 거의 30년이 다 되어가는데, 그 지적인 연결이 이 한국에서 계속 이어지는 데 깊은 감회를 느낀다.

2019년이 끝나고 2020년이 시작되고 있다. 현실의 세계는 국내건 국제건 어지럽기 짝이 없지만 모든 것이 상호 연결되기에, 언젠가 다가올 좋은 그 시절을 그리며 책을 펼친다. 아니 틀렸다. 지금이 가장 좋은 시절이다.

2019년 12월
두 저자를 대표하여 김기홍

차례

1장
서론

1. 연구의 배경 및 목적

2005년 11월 3일, 경주시는 국내 중·저준위 방사성 폐기물 처리장(이하 방폐장)의 공식적인 건설예정지로 확정되었다. 1980년대 후반부터 계획되었던 국내 방폐장 건설 사업이 10차례의 우여곡절 끝에 약 20년 만에 일단락 된 것이다[1]. 당시 경주 사회에서는 방폐장의 건설부지로 확정된 것을 기꺼이 받아들이며 '경주시민의 위대한 승리'를 자축하는 분위기가 연출되었다. 방폐장의 유치를 통해 지역사회의 발전을 10년 정도 앞당겨 대표적인 관광도시로 각인된 기존의 이미지를 넘어 선두적인 과학 도시로 재도약할 기회를 마련하였다고 파악되었기 때문이다[2].

그런데 주지하다시피 방폐장은 대표적인 위험시설로 분류되는 공공시설이

---

1 물론 우리나라에서 사용 후 핵연료를 비롯한 고준위 폐기물의 처우문제가 아직까지 결정되지 않았다. 그리고 경주시 방폐장에는 고준위 폐기물의 임시보관 혹은 처리를 할 수 없도록 명문화되었다. 그렇기에 국내 방폐장 건설계획은 여전히 진행 중이다.

2 "관광 과학도시 발전 10년 앞당겼다", (2005. 11. 04), 문화일보.

다. 그렇기에 방폐장의 입지를 둘러싸고 촉발되는 갈등은 지역이기주의 현상 중에서도 NIMBY(not-in-my-backyard)현상과 관계가 깊다[3]. 더구나 방폐장의 입지와 관련된 지역주민의 거부감 문제는 여타 다른 비선호시설의 유발 원인으로 이해되는 거리에 따른 비용-편익의 불평등 문제를 뛰어 넘는다. 방폐장은 방사능에 오염된 핵물질을 영구매립 혹은 폐기하는 시설이므로 시설 자체가 극도의 위험성 혹은 위험 가능성을 가진다고 말할 수 있고 그 결과로 방폐장이 입지하는 경우 지역주민은 방사능 노출에 대한 공포감을 항상 가지고 살아가게 될 것이기 때문이다. 즉, 지역주민의 입장에서 방폐장의 입지는 생존권을 포함하는 기본권의 침해에 관한 문제로 인식되기 쉽다. 이와 같은 이유로 방폐장 건설부지 확보에 걸린 20여 년의 기간 동안 특정 지역에 방폐장을 건설하려는 정부와 방폐장의 입지를 거부하는 지역주민 사이에 강력한 갈등과 반목이 형성되어 왔으며, 그 결과 정부의 건설계획 시기마다 심각한 사회적 갈등비용이 반복적으로 발생되었다.

특히 경주시(10차 추진) 사례 직전에 발생한 부안군(8차-9차 추진) 사례는 촉발된 갈등의 기간과 정도를 고려할 때 우리나라 반핵운동의 역사에 남을 만큼 강렬한 사건이었다. 2003년 7월부터 2004년 12월까지 약 1년 남짓한 기간 동안 부안군에서는 방폐장 반대집회가 거의 매일 이루어졌다고 해도 과언이 아니며, 해당 기간 동안 방폐장의 건설을 거부하는 지역주민과 건설을 강행하려는 중앙정부 사이에는 심각한 대립적 갈등이 촉발되었다. 특히 부안

---

3 지역이기주의로 거론되는 또 다른 현상은 PIMFY(please-in-my-front-yard)현상이다. 지역주민이 자신의 거주지 근처에 특정한 공공시설이 입지하는 것을 강하게 거부하는 현상을 NIMBY 현상이라 할 때 PIMFY현상은 특정한 공공시설의 지역 내 입지를 지역주민이 과도하게 요구하는 현상이다. 두 현상 모두 공공시설의 입지를 통해 지역주민이 얻을 수 있는 편익과 비용이 공간적 분포에 따라 불평등하게 나타나기 때문에 발생한다. 즉, 공공시설에 가까울수록 지역주민이 얻는 비용이 편익보다 증가한다면 NIMBY현상이 발생하고 비용보다 편익이 증가한다면 PIMFY현상이 발생한다. 더욱 자세한 내용은 김흥식과 정형덕(1993:10-11)을 참고하기 바란다.

사태 당시 44명이 구속을 당했고 110여명이 사법처리를 받았으며, 95명이 즉결심판에 넘겨졌고 300명이 넘는 주민이 부상을 입었다[4]는 언론보도는 무정부상태 혹은 소요사태로도 불렸던 당시의 분위기를 조금이나마 가늠하게 해준다.

그런데 부안사태가 종료된 지 불과 1년도 지나지 않아 지역주민의 결사적 반대투쟁을 일으켰던 방폐장의 입지문제가 이번에는 PIMFY현상을 방불케 할 정도의 유치경쟁 문제로 변모하였다. 포항, 영덕, 군산, 그리고 경주 시민들이 방폐장의 유치를 놓고 경쟁적 갈등관계에 돌입한 것이다. 그 결과 8차 추진 당시 부안군민의 72%가 참여한 주민투표에서 92%가 반대하였던 방폐장 건설이 10차 추진 당시에는 경주시민의 70%가 참여하여 89.5%의 찬성을 만들어냈다는 사실은 상당히 흥미롭다.

사실 부안사태는 정부의 잘못된 행정전략이 핵에 대한 지역주민의 공포감을 자극하여 발생한 대표적 사례라고 말할 수 있는 반면, 경주시 사례는 적절한 행정전략이 비선호시설에 대한 지역주민의 수용성을 긍정적으로 바꿀 수 있다는 점을 보여주는 사례라고 말할 수 있다. 두 사례에 대한 기존의 비교연구는 주로 전략적 관점보다는 제도적 관점에서 많이 다루어졌다. 이에 이 책은 유사한 공공시설 입지 과정에서 부안군 사례가 실패할 수밖에 없었던 이유와 경주시 사례가 성공할 수 있었던 이유를 상호의존적인 전략의 관점, 다시 말해 게임이론과 전략적 협상론의 시각에서 살펴보고자 한다.

---

4 "부안사태는 대표적인 국책사업 실패〈백서〉", (2005. 11. 04), 연합뉴스.

2. 연구의 차별성 및 기대효과

　확연히 드러나는 부안군과 경주시 사례의 특징은 다양한 학자들의 관심을 불러오기에 충분했다. 그렇기에 두 사례의 비교 분석에 대해서는 이미 많은 연구가 진행되었다. 그런데 해당사례 및 유사사례에 접근하는 연구 대부분의 공통된 특징 혹은 경향을 다음의 두 가지 유형으로 구분할 수 있으며 우리의 차별성 또한 크게 두 가지로 제시할 수 있다.

　첫째, 공공정책에서 기인한 사회적 갈등을 게임이론의 관점에서 다루려는 기존 연구의 대부분은 공공재의 효율적 분배 문제에 집중하여 수인의 딜레마 게임(prisoner's dilemma game, PD게임)과 공유지의 비극(the tragedy of commons) 등에서 발전된 사회적 딜레마(social dilemma)의 해소에 논의의 초점을 맞춘다. 물론 NIMBY현상을 개인적 합리성과 집합적 합리성의 충돌로 이해할 때, 수인의 딜레마 게임은 상충되는 두 가지 합리성의 비효율적 상태를 묘사하는 매우 강력한 모형임에는 틀림없다. 그렇지만 게임을 활용하는 거의 대부분의 연구가 수인의 딜레마 게임에 매료되어 게임적 상황의 비효율적 상태 구현에 편중되어 온 것 또한 사실이다. 이러한 연구적 편향은 게임이론이 가진 다양한 전략적 논의의 틀을 활용할 수 있는 가능성을 스스로 제한한 면이 없지 않다.

반면 이 책은 기존의 연구가 주로 수인의 딜레마 게임으로 파악해오던 방폐장 입지 갈등에 대한 논의가 조정게임(coordination game)에서 출발할 수 있음을 보여준다. 그리고 게임의 해법으로서 전략적 커뮤니케이션 또는 협상전략의 도입여지를 확보하였다. 이를 통해 우리는 공공갈등분석에 대한 게임이론적 접근에 대한 기존의 한계 극복을 시도하고 있다. 다시 말해 우리가 조정게임을 통해 갈등관계에 접근하였다는 점은 그 동안 진행되지 않았던 새로운 시도이다.

둘째, 방폐장과 같은 혐오시설에서 발생하는 갈등을 다루는 기존 연구의 대부분은 중앙정부와 지방정부의 긴밀한 협력을 암묵적으로 전제할 뿐만 아니라 역할과 위상마저도 거의 동일시한다. 이런 경향성이 공통적으로 드러나는 이유는 공공갈등의 본질이 결국 전체집단의 이익을 위해 해당시설을 특정지역에 건설하려는 정부와 해당시설을 통해 경험해야 할 외부경제효과(external effect)에 저항하려는 지역주민의 일차원적 대결구도로 파악되기 때문이다.

그런데 공공정책결정에서 중앙정부와 지방정부의 위상은 분명한 차이를 보일 수밖에 없으며 역할 또한 동일하지 않다. 중앙정부와는 다르게 지방정부는 공공정책의 직접적인 수행주체이며 지역갈등이 발생할 경우 더욱 강력한 타격을 받는다. 그럼에도 그 동안의 연구에서 지방정부의 독립적 역할에 대한 논의는 소외되었다고 말할 수 있으며 극히 드물게 드러나는 연구에서조차 지방정부의 역할에 대한 체계적인 논의를 제공하지 못하고 있다. 이러한 배경에서 이 책은 지방정부의 위상을 중앙정부로부터 분리하여 지방정부의 전략적 행동선택이라는 관점에서 혐오시설 부지 선정 사례에 접근하고자 하였다. 따라서 우리가 이 책에서 묘사하는 갈등의 전반적인 구도는 지역주민을 대변하는 지방정부와 중앙정부를 대변하는 관계부처간의 이차원적 협상게임이다. 여기에서 특별히 강조하는 점은 공공갈등의 해소에 있어서 지방정부의 역할과 행동전략 또는 전략적 선택이 중요하다는 점이다. 우리는 지방정부가 적절하게 선택하는 행동전략이 지역사회의 갈등을 최소화하고 지역주민의 입지수용성에 영향을 끼칠 수 있음을 부안군 사례와 경주시 사례를 중심으로 논의하고 있다.

우리의 연구를 통해 예측할 수 있는 기대효과는 다음과 같다. 우선, 공공시설 입지 갈등 분석에 대해 수인의 딜레마의 틀을 벗어나 조정게임을 제안하였다. 갈등 해소의 측면에서 볼 때 수인의 딜레마 게임을 통해서는 상호협력을 촉발하고 배반을 제한하는 처벌이나 제도적 장치가 무엇인지에 대한 논의가 진행될 수 있는 반면, 조정게임에서는 상호이익을 위한 협력적인 커뮤니케이션이 무엇인지에 대한 논의가 진행될 수 있다. 수인의 딜레마 게임에서 플레이어는 상호배반으로 이익의 실현을 꾀하지만, 조정게임에서 플레이어는 상호협력을 통해서만 이익을 볼 수 있다. 이 책의 논의를 통해서 조정게임의 주요 해법으로 알려진 전략적 커뮤니케이션에 대한 논의가 지역갈등해소 전략의 일환으로 논의될 수 있을 것이다.

또한 이 책은 지방정부가 취할 수 있는 다양한 역할 중에서 중앙정부와 지역주민 사이의 중재자적 역할을 부각시키고 공공갈등의 해법으로서 내부협상의 전략적 활용을 강조하고 있다. 지방정부가 중재자적 역할과 더불어 지역주민의 대리인적 성격을 잘 활용한다면 효율적인 공공시설 입지의 실현이 더욱 가능하리라고 본다. 그것은 바로 내부협상을 통해 입장(position)을 형성하고 이를 전략적으로 활용하는 것이다. 다시 말해서 지방정부가 갈등상황을 적절하게 활용 할 수 있다면 지역사회가 극단적인 갈등상황으로 치닫는 것을 막으면서도 중앙정부와의 협상에서 우위를 차지할 수 있을 것이다. 따라서 본 논의를 통해 내부협상의 가치를 재평가할 수 있는 기회가 될 것이다.

3. 연구의 구성과 방법

이 책의 연구는 총 7개의 장으로 구성되며 전반적인 논의의 구성은 게임이론적 부분과 전략적 협상론의 부분으로 나뉜다. 논의의 흐름은 '서론-분석사례제시-분류 및 검토-문제제기-게임이론적 분석-협상론적 분석-결론'으로 이어진다. 2장에서는 1980년대 후반부터 시작된 국내 방사성 폐기물 처리장의 사례를 살펴본 후 그 내용을 연대기 순으로 요약한다[5]. 특히 부안군과 경주시 사례에 대해서는 매우 상세하게 그 경과를 설명하였다. 3장에서는 본 연구의 분석에 사용된 게임이론과 협상론을 집중적으로 분석하였다. 하지만 모든 이론적 함의를 다 제시한 것은 아니고, 본고의 분석에 필요한 한도 내에서 이론적 함의를 제시하였다. 4장에서는 본격적인 분석을 시작하기 전에 지방정부의 역할을 별도로 모색해 보았다. 5장에서는 2장에서 다루었던 국내 사

---

5 연구의 편의를 위해 본 연구는 국내 방사성 폐기물 처리 과정을 다루는 대부분의 연구처럼 전체 사업계획을 총 10단계로 구분하였다.

례를 활용하여 게임모형을 구성하였으며 그 결과 국내 방폐장 건설과정은 두 개의 이질적 보수구조를 가진 조정게임으로 귀결됨을 보였다. 6장에서는 이 조정게임이 가진 균형선택의 불확실성을 해소하는 차원에서 방폐장 입지 선정과정을 전략적 협상[6]의 관점에서 논의하였다. 7장은 지금까지의 논의를 요약하고 사회적 갈등을 해소하기 위한 지방정부와 중앙정부의 역할을 제시하고, 그 이면에 놓여있는 사회적 갈등을 어떻게 바라보아야할지 사회적 갈등에 대한 인식문제를 제기하였다.

---

6 본 연구에서 사용하는 '협상' 및 '전략' 개념은 모두 게임이론을 이론적 기초로 하여 확장된 것이다. 그러므로 비록 본 연구가 '전략적 협상'이라는 이름을 사용하긴 하지만 본 연구의 내용 전체를 게임이론 중에서 응용게임이론과 관련한 협상게임(Bargaining game)으로 파악해도 무방하다.

2장
방폐장 건설
추진과정

1. 개요

　본 장에서는 1980년대 이후부터 2005년까지 어떤 과정을 거쳐 방폐장이 최종적으로 경주에 건설되게 되었는지 그 과정을 설명한다. [표 1]에 간략히 그 과정을 요약해 놓았지만 정부의 방폐장 부지 선정은 결코 쉽지 않았고 수많은 시행착오를 거쳤다. 이 장의 말미에 제시하고 있지만 방폐장의 건설에 영향을 끼친 주요한 세 가지 요인은 다음과 같다: 방폐장 건설에 따른 적절한 인센티브의 제공, 그 인센티브를 둘러싸고 제시된 효과적인 경쟁구도, 그리고 최종적으로 그 모든 것을 자발적으로 수용하게 한 주민투표.

　그래서 본 장의 주요 목표는 그 20여년의 과정 동안 방폐장 건설부지 확정을 위해 정부가 어떤 방식으로 정책을 취해왔는지, 그 과정에서 지자체는 어떤 방식으로 대응해 왔는지를 구체적으로 설명하는 것이다. 방폐장 설립을 위한 정부의 정책 변화는 크게 세 단계로 구분할 수 있다. 첫 번째 단계는 비밀주의에 입각한 정부지정방식(1차-2차)이다. 뒤에서 자세히 설명하겠지만 이 시기에는 해당 후보지의 과학적 타당성 등이 중요했으며 주민의 동의를

| 표 1 | 방폐장 건설계획에 따른 정부 정책의 변화

추진	주요 건설 계획(위험 인식의 측면)	주요 보상 계획(보상의 측면)
1차 추진 (86-89년)	중·저준위 방폐장, 사용 후 핵연료 임시보관시설 임해내륙 동일단지(150만평 규모)	자료 없음
2차 추진 (90-91년)	도서지역 포함(동일단지 개념)	서해과학연구단지
3차 추진 (91-94년)	1차와 동일(도서지역 배제)	지역개발사업(700~ 1,000억 규모)
4차 추진 (93-94년)	1차와 동일	방촉법 적용(공사기간 매년 50억 원, 운영 기간 중에 매년 30억 원)
5차 추진 (94-95년)	도서지역 포함(동일연계지역 개념)	방촉법+인근지역 추가 보상 방침+서포리 국민관광지 개발 계획
6차 추진 (97-01년)	부지 규모 축소(60만평 규모)	발전소주변지역법 적용(지역지원금 약 2,500억 원)
7차 추진 (01-03년)	6차와 동일	지역지금(3,000억 원)
8차 추진 (2003년)	6차와 동일	지역지금(3,000억 원)+양성자 가속기 사업+한수원 본사 이전
9차 추진 (2004년)	고준위 방폐장 건설 배제	8차와 동일함
10차 추진 (2005년)	임시저장시설 건설 배제	1) 지역지원금(3,000억 원)+양성자 가속기 사업 + 한수원 본사 이전+지원수수료 2) 방폐물유치지역법 적용

심각하게 고려하지는 않았다. 두 번째 단계는 정보공개주의에 입각한 정부지정방식(3차-5차)이다. 이는 첫 번째의 실패를 바탕으로 좀 더 유연하게 정책이 변화한 시기인데 후보지 선정에 있어 공모제를 도입함으로써 지자체 간 경쟁방식 도입을 고려한 시기이다. 세 번째는 이전 두 단계에 의해서 방폐장 건설지가 결정되지 못함에 따라 취해진 것으로 정보공개주의에 입각하여 정

부지정방식과 공모방식(6차-10차)의 혼용으로의 점진적 변화이다. 이 세 번째 단계의 정책이 시행되는 과정에서 전북 부안군 위도의 실패 사례와 경주시 양북면의 성공 사례가 나타났다. 본 장에서는 이 부안군과 경주시의 사례를 보다 깊이 살필 것이다.

  정부 정책의 변화 과정을 살펴보면 지역주민에 대한 정부의 경제적 보상수준이 부지선정 절차의 변화와 발맞추어 점진적으로 변화했다는 점이 두드러진다. 주지하다시피 정부가 제공하는 경제적 보상수준과 지역주민의 수용성이 양(positive)의 비례관계에 있을 것이라는 추론은 합리적이다[7]. 이제 이런 정부의 보상수준 변화와 지역주민의 수용성이 각 지역에 따라 그리고 년도에 따른 정부 정책의 변화에 따라 어떻게 변해왔는지 살피기로 한다.

---

7 방폐장의 입지수용성에 대한 설문조사를 실시한 김경신과 윤순진(2014)의 연구는 이와 같은 추론을 강화 한다. 그들에 따르면 방폐장에 대한 지역주민의 위험인식이 높다고 해도 이를 능가하는 경제적 보상에 대한 인식이 형성되면 지역주민의 위험 수용성이 높아진다(김경신 & 윤순진, 2014:339). [표 1]을 통해 방폐장의 건설계획이 지역주민의 수용성을 높이기 위한 방안으로 보상수준을 증가시키면서 방폐장의 건설 규모를 축소하는 방향으로 점진적으로 변화해 왔다는 사실을 알 수 있다.

2. 비밀주의를 기반으로 한 정부지정 방식

1차 추진(1986~1989년) : 기술적 합리성 접근 – 울진·영덕·영일[8]

우리나라 최초의 상업용 원자로인 고리원전 1호기[9]가 1978년 가동되면서 원자력위원회는 방사성 폐기물 관리에 대한 초기 사업 계획을 마련하였다. 특히 1차 추진 사업 기간 동안 원자력 위원회(211차~221차)가 구체화 한 방폐장 부지 계획은 ①중·저준위 방사성 폐기물은 육지 처분을 원칙으로 하고 이를 위해 구릉성 산지를 고려할 것 ②사용 후 핵연료(고준위 방사성 폐기물)의 임시 보관시설의 입지는 발전소와 최대한 떨어뜨릴 것 ③방사성 폐기물의 수송 용이성을 고려하여 임해내륙지역을 확보할 것 ④방사성 폐기물의 집중적

---

8 경상북도 영일군은 1914년부터 1995년까지 존재하였던 행정구역이며, 1995년 1월 1일부터 포항시와 통합되었다. 따라서 본 연구에서 일컫는 영일군은 2017년 현재 포항시 남구 연일읍을 가리킨다. 편의상 변경 전 행정구역으로 논의를 진행한다.

9 2017년 6월 19일 영구정지 상태에 들어갔으며, 냉각·오염제거·해체 등의 폐로절차가 2030년에 종료될 것으로 예상되고 있다.

관리를 위하여 150만평 규모의 부지를 확보하여 중·저준위 방폐장, 사용 후 핵연료 임시보관 시설, 그리고 관련 부대 연구시설을 동일 부지에 입지시킬 것(배한종, 2016:309-311)으로 구분할 수 있다.

당시 주무부처였던 과학기술처는 1986년 5월 방사성 폐기물 관리 사업 사업수행자로 한국에너지연구소(現 한국원자력연구원)를 선정하고 정보 비공개를 원칙으로 총 3단계에 걸쳐 전국적인 방폐장 입지 타당성 조사에 들어갔다. 동년 7월 한국에너지연구소의 의뢰를 받은 한국전력기술(주)은 국토 및 관광 개발 계획 등에 겹치지 않는 범위에서 89개의 예비후보지를 우선 선정한 후 부지가능면적, 진입로의 용이성, 인구밀집도, 지질상태 등의 세부적 사항을 고려하여 후보지를 동해안 15개, 남서해안 10개 지역으로 간추렸다(이헌석, 2010:10). 1987년 미국 Bechtel社와의 공동연구에서 최종적으로 울진군 기성면, 영덕군 남정면, 영일군 송라면이 각각 1, 2, 3순위로 내정되었고 1988년 12월부터 각 지역의 시추조사와 지구물리탐사가 시작되었다(이헌석, 2010:11). 그런데 1989년 2월 임시국회 질의에서 방폐장 건설 계획이 민간에 공개되면서, 정부는 해당 지역 주민들의 격렬한 반대운동에 직면하게 되었고, 3월부터 부지조사를 중단하고 지역주민을 대상으로 홍보활동을 전개하였다. 그럼에도 주민을 설득하지 못하고 동년 말에 사업을 철수한다(이헌석, 2010:11).

1차 추진 당시 정부는 비선호시설의 부지선정 과정에서 지역주민과의 협상이나 설득의 필요성을 크게 느끼지 못하였던 것으로 보인다. 행정제도의 관점에서 1980년대는 지방자체제도가 부활하기 이전이었고 문화적으로도 정부주도 사업에 대한 중앙정부의 정서적 권위주의가 팽배하였던 시기이다. 또한 정치적으로 당시 우리사회는 제도적 민주주의를 회복하던 급변기였다. 따라서 당시 사회 분위기 속에서 비밀주의에 입각한 정부주도적 사업시행은 당연한 수순이었을 것이다.

당시 정부가 방폐장 입지선정에 접근하는 기본적인 태도는 다음과 같았을 것으로 파악된다: 방폐장과 같은 비선호시설이 해당주민에게는 피해가 갈지 모르지만 사회적으로 반드시 필요한 시설임에는 모두가 동감하는 바이므로 공공의 이익을 위한 소수의 희생에 무임승차(free-riding)할 필요가 있다. 따라서 해당 주민에 대한 설득보다는 교육이나 홍보, 극단적인 경우 고압적인 강요라는 방식을 택할 가능성이 더욱 많았을 것이다. 이런 점에서 정부는 주민과의 공감이나 협조보다는 시설 입지의 과학적 객관성이나 합리적 타당성의 확보에 더욱 무게를 두었다.

반핵운동의 입장에서 1980년대는 국내 반핵운동의 형성기로 볼 수 있다. 1985년도에는 영광 원자력 발전소 입지에 따른 지역보상문제를 두고 해당주민들의 집단적 대응이 최초로 일어났다. 또한 1차 추진시기인 1988~89년에는 고리 원전과 영광 원전 등지에서 노동자 피폭 사망사건, 기형아 출산 사건, 그리고 방사성 폐기물 불법 매립 사건 등이 발생하였다.

이와 같이 방사능과 관련하여 연이어 발생한 각종사건에 의해 방사능에 대한 주민의 공포감은 정부 불신의 형태로 확산되었다. 이런 배경에서 1989년 4월 15일 핵발전소 또는 방폐장 건설 저지를 목표로 전국에서 21개의 환경 사회단체들이 연합하여 결성한 '전국핵발전소추방운동본부'라는 반핵 연대 조직이 발족하였다[10].

---

10 반핵운동과 관련된 시민단체의 입장에 대해 조금 더 구체적인 자료를 얻기 위해서는 에너지정의행동 홈페이지 (energyjustice.kr)를 참고하기 바란다.

2차 추진(1990~1991년) : 정책적 접근시도 – 태안군 안면도

1차 추진에서 지역주민의 강력한 저항을 실감한 과학기술처는 1990년 9월 150만평 규모의 가칭 '서해과학연구단지'를 개발한다는 계획을 세운다. 연구단지에는 원자력 제2연구소가 건설될 예정이었는데, 이 연구소 내에 사용 후 핵연료를 중간저장하고 연구소 인근 무인도 또는 대륙붕 지역에 중·저준위 방폐장을 건설하는 계획이 3급 비밀(김길수, 1997;183)로서 추진되었다.

과학기술처는 서해과학연구단지의 적지로 충남 태안군 고남면에 위치한 안면도를 지목하였는데, 안면도 임야의 46.8%(53.12km^2)가 국·공유지였기 때문에 부지매입 협상에서 유리할 뿐만 아니라 안면도 주변에 114개의 크고 작은 섬이 분포하여 지리적 입지조건 또한 만족스러웠기 때문이다(박재묵, 1994:266). 이에 공식적인 사업추진은 충청남도가 하고 정부는 이를 최종 허가하는 형식을 취하기로 하고 1990년 9월부터 사업계획방식에 대해 충남지사와 협의에 들어갔다(이헌석, 2010:12).

당시 안면도 주민들은 서산 A·B지구 간척 사업, 그리고 한국유리 안면정사소 폐수 유출사고로 인하여 주요 수입원인 어장의 피해를 호소하던 상황이었다. 그런데, 충청남도가 '안면도 국제 관광 단지 조성 계획'을 발표하고 1990년 여름 현지 주민 설명회와 함께 수목원 및 산림 전시관 조성사업을 시작하면서부터 지가(地價)는 상승하고 투자 붐(boom)까지 일기 시작하였다(박재묵(1994:275-276). 이런 분석은 당시 지역개발에 대한 주민의 기대가 상당히 고조되었음을 시사한다.

그런데 과기처의 고위 당국자가 방폐장 건설 계획을 오프 더 레코드(off-the-record) 형식으로 흘리고 각종 언론이 이를 1990년 11월 3일 일제히 보도하면서(강남준, 1994:13), 안면도에서는 11월 5일부터 11월 8일까지 3일간

| 표 2 | 안면도 사건일지

주체	일자	특징
원자력위원회(226차)	90. 9. 6.	충남 안면도 원자력 제2연구소 부지 결정
각종 언론	90. 11. 3.	방폐장 건설 계획 기사화
안면도 핵폐기장 설치 반대 추진위원회	90. 11. 4.	안면도 핵폐기장 설치 반대 추진위원회 발족
안면도 핵폐기물 처분장 설치반대 투쟁위원회(안핵투)	90. 11. 5.	반대 성명발표 후 최초 집회 및 시위(150명)
	90. 11. 6.	안면도 이장 28명 전원 사퇴, 학생 등교 거부시작, 집회 및 시위(4천~6천명), 경찰과 무력충돌
	90. 11. 7.	충남지사 정부와 협의 시인, 주민대표 7명 과기처 장관 면담 후 강행의사 확인. 시위 계속(2천~ 3천명).
	90. 11. 8.	정부의 강행의사에 강경 대응(1만~1만 7천명). 경찰과 무력충돌 및 공권력 일시 마비. 방폐장 반대 운동 충남 전지역으로 확산 조짐. 안핵투 강제해산됨. 과기처장관 계획 철회 구두 발표.
중앙정부	90. 11. 9.	사태책임을 물어 정근모 과기처장관 경질.
안면도 수습위원회(수습위)	90. 11. 10.	수습위 결성, 구속자 석방, 수배자 해제 및 구두 철회 공식화 요구 활동 시작.
원자력위원회(227차)	91. 6. 7.	안면도 원자력 제2연구소 추진계획 공식 철회

자료 : 박재묵(1994 :279-282), 강남준(1994:13-15), 배한종(2016:312-313) 편집

유래 없던 대규모 반핵시위 및 소요사태가 발생하였다. 박재묵(1994:279)은
'거의 모든 주민이 시위에 참가 하였다'고 말한다. 그의 연구에 따르면 당시
안면도 인구는 17,219명으로 최소 추정치 1만 명 기준으로 할 때 전체 주민
의 48.1%, 중위 수 13,500명으로 할 때 78.4%가 시위에 참석한 것이다. 특히
과학기술처 장관이 강행의사를 밝히면서 안면도는 11월 8일 공권력이 일시

마비되는 무정부 상태에까지 이른다.

사태는 과기처 장관이 당일 저녁 방폐장 건설 계획 철회를 발표하고 다음 날인 9일 경질되면서 일단락되었다. 이후 1991년 6월 7일 원자력 위원회(227차)가 방폐장의 안면도 건설 계획을 공식 철회하면서 2차 추진은 마무리 된다. 앞의 [표 2]는 안면도 사건을 연대기별로 간략하게 나타낸 것이다.

3. 정보공개주의를 기반으로 한 정부지정 방식

3차 추진(1991~1994년) : 공모제도의 도입

두 번의 실패를 통해 정부는 사업의 성공을 위해 인문·사회적 변수가 기술적 변수 못지않게 중요하다는 사실을 경험한다. 1·2차 추진에서는 방폐장이 해당 지역에 건설되어야 하는 과학적 타당성의 확보에 주력하였지만 지역 주민의 동의가 없다면 사업의 시행자체가 근본적으로 불가능하다는 점을 인지한 것이다. 그러므로 향후 기술적으로는 차선의 입지조건을 갖춘 지역일지라도 지역주민이 동의한다면 사업의 추진이 가능할 수 있다는 쪽으로 인식이 전환된다.

이러한 맥락에서 과학기술처는 방폐장 부지 선정을 위해 다음의 세 가지 방법을 병행한다. ①도서(島嶼) 및 폐광지역에 방폐장으로 활용 가능한 부지가 존재하는지 파악한다. ②기술적 측면과 함께 인문·사회적 측면을 고려하여 대상 후보지역을 새롭게 선정한다. ③지역홍보를 통하여 자율신청지역을 공개모집한다. 그리고 세 가지 방법에서 도출된 지역을 모두 고려하여 최종 후보지를 새롭게 선별하고, 후보지로 선정된 지역의 주민들과는 보상에 관한 협상을 통해서 방폐장을 건설하기로 결정한 것이다. 계획에 따른 경과 및 결과를 정리하면 다음과 같다.

첫째, 한국자원연구소는 전국 210개의 도서지역과 90개의 폐광지역을 단계별로 검토하였다. 그 결과 적합한 지역은 없는 것으로 판정되었다[11] (배한종, 2016:314).

둘째, 서울대 인구 및 발전문제 연구소와 전국 4개 대학(충남대·전북대·계명대·관동대)은 1991년 4월부터 기술적 측면과 인문·사회적 측면을 동시에 고려하여 '방사성 폐기물 부지확보 및 지역협력 방안 연구 조사'를 착수하였다. 특히 연구 조사과정에서 서울, 대구, 전주, 강릉, 대전에서 공개토론회를 실시한 것은 3차 추진의 특징 중 하나이다. 연구 조사 결과 대학 연구팀은 6곳(강원도 고성군 현내면, 강원도 양양군 현남면, 경북 울진군 기성면, 경북 영일군 청하면, 전남 장흥군 용산면, 그리고 충남 태안군 고남면 안면도)을 최종후보지로 선정하고 홍보전략 및 지역개발 방안 등을 덧붙여 정부에 제공하였다(이헌석, 2010:13).

셋째, 정부는 방폐장 건설 사업과 700억에서 1,000억 원 규모의 지역개발 사업(김길수, 1997:194)의 연계방침을 정하고 1991년 10월 22일부터 11월 5일까지 약 15일간 부지공모를 실시하였다. 이 기간 동안 총 44개 지역이 자율신청을 하였는데, 그 중 7개 지역(전남 고흥군, 전남 무안군, 강원도 삼척군, 경남 남해군, 충남 태안군 안면도, 경북 영일군 2곳)이 최종 후보로 도출되었다. 그런데 전남지역 두 곳은 개인이 신청한 곳이었고 강원도와 남해는 기업체가 신청을 한 곳이었으므로 정상적인 주민연명 절차를 밟은 곳은 안면도와 경북 영일군

---

11 이 결과는 이후 굴업도의 부지선정에 대한 안정성 논란을 낳게 되었다. 5차 추진을 참고하기 바란다.

청하면 밖에 없었다(정주용, 2008:89).

원자력연구소와 한국자원연구소는 1991년 12월 27일 총 13개 지역(용역조사 6곳과 자율신청 7곳) 중 최종 입지 부지를 결정한 후 해당지역 주민과 협의에 들어갈 것임을 밝혔다[12]. 원자력연구소의 발표에 따라 안면도는 또다시 소요사태에 휩싸였고, 기타 후보지역에서도 동시다발적인 반대운동이 전개되었다.

당시 정부는 특히 경북 청하면을 가장 유력한 후보지로 염두에 둔 것으로 보이는데, 1991년에 시행된 지역주민 초청 원자력설명회 총 15회 가운데 12회가 청하지역으로 편중되어 있었기 때문이다(김길수, 1997:184). 청하대책위는 1992년 1월부터 2월 초까지 약 한달간 12회에 걸쳐 400명에서 2,000명 정도가 반핵시위를 벌였으나, 이후 시위 중 구속자 석방을 조건으로 대책위가 해산하여 반핵운동은 소강상태에 들어갔다(김길수, 1997:186). 그런데 방폐장 부지확정을 1993년 1월말까지 끝낸다는 계획 하에 있던 과학기술처가 동년동월 대통령직 인수위원회 보고에서 경북 청하면의 주민수용도가 가장 높다는 보고를 하였다는 사실이 알려지면서 대책위가 재결집하여 정부가 1994년 12월 21일 청하지역 공식철회 입장을 밝힐 때까지 반핵운동이 계속되었다(김길수, 1997:187).

3차 추진 역시 지역주민의 격렬한 반대에 부딪혀 좌절되었지만, 정부는 지역개발과 방폐장 건설을 연계하는 전략의 성공가능성을 공모제를 통해 확인하였다. 지역 차원의 경제적 보상이 일부 주민의 유치의사에 영향을 끼칠 수 있다는 점과 이것이 방폐장 건설의 실마리로 작용할 수 있다는 가능성을 살핀 것이다. 즉, 정부의 연계전략은 갈등 당사자 간의 대립구도를 변경하여 지역

---

12 "최종결정 어디로'관심집중", (1991. 12. 28), 한겨레.

주민의 협상력을 약화시킬 수 있다는 점을 확인한 의의가 있었다. 경제적 보상이라는 정부의 정책적 접근에 동조하여 방폐장의 유치를 공개적으로 찬성하는 주민이 등장한 것은 지역주민 입장에서도 가장 큰 변화이다. 이는 지역사회 내부에서 찬반의 갈등이 발생할 수 있음을 예고하는 것이었기 때문이다.

물론 안면도에서는 원자력 연구소 직원이 부적절한 방법으로 지역주민을 회유하고 포섭하는 사례가 발각되기도 하였다(박재묵, 1994:288; 이헌석, 2010:13-14). 그럼에도 부적절한 몇 가지 사례를 통해 유치 찬성 주민의 전체가 정부 포섭에 의한 것이라 일반화할 수는 없을 것이다. 지역주민과 정부라는 대립구도에서 지역 주민간의 대립이라는 갈등 구도의 변화는 반핵단체의 입장에서도 상당히 위협적이다. 반핵단체는 사건의 제 3자로 개입되었기 때문에 당사자인 주민 간의 분열과 갈등은 결국 그들이 방폐장 유치 반대 집회를 지원하는 명분을 약화시킬 여지가 있기 때문이다.

4차 추진(1993~1994년) : 주민보상 법률의 제정

세 차례의 사업 추진 실패를 통해 정부는 사업의 성공을 위해 인문·사회적 변수의 중요성을 실감하였으며 문제해결을 위한 실마리를 정보공개주의, 주민과의 합의, 그리고 지역개발 사업과의 연계와 같은 적절한 경제적 보상에서 찾을 수 있음을 파악한다. 그리하여 정부는 1993년 1월 이 세 가지 요소를 반영한 '방사성 폐기물 관리 사업의 촉진 및 시설 주변지역의 지원에 관한 법률[13](이하 방촉법)'을 마련한다.

---

13 1993년 6월 입법 예고되었으며 1994년 1월 5일 제정·공포되었다. 1994년 6월 1일부터 법률이 시행 되었으

방촉법을 통한 부지 선정 개념은 정부가 건설 부지를 지정하여 해당 지역주민과 협의하고 그들에게 경제적 보상을 제공하는 기존의 기조와 크게 다를 바가 없었다. 그렇지만 방촉법은 정보공개주의 하에서 사업의 초기 단계부터 정부가 주민의 의견을 청취할 것을 의무화하고 지역주민에 대한 보상과 관련한 개발사업 및 지원사업의 내용을 구체화하여 명문화하였다는 특징을 가진다.

방촉법의 주요내용을 간략히 살펴보면 다음과 같다[14].

- 정보공개와 주민간의 합의 : ① 부지 지정에 앞서 공청회를 열고 과학기술처 장관에 의해 부지가 지정되면 이와 관련된 정보를 지자체·언론·주민에게 공개하고 ②정보 열람에 의해 주민의 질의가 들어오면 과학기술처는 이를 즉각 해소하며 ③주민 및 관계 전문가로 구성된 지역협의회를 두고 주민의 의견을 효율적으로 수렴하고 반영할 수 있도록 했다.

- 지역 개발 사업과 주민 복지의 측면 : ④지역 지원사업의 기간은 방폐장의 건설 및 운영기간으로 하고 매년 지원 사업 계획을 위한 공청회를 개최하며 ⑤방폐장 건설 전에도 사전 지원사업이 가능하도록 했으며 ⑥개발사업에 지역민 우선 고용 원칙을 확립하고 개발 사업으로 생활기반이 타격을 받거나 이주하는 주민에 대한 적극 지원책을 모색하도록 했다.

방촉법의 도입을 두고 과학기술처와 반핵단체는 서로 팽팽하게 대립하였다[15]. 특히 과학기술처와 반핵단체의 현격한 입장 차이는 방촉법에 명시한 '지

며 1997년 6월 11일 '발전소 주변지역 지원에 관한 법률'에 의해 타법폐지되었다.

14 법제처 홈페이지(law.go.kr)에서 검색 후 정리하였다.

15 "핵폐기물 처분장 터 선정 난항", (1993. 09. 18), 한겨레.

역협의회'와 '주민 의견수렴의 정도'에서 드러났다. 문제는 지역협의회 구성에 관한 주도권을 누가 가져갈 것인가와 주민의 의견이 정책시행에 얼마나 영향력을 가질 수 있는가에 있었다. 이를 기술적(技術的)으로는 협상의 구조 형성에 대한 갈등이라고 말할 수 있다. 협상을 위한 제도적 구조의 형태는 플레이어의 협상력에 직접적으로 영향을 미치기 때문이다[16].

반핵단체는 주민의 대책기구가 지역협의회 구성 인사에 대한 실질적 권한을 가질 것과 사업의 시행을 위해 주민 3분의 2 이상의 동의가 있어야 할 것을 주장하였지만[17] 방촉법 시행령[18]은 그 구성원을 해당 지역 지방의회의원, 해당지역의 소속 공무원 2명, 읍·면·동의 장이 추천하는 주민 7명, 과학기술처 장관 및 상공부 장관이 지명하는 전문가 1명으로 하는 내용을 담았다. 나아가 정부는 의견수렴이라는 것이 사전 동의 절차를 포함하여 지역개발사업의 내용을 정하는 것이지 방폐장 설치의 찬반여부에 대한 결정권을 주민에게 주는 것이 아니라는 입장을 표명하였다[19]. 다시 말해 방폐장 부지 선정은 정부의 권한임을 재차 강조한 것이다.

방촉법이 시행되면 방폐장이 들어서는 지역에 공사기간에는 매년 50억 원, 운영기간 중에는 매년 30억 원이 투입된다고 보도되었는데[20], 과학기술처는 방촉법과 연계된 경제적 보상을 토대로 지역 주민의 반발을 어느 정도 완화시키고 방폐장 건설 사업이 탄력을 받을 것이라 기대하였다[21]. 반면, 반핵단체

---

16 협상구조와 협상력에 관한 자세한 논의는 Zartman(2002), 김기홍(2012)을 참고하기 바란다.

17 "핵폐기물 법안통과 터선정 논란 새국면", (1993. 12. 23), 한겨레.

18 방촉법 시행령은 1994년 6월 20일 개정되었다.

19 "핵폐기물 터선정 시행령 논란 지역주민 의사 반영 길 막혔다", (1994. 05. 07), 한겨레.

20 방사성폐기물 관리시설 지역 매년 30~50억 원 지원", (1994. 05. 08), 매일경제.

21 "정부「방사성폐기물법안」확정", (1993. 11. 01), 매일경제.

는 방촉법의 도입에 대해 난색을 표하였는데, 이는 3차 추진에서 경제적 보상을 이유로 일부 주민이 과학기술처에 포섭되는 사례를 발견할 수 있었기 때문으로 생각된다. 정부 정책에 동의하는 주민이 발생하면 해당 지역에 방폐장이 들어설 가능성은 당연히 증가하기 때문이다. 실제로 경남 양산군 장안읍에서는 방촉법 시행 3개월 전인 1994년 3월 방폐장 유치를 동의하는 '장안읍발전추진위원회'가 결성되었고 1994년 5월에는 경북 울진군 기성면에서도 지역주민의 57%가 찬성하는 유치신청서가 과학기술처에 제출되었다(배한종, 2016:316). 비록 두 번의 유치시도 역시 반대주민 및 반핵단체의 저항으로 무산되기는 하였으나 방촉법의 시행은 향후 방폐장 유치를 놓고 지역주민 간의 찬반대립구도가 빈번히 발생할 것임을 시사하였다.

5차 추진(1994~1995년) : 옹진군 굴업도

정부는 1994년 10월 29일 국무총리를 위원장으로 하는 '방사성폐기물관리사업추진위원회(이하 추진위)' 규정을 통과시키고 방폐장 건설 사업과 관련한 최종부지 결정권을 추진위에 부여한다. 관련하여 사업수행자 또한 기존 '원자력연구소'에서 과기처차관을 단장으로 하는 '방사성폐기물관리사업기획단(이하 기획단)'으로 변경되었다. 이와 같은 사업 추진체계의 대대적인 변경은 방촉법의 도입과 함께 공식화된 주민 보상에 대한 범정부적 차원의 지원이 필요했기 때문일 것이다. 추진위의 구성은 경제기획원·내무부·법무부·상공자원부·과기처의 각 장관과 임명직 5명의 위원으로 범정부적 차원에서 편성되었고 기획단 역시 각 부처 43명의 공무원으로 이루어졌다.

새롭게 편성된 추진위는 우선 연구단지 조성에 대한 기존의 동일단지개념을 동일연계지역개념으로 확대한다. 다시 말해 연구단지 또는 거주시설과 같은 부속건물을 방폐장과 어느 정도 떨어진 곳에 건설하는 것까지 고려하기로 한 것이다. 그 후 분리개념에 따라 전국의 임해지역, 폐광 그리고 도서 지역을 재조사한다. 1994년 11월 추진위는 재조사 결과를 반영하여 방폐장 후보지 10곳을 새롭게 발표하였는데, 1991년 서울대 용역보고의 6곳[22]과 새로 선정한 3곳(굴업도·삽시도·비안도), 그리고 1994년 5월 유치신청서를 제출한 장안읍이 그것이었다. 그리고 약 1개월 뒤인 1994년 12월 22일 김시중 당시 과기처 장관은 기자회견을 통해 방폐장 부지로 굴업도를 공식 선정한다고 발표하기에 이른다.

굴업도는 덕적도를 모(母)섬으로 하며 인천에서 남서쪽으로 90km 떨어진 곳에 위치한 약 50만평 규모의 섬으로 당시 6가구 10명의 주민이 거주하였다[23]. 당시 덕적면은 경기도 옹진군에 속해 있었는데 옹진군은 다음 해에 인천광역시에 편입될 예정이었다[24].

부지 선정과 더불어 정부는 방촉법에 따라 굴업도에 매년 50억 원, 운영기간 중 매년 30억 원 규모의 지역 개발 사업을 추진할 것을 밝힌다. 그리고 이와 더불어 별도의 지역발전기금 5백억 원을 조성하기로 하고 매년 30억 원 상당을 덕적면에 70%, 인근 읍면에 30%씩 각각 지원하겠다고 밝혔다[25]. 이와 같은 대대적인 지원을 바탕으로 정부는 굴업도가 속한 덕적군도(群島)를 해상관광단지로 집중 개발하는 등 서포리 국민관광지 개발을 제시하였다. 방폐

---

22 3차 추진을 참고하기 바란다.

23 「굴업도 선정」실무 한영성 과기처차관 연구단지는 옹진군내 연륙지에", (1994. 12. 26), 경향신문.

24 덕적면은 41개의 유·무인도로 형성되어 있으며 대표적인 섬으로 덕적도, 소야도, 문갑도, 그리고 굴업도가 있다. 덕적도는 굴업도에서 북동쪽으로 13km거리에 있다.

25 "굴업도인근 집중개발 연구·관광단지 조성…지역기금 500억조성", (1994. 12. 23), 매일경제.

장의 건설은 동일연계지역 개념을 적용하여 굴업도에는 방폐장을 건설하고 연구단지는 덕적도에 조성하기로 결정했다[26]. 정부정책에 대해 굴업도 주민은 이주에 대한 충분한 보상이 있다면 계획에 반대할 이유가 없다는 입장이었으며 정부에 동의서 또한 제출하였다.

반면, 굴업도의 모섬인 덕적도 주민들은 인천지역 반핵단체들과 연계하여 방폐장 반대시위를 서울 및 인천 등지에서 지속적으로 전개하였다. 정부 정책에 대한 주민들과 반핵단체의 반발은 가두행진, 토론회 무산, 면사무소 점거, 서명투쟁 등 다양한 방법으로 표출되었고 그 규모 또한 갈수록 커졌다. 나아가 1995년 6월 27일 제1회 지방선거에서 당선된 최기선 인천시장은 굴업도 방폐장 건설 철회를 위해 중앙정부와 일전도 불사한다는 각오를 표명함[27]으로써 굴업도 사태는 중앙정부와 반대주민 간의 갈등에서 중앙정부와 지방정부의 갈등으로 확장되었다.

한편, 한국원자력연구소는 1995년 5월부터 굴업도에 대한 부지 특성조사 및 환경영향 평가에 들어갔다. 그 결과 굴업도 주변 반경 3km 해저에서 활성단층의 존재가능성을 발견하였고, 이러한 사실은 1995년 10월 7일 과학기술처를 통해 발표되었다. 정부의 추가적인 정밀조사에서 활성단층의 존재가 확정됨에 따라 원자력위원회는 1995년 12월 15일 굴업도 계획을 공식 철회한다.

5차 추진이 실패하면서 사업추진에 대한 정부의 미숙함 등이 여기저기서 성토되었다. 굴업도 계획은 결과적으로 볼 때 불필요한 사회적 갈등 비용의 유발하고 사업추진에 대한 예산낭비를 초래한 실패한 사업이었다. 정부신뢰의 관점에서 굴업도의 사례는 중앙행정 전반에 대한 국민의 불신을 증대시키

---

26 "굴업도 지정고시 연기 과기처, 덕적도 핵폐기물연구시설은 확정", (1995. 02. 17), 한겨레.

27 "최기선 인천시장 세계속의 인천 만들기 주력", (1995. 06. 28), 경향신문.

기에 충분했다. 협상의 관점에서도 중앙정부는 사업추진의 기초적인 실수를 범하는 나쁜 선례를 가지게 되었다. 사업부지에 대한 명확한 조사가 선행되지 않은 상태에서 적합하지 않은 부지를 적합하다고 홍보해온 것이다. 특히 굴업도 사업의 주체였던 추진위와 기획단이 범부처적 협상조직이었기 때문에 공공사업에 대한 강력한 추진력을 보유한 강점이 있었지만 부처이기주의와 내부적 갈등이라는 약점 또한 동시에 가지고 있었다.

4. 정보공개주의를 기반으로 한 혼용 방식
- 자원 신청방식과 사업자 주도방식의 병행 -

6차 추진(1996~2001년) : 자원 신청방식의 시행

　김영삼 대통령은 1996년 1월 11일 열린 국가과학기술자문회의에서 5차 추진의 실패를 두고 "연구소의 과학자가 담당하기에는 부적절하다", "사업경험이 풍부한 한국전력이 전담하는 방안을 총리실에서 검토하라"고 지시하였다[28]. 대통령의 지시에 따라 정부는 1년 동안 원자력 사업 추진체제 정비에 들어간다. 그 결과 1997년 1월 1일부터 통상산업부(現 산업통상자원부)가 방사성 폐기물에 관한 업무전반을 담당하게 되었고 과학기술처는 방폐장의 안전규제와 사용 후 핵연료 관련기술 연구개발 등 기술적인 부문을 담당하게 되었다. 통상산업부는 당시 발전소 등 국내 전력 생산과 관련된 업무 전반을 다루고 있었으므로 '방사성 폐기물 관리 사업의 촉진 및 시설 주변지역의 지원에

28　"핵폐기장 건설 한전전담 김대통령 원자력사업 국가차원서 추진", (1996. 01. 12). 동아일보.

관한 법률(방촉법)'은 1997년 6월 11일 '발전소 주변지역 지원에 관한 법률(발전소 주변지역법)'로 흡수된다.

과학기술처로부터 업무 이관을 받은 산업자원부[29]는 약 1년간 정책연구를 통해 관계부처 협의를 완료하여 1998년 9월 30일 '방사상폐기물관리대책'을 확정하고 발표하였다. 산업자원부(1998)의 새로운 계획은 다음과 같다. 첫째, 부지선정에 있어서 유치공모를 통한 자원신청방식을 도입한다. 둘째, 부지선정업무는 발전소 사업 경험이 풍부한 한국전력이 주관한다. 셋째, 관리시설 부지규모는 기존 150만평에서 약 60만평 규모로 축소하여 관련 투자소요를 절약한다. 넷째, '발전소주변지역법'에 의해 주변지역지원사업기금을 재원으로 지역지원사업의 규모를 확대한다. 예를 들어 산업자원부(1998)는 5차 추진 계획이었던 굴업도 사업을 새로운 대책에 적용하였을 경우 해당지역에 대한 지원금의 규모는 기존 1,750억 원에서 현행 2,127억 원으로 증액된다고 밝혔다.

계획에 따라 한국전력[30]은 2000년 6월 27일부터 2001년 6월 30일까지 기초자치단체를 대상으로 부지 유치 공모를 실시하였다. 지원자격은 부지 규모, 자연환경, 그리고 인문·사회학적 제반 요건이 충족되고 법령상의 부지위치기준에 부합하는 임해지역이었으며 유치신청의 방식은 방폐장 건설 사업에 대해 기초지방의회의 동의를 구하여 기초지방자치단체장이 한국전력공사에 신청하는 순서였다(배한종, 2016:320-321). 특히 지방의회의 동의를 구하는 방법은 자발적 유치 신청의 대표성을 높이고 신청서 제출 이후 지역 내 갈등을 줄이기 위한 조치였다(이은경, 2009:36).

---

29 통상산업부는 1998년 2월 28일 산업자원부로 개편되었다.

30 2001년 4월 1일 한국전력이 분사하면서 '한국수력원자력(주)'가 업무를 계승한다.

유치 공모 결과 정부의 파격적인 보상과 사업자 이관은 실효성을 나타내는 듯 보였다. 유치기간 중 총 7개 지역에서 자발적인 유치활동이 전개되었고 마감결과 5개 지역(강진, 영광, 고창, 진도, 보령)의 주민이 지방자치단체에 유치 신청하였다. 특히 강진과 영광의 경우, 각각 유권자의 44%와 43%가 유치를 서명하였으며 고창에서도 유치를 희망한 주민이 25%에 달했다[31]. 일부지역에서 거의 과반수에 가까운 주민이 유치 청원에 참여했다는 결과에 대해 산업자원부(2001:2)는 상당히 고무적으로 받아들였지만, 주민들의 유치 청원을 각각의 지방의회 및 지방자치단체장이 기각함으로써 방폐장 자율 유치를 통한 방폐장 부지 선정은 실패로 돌아갔다.

7차 추진(2001~2003년) : 사업자 주도 방식의 병행

2001년 4월 1일 한국전력이 분사함에 따라 '방사성 폐기물 관리사업'은 한국수력원자력(이하 한수원)이 이관 받는다. 한수원은 6월말까지 방폐장 유치에 나선 지방자치단체가 없자 2001년 8월 6일 '사업자 주도 방식의 부지확보 방안'을 수립하였다(산업자원부, 2001).

새로운 방침에 따라 한수원은 부지선정을 동명기술공단(주)에 용역 의뢰한다. 공단은 2001년 12월부터 1년간 전국 임해지역을 대상으로 각 지역의 기술적, 문화적, 사회적 환경요건을 고려하여 부지정밀조사를 실시하였다. 조사 결과 동·서해안 각 2개소씩 총 4곳의 최종후보지(경북 울진군 근남면 산포리, 경

---

31 강진, 영광, 고창, 진도, 보령 순으로 유권자 대비 유치청원율을 알아보면 각각 16,387/37,000(44%), 21,636/49,400(43%), 13,573/54,000(25%), 6,150/32,000(19%), 1,704/85,000(2%)이다(산업자원부, 2001).

북 영덕군 남정면 우곡리, 전북 고창군 해리면 광승리, 전남 영광군 홍농읍 성산리)가 도출되었으며(산업자원부, 2003:4), 산업자원부는 2003년 2월 5일 방사성폐기물 관리부지를 동·서해안 각 1개소씩으로 정할 것임을 발표하였다. 정부는 부지선정의 공정성 및 투명성을 확보하기 위하여 용역조사 결과와는 별도로 향후 1년간 후보지역에 대한 지질 및 환경성 재조사를 실시하고 지자체와 지역주민의 협의 또한 반드시 거치는 방안을 마련하였다. 나아가 자원신청방식 또한 병행하여 협의기간 동안 유치 신청을 하는 지자체의 의견을 적극 검토하기로 하였다(산업자원부, 2003:1). 최종 부지의 확정은 정부, 사업자, 학계, 사회단체가 참여하는 '부지선정위원회'에 맡기기로 하였다. 방폐장 부지로 선정되는 지역에 대해서 정부는 3천억 원 규모의 지역지원금을 토대로 문화·관광화 사업 지원, 지역경제 활성화 사업 지원, 그리고 국도·교량 및 항만시설 등 사회간접자본(SOC, Social Overhead Capital) 확충 지원 등 구체적인 방안을 마련하여 범정부적 지원을 아끼지 않기로 결정하였다(산업자원부, 2003:5).

한편, 반핵단체, 환경단체, 그리고 최종후보지 4개 지역의 반대단체 등은 대대적인 불복운동을 전개하였다. 정부 발표 다음날인 2003년 2월 6일부터 환경단체 및 반핵단체 등은 '핵 폐기장 백지화 핵 발전 추방 반핵국민행동'이라는 단체를 결성하여 전국적인 반대운동에 들어갔다. 4개 후보지역에서도 지방자치단체장, 지방의회, 그리고 사회단체장 등이 주도하여 반핵운동이 전개되었다.

전국적인 반핵운동에 대응하여 정부는 4개 후보지 발표 약 2달 뒤인 2003년 4월 21일 '방사성 폐기물 관리사업'에 '양성자 기반 공학기술 개발 사업' 및 '한수원 본사 이전' 등 추가지원을 연계하는 방침을 발표한다. 특히 '양성자 기반 공학기술 개발 사업'은 약 1조원의 부가가치 효과가 있는 것으로 알려져 2003년 1월부터 전북 익산, 전남 영광, 강원 춘천, 강원 철원, 그리고 대구시가 유치경쟁을 벌이던 대표적인 PIMFY(Please-in-my-front-yard)사업이었다. 연계 방침에 따라 4대 후보지가 유치를 신청할 경우 그 지역을 사업선정의 우선순위로 두고, 기존 양성자 가속기 사업 유치 경쟁지역과 그 외 지역이 유치신청을 할 경우 그 지역은 2순위로 두는 방안이 마련된다.

방폐장 선정을 위해 정부가 자원 신청방식과 사업자 주도방식이 혼합된 형태의 정책을 내건 이래 가장 논란이 된 것은 제8차 부안군 위도와 제10차의 경주시 양북면 사례이다. 이제 부안군과 경주시의 사례는 절을 달리하여 조금 더 자세히 살피기로 한다. 제9차의 방폐장 선정은 부안군 위도가 후보지에서 탈락한 이래 경주시 양북면이 새로운 후보지로 부각되기 전까지를 의미하는 것으로 '부안군 위도 사례'의 말미에 언급하기로 한다.

5. 부안군 위도의 사례

8차 추진(2003년) : 방폐장 유치경쟁과 부안군 위도[32]

　부안군 위도는 방폐장 설치와 관련한 매우 중요한 사례이다. 그것은 정부의 적극적인 지원책에 힘입어 방폐장 설치에 찬성하는 데 까지 이를 것으로 보여졌으나 부안군 내부의 갈등, 부안군 위도 주민의 엇갈린 태도, 다소 미숙한 정부의 태도로 인해 결국 방폐장 설치 예비후보지로서의 지위를 상실하게 되었기 때문이다. 지금부터 부안군 위도의 경험을 두 단계로 나누어 설명할 것이다. 사전협상 단계와 본 협상 단계가 그것이다. 사전협상 단계는 부안군 위도가 유일한 방폐장 후보지로 선정되기까지의 과정, 본 협상 단계는 다소 복잡한 과정을 거쳐 위도가 후보지의 지위를 상실하기까지의 과정을 설명한다.

32　부안군 방폐장 사례와 관련하여 본 절의 8차 추진과 9차 추진에서 다루는 서사적 내용은 주로 사회갈등연구소(2010:39-207)에서 제시한 당시의 각종 언론자료를 재구성한 것이다.

(1) 사전협상 단계 : 양성자 가속기 연계에서 유치신청까지

2003년 5월초 '양성자 기반 공학 기술 개발 사업'을 방폐장 건설과 연계하겠다는 정부의 방침이 발표되자 4대 후보지 중 하나인 고창을 보유한 전라북도가 방폐장 유치에 깊은 관심을 표명하면서 지역 내 갈등이 시작된다. 도내 자연과학 교수들로 구성된 '전라북도 과학기술 자문단'은 양성자 가속기 연계 소식에 즉각 응답하여 방폐장 유치를 적극 지지하는 성명을 발표하였으며, 전라북도는 5월 6일 방폐장의 유치를 희망한다는 공식 입장을 표명한다. 전북의 긍정적인 움직임에 반발하여 '핵폐기장 백지화, 에너지정책 전환을 위한 전북대책위원회'는 대학이 고창군민의 생명을 담보로 대학발전을 꾀하고 있다면서 도청 앞에서 방폐장 건설 계획 중단 집회를 개최하였다. 뒤이어 5월 13일 전라북도 지역 23개 대학 총학생회 협의회는 찬반 토론을 통해 방폐장의 유치가 낙후된 전북 발전에 새로운 원동력이 될 것이라는 긍정적 의사를 표시한다. 이렇게 방폐장 건설을 두고 전북지역 내 찬·반 논란이 가속화되자 당사자인 고창군의회는 2003년 5월 23일 방폐장의 안전성 입증문제를 들어 반대 입장을 공식화한다.

5월 26일, 유럽 방폐장 해외시찰을 마치고 돌아온 강현욱 전북도지사는 기자회견에서 도민 공감대를 형성해 사업유치에 적극 나설 것임을 천명한다. 동시에 그는 산자부에 개발지원금 6천억 원 증액, 한수원 본사 유치 및 해수 담수화설비 산업 유치, 전북대 분교 신축비용 한수원 부담, 유치지역에 별도의 장기적 재정지원, 그리고 방폐장 종사자 지역 쿼터제와 농산물 소비대책 등을 마련해줄 것을 중앙정부에 요구하였으며 산자부는 이를 전향적으로 검토하겠다고 밝혔다. 이에 따라 3일 뒤인 5월 29일 고창 해리면 주민은 방폐장 건설에 대한 군의회의 공식적인 반대 입장에도 불구하고 지역 주민의 54%의 찬성 서명을 받아 방폐장 유치 성명을 발표한다.

한편, 4대 후보지는 아니었지만 방폐장 유치에 관심을 가진 지역이 하나 둘 씩 등장한다. 군산시 비안도 주민대표 5명은 2003년 5월 16일 군산시장과 만나 주민 이주를 선결조건으로 방폐장 유치를 할 수 있다는 의사를 밝힌다. 또한 부안군 위도에서는 5월 초 '방폐장 유치 위원회'를 구성하고 주민서명 돌입, 대덕연구단지 원자력 환경기술원 시설견학, 및 유치 서명 작업에 들어가 5월 23일 68.7%의 유치 찬성을 받아냈다[33]. 반면, 위도 주민의 움직임에 부안군 주민들은 농민회를 중심으로 반대위원회를 구성한다.

2003년 6월초 전라북도는 '방사성 폐기물 관리시설 추진지원단'을 발족하고, 산업자원부는 지방자치단체장 초청 간담회 및 순회설명회에 들어간다. 여기에서 방폐장 유치지역에 대한 구체적인 지원 계획(지역발전 장기구상)이 드러났는데, 양성자 가속기 사업과 한수원 본사 이전 등을 포함하여 20년간 총 2조1천억 원이 지원되는 것으로 알려졌다. 지역발전 장기 구상에 대해 조금 더 자세히 살펴보면 유치지역 지원금 3천억 원, 방폐장·양성자 가속기·한수원 본사 이전사업에 8천6백억 원, 중앙정부 지원금 4천9백억 원, 지역개발사업 4천9백억 원이 포함되어 있었다.

부안군 위도에서는 찬성주민들이 방폐장 부지 조사 요청서 제출, 굴착신고서 제출, 유치촉구집회, 방폐장 유치 홍보활동 등 적극적인 유치활동을 전개하였다. 그 결과 찬성여론이 확장되면서 부안군에서도 방폐장유치위원회가 결성되어 유치활동에 들어가기도 하였다. 하지만 당시 부안군의 공무원은 방폐장 유치에 비협조적인 태도를 보였다. 군의 계획이 결정된 바 없다는 것이 그 이유였다. 특히 방폐장 부지조사와 굴착신고를 2차례 반려하였는데 이에

---

33 김길수(2004:166)의 연구에 따르면 위도주민이 유치 청원 당시에는 주민의 80%이상이 서명한 것으로 되어 있다.

한수원은 부안군의 신고 반려가 부당하다며 행정심판을 제기한다.

한편, 산자부는 2003년 6월 27일 '원전수거물 부지선정 최종 방침'을 발표한다. 이 방침은 신청 마감기한인 2003년 7월 15일까지 4대 후보지가 아니었지만 부지적합성이 양호한 지역도 이들과 동등한 우선권을 부여한다는 내용과 마감기한까지 자치단체장의 자율유치 신청이 없을 경우 주민자율 유치 신청을 받아 주민투표를 통해 후보지를 선정한다는 내용을 골자로 하였다.

2003년 7월, 방폐장의 유치는 군산 신시도와 부안 위도의 양자대결로 보였다. 위도 주민은 9일 부안군에 방폐장 유치 청원서를 제출하였고 11일에 있을 군의회의 답변을 기다리고 있었다. 그러던 차에 10일 군산의 유치포기[34] 소식을 듣게 되었고, 김종규 부안군수는 '신시도에 만들 바엔 차라리 위도에 설치하자는 게 찬성 주민의 이유였다'면서 방폐장 유치에 부정적인 태도를 견지하였다. 그러나 11일 오전 9시 30분경 그는 갑자기 방폐장 유치신청을 선언하는 기자회견을 한다. 하루 만에 돌연 자신의 입장을 바꾼 것이다. 동시에 그는 방폐장 유치와 연계하여 추가적인 지원사업[35]에 대한 중앙정부의 확답을 15일까지 요구했다. 그런데 군수의 유치신청 선언 직후인 11시경에 열린 군의회는 위도 주민들의 유치 청원을 찬성 5표, 반대 7표, 기권 1표로 부결하여 부안군수의 의지와 배치되는 결정을 한다.

---

34 정부의 지원계획 발표에 대해 군산시는 적극적인 사업 추진의사를 밝히고 6월 15일 지질조사 및 굴착작업에 들어갔다. 반면, 유력한 후보지였던 고창에서는 이강수 군수가 해리면 주민의 방폐장 유치청원에 적극 협조할 뜻을 비쳤지만 군의회의 강력한 반대의지와 지역구 국회의원의 반대의사에 직면하여 사업추진이 흐지부지된다. 2003년 7월, 군산시는 주민설명회등 공감대를 적극적으로 만들어가면서 방폐장 유치에 전력을 다하였다. 특히, 7월 2일 강근호 군산시장은 15일까지 자율신청을 할 계획을 공언하면서 군산시의회의 부정적 입장과 대비하여 관내 유치를 장담하였다. 그런데, 7월 10일 굴착조사 결과 신시도 등에서 활성단층이 발견되면서 군산은 유치신청 자격을 상실하였다.

35 특별지원금 6천억 상향조정, 국립공원 해제 및 조정, 바다목장 조성, 한수원 본사 2006년까지 이전완료, 전북대 분교 설립, 농수축산물 판로보장 정책지원, 농업기반공사 지사 승격, 격포 변산권 개발권역 지정 및 SOC확충, 원전 수거물 감시위원회 설치 등을 포함하는 7가지 항목 67개 추가적인 지원 사업.

독단적으로 보이는[36] 부안군수의 유치신청 선언이 있은 다음 날인 7월 12일 한수원은 부안군에서 실시하였던 지질조사 결과에 양호판정을 내린다. 그리고 7월 14일 부안군수와 부안군의회 의장은 산자부에 유치신청서를 제출하고 7월 15일 정부의 유치 공모가 마감되면서 부안군은 유일한 방폐장 후보지가 된다.

(2) 본협상 단계 : 유치신청에서 주민투표까지[37]

가. 유치신청에서 주민투표에 이르는 과정

2003년 7월, 부안군이 방폐장 예비후보지로 확정됨에 따라 전라북도에서는 방폐장 건설을 둘러싸고 사회단체간의 찬반 성명과 반핵집회가 잇따른다. 전라북도 의약단체, 전라북도 관광협회, 전라북도 체육회 등[38]은 방폐장 유치 찬성 성명을 내건 반면 부안군내 의료인, 천주교인, 그리고 농협조합장 등은 유치 반대를 선언하였다. 부안군에서는 연일 반대집회와 함께 반핵여론이 확산되었으며, 강경시위로 경찰과 무력충돌이 발생하기도 하였다. 부안군의원 일부는 부안군 의장 불신임 및 부안군수 사퇴권고안을 제출하였고, 일부 주민들은 부안군 의장을 폭행하기도 하였다.

산업자원부는 7월 24일 위도를 방폐장 부지로 최종확정하고, 부안군수가

---

36 많은 연구에서 부안사태의 발단으로 부안군수의 독단적인 유치신청을 들고 있다. 하지만 그가 왜 갑자기 입장을 바꿨는지에 대한 논의는 부족하다. 부안군수가 정부의 제안에 단순히 순응하였다고 보기보다는 역제안을 통해 정부와 협상을 하려 했던 것으로 보인다. 이 부분에 대해서는 6장을 참고하기 바란다.

37 부안군 방폐장 사례와 관련하여 본 절의 8차 추진과 9차 추진에서 다루는 서사적 내용은 주로 사회갈등연구소(2010:39-207)에서 제시한 당시의 각종 언론자료를 재구성한 것이다.

38 그 외에도 생활체육협의회, 전북 예술인총연합회, 사단법인 인터넷PC협회 전주지회, 광복회, 상이군경회 등 도내 5대 국가보훈단체가 도내 방폐장 유치지지 선언을 하였다.

제안한 67가지 안건 및 부안군 개발사업에 대해 관계부처 협의에 들어갔다. 그런데 일부 사안에 대해서는 행정부 간 합의가 난항에 직면하게 된다. 예를 들어 변산반도 국립공원 구역 조정, 서해안 생태공원 조정, 그리고 벼 전량 수매 등은 논의에서 제외되었으며, 이에 부안군수와 전라북도는 정부의 태도를 소극적이라고 보고 우려를 표명하였다. 더구나 29일 정부의 현금보상불가 방침이 전해지면서 위도에서는 방폐장 유치신청 반납에 대한 여론이 형성되기에 이른다. 이에 위도 유치위원회는 현금보상의 중요성을 강조하면서 위도 특별법의 법제화를 요구하였다.

2003년 8월, 군민들의 연이은 시위 가운데 시위의 성격이 군수퇴진운동에서 대정부시위로 바뀌어가고 시위지역 또한 부안군에서 전라북도로 확산되어갔다. 전라북도 내 50여 개 시민단체는 부안과 전주에서 고속도로 점거와 야간 촛불집회, 격포항에서 해상시위 등을 이어 나갔다. 13일에는 주민 1만 명이 모인 가운데 부안주민 총파업 투쟁의 날 선포식을 열고 고속도로나 댐, 고압 송전탑 같은 사회간접자본기능을 마비시키는 시위를 계속하겠다고 밝힌다.

정부에서는 부안군 지원을 위해 관계부처와 협의를 계속하였다. 그 결과 양성자 가속기 사업 유치에 들어가는 지방비 부담금 4백억 원을 지원하기로 하는 등 부안군수의 제안에 협조적인 모습을 보였다. 하지만 행정부처간 협의의 실패로 실행이 불가능한 사업이 생겨났다. 특히 문화관광부는 카지노 위도 유치 사업에 수용불가 방침을 표방하였다. 67개 사업안 중 8월 당시 정부가 수용가능한 사안은 38개, 부분수용 사안은 23개, 수용불가 사안은 3개, 그리고 미검토 사안은 3개였다[39].

---

39 "[위도-부안문제 집중점검①] 무엇이 문제인가", (2003. 11. 25), 파이낸셜뉴스.

결과적으로 위도에서도 정부에 불만을 품고 방폐장 유치를 거부하는 세력(위도 지킴이)이 나타난다. 한편, 위도 유치위는 직접보상을 포함하는 요구안을 정부에 제출하고 이행을 촉구하였고, 태도가 변하지 않을 경우 유치철회도 불사하겠다는 입장을 밝힌다. 김두관 행자부 장관은 28일 부안대책위를 방문하고 부안사태해결을 위한 공동위원회를 제안하여 대화분위기를 이끌어냈지만, 공동위원회의 구성과 논의에 대한 입장 차이를 확인한 채 공동위원회를 통한 대화는 불발로 끝을 맺는다.

2003년 9월, 반대파의 강경 집회가 연일 이어지는 가운데, 위도 유치위는 현금보상의 대안으로 위도주식회사 설립을 요구하고 산자부는 긍정적인 입장을 비춘다. 위도주식회사는 군수를 대표이사로 하여 2천억 원 규모의 자금을 출자하여 위도 주민이 주식의 형태로 배당을 받는 형식이다. 한편, 8일 김종규 부안군수가 반대위원장인 진원스님을 만나기 위해 내소사를 찾았다가 뒤따라온 주민 천여 명에 의해 감금된 후 일부 주민에 의해 폭행당하는 사건이 발생하였으며, 24일 부안군의회 의원 7명이 방폐장 백지화 이전까지 의회 등원을 거부하는 성명을 낸다.

2003년 10월, 고건 국무총리는 부안대책위 대표단과 간담회를 가지고 '부안민정대화기구' 구성을 합의한다. 부안지역 현안 해결을 위한 공동협의회(부안민정대화기구)는 총 4차에 걸쳐서 회의를 진행하였다. 하지만 회의 동안에도 정부와 부안대책위의 시각차는 좀처럼 좁혀지지 않는다. 정부는 위도 방폐장 건설을 전제로 대화하기를 원했다. 그것은 주민들의 반발이 방폐장의 위험성에 대한 잘못된 정보에 기인한 것으로 판단하였기 때문이다. 따라서 방폐장의 안전에 대한 명확한 정보를 주민에게 전달하여 핵에 대한 막연한 불안감을 종식시킨 뒤 방폐장 건설에 대한 주민의 의사를 물어야 한다고 주장하였다. 이를 위해서 시설의 안정성에 대한 설명회 또는 공청회(23회), 찬반토론회

(34회), 국내외 시설견학, 그리고 위도 정밀지질조사 과정에 주민참여를 제안하였다.

반면, 부안대책위는 위도 방폐장 건설 계획의 백지화 및 에너지 정책의 공론화를 요구하였다. 부안의 부지선정 과정은 주민의 의견 수렴 및 동의가 충분치 않았으므로 사업 진행은 전면적으로 유보하거나 중단해야 한다는 것이었다. 나아가 핵에너지를 포함하여 국가의 중장기적 에너지 정책의 투명성과 사회적 합의를 이루기 위해 '국가 에너지 정책 수립을 위한 민관공동위원회'를 구성을 제안하였다.

양측의 팽팽한 입장 차 속에서 부안 사태 해결을 위한 해법으로 주민투표가 공식적으로 거론되었지만 주민투표 시기에 대한 합의는 새로운 논쟁거리였다. 부안대책위는 11월 14일 주민투표 연내 실시를 제안하고 받아들여지지 않을 경우 대화기구 철수 방침을 전한다. 반면, 정부는 주민투표법이 국회 계류 중이고 찬성 측의 홍보 시간도 부족하므로 연내투표는 불가하다는 공식 입장을 17일 밝힌다. 정부의 연내투표 불가 입장에 따라 주민시위는 다시 과격해져 폭력시위로 변질된다. 22일 최병모 민변회장은 주민투표를 2004년 2월에 시행하는 수정안을 중재안으로 정부에 제시하였지만 정부의 불가 방침에는 변함이 없었다.

나. 사적(私的)주민투표와 공적(公的)주민투표

2003년 12월 10일, 정부는 부안사태에 대한 절차적 문제를 인정하고 주민투표를 포함하여 부지 선정과정이 공론화될 수 있도록 하는 부지선정 보완방침[40]을 발표하고 관계부서 검토에 들어갔다. 새로운 방침에는 부안군의 위상

---

40 정부는 보완방침을 기반으로 관계부서 검토를 거쳐 2004년 2월 5일 원전수거물 관리시설 부지공모에 대한

을 확정후보지에서 예비후보지로 환원하는 것과 타 지역의 추가적인 유치청원을 허용하는 내용을 담고 있었다.

정부의 보완방침 발표에 따라 부안군수가 제시하였던 67개 사업안은 제동이 걸리게 되었지만 전라북도와 부안군수는 방폐장 유치에 대한 의지를 보였다. 또한 반대파의 강경한 대응에 의해 와해되었던 유치파가 다시 규합하여 12월 19일 범부안군 국책사업유치추진연맹을 결성하고 적극적인 방폐장 유치활동에 들어갔다. 반면 반대파는 정부가 보완방침을 발표하면서 위도 건설계획을 백지화 하지 않은 것에 대해 강한 유감을 표명하였다. 나아가 정부의 보완방침은 자신들이 계획하고 있는 주민투표에 대한 시간 끌기에 지나지 않는다고 반발하였다.

부안대책위는 2004년 2월 14일 독자적인 주민투표(이하 2.14주민투표)를 실시하기로 결정하고 본격적인 준비에 들어갔다. 1월 24일에는 주민투표관리위원회를 개소하였으며 1월 27일부터 찬반 순회토론회를 실시하였다. 그런데 찬반토론회에는 사실상 찬성인사가 참석하지 않아 반대논리의 당위성만을 주장하는 형식이 되었다.

당시 정부는 1월 20일 주민투표법을 공포하였으며 시행일인 7월 30일 이전에 실시하는 주민투표는 위법이라는 점을 강조하였다. 나아가 정부가 2월 4일에 발표한 방사성폐기장 부지선정 보완방침에서 제시한 주민투표기한 (2004.09.15.~2004.11.30.)을 따르지 않는 부안대책위의 독자적인 주민투표에 법적효력을 인정할 수 없다는 입장을 나타내었다. 부안군수, 전북도지사, 방폐장 유치 찬성 단체, 그리고 부안군청 공무원 등은 각각 2.14주민투표 반대성명을 내고 불법주민투표 저지를 위하여 집회 및 홍보활동을 이어갔다. 주

공고를 발표한다. 보완방침의 세부적인 내용은 9차 추진을 참고하기 바란다.

민투표를 둘러싼 찬성과 반대는 지역 주민들 간의 반목과 대립으로 나타났으며 폭력사건이 유발되기도 하였다. 지역사회의 극심한 혼란 속에서 2월 14일 부안군 주민투표는 예정대로 실시되었다. 위도에서는 유치파가 투표소를 점거하여 주민투표가 좌절되었지만, 위도를 제외한 36개 지역의 투표결과 전체 유권자 52,108명 중 72.04%인 37,540명이 참여하였으며, 그 결과 91.83%인 37,540명이 방폐장 유치 반대표를 던졌다.

2.14주민투표 이후에도 유치파는 11월 30일까지 합법적인 주민투표(이하 11.30주민투표)를 거쳐 유치 안건이 가결된다면 위도에 방폐장 건설이 가능하다고 판단하고 적극적인 유치활동에 돌입했다. 위도는 정부의 부지선정 보안방침에 근거해 예비신청지역의 지위를 보유하고 있었기 때문이다. 따라서 부안군에서는 2.14주민투표의 결과를 받아들여야 한다는 반대파와 11.30주민투표를 실시하여 방폐장을 유치하겠다는 유치파의 대립과 갈등이 멈추지 않았으며 이들의 반목은 물리적 충돌로 나타나기도 하였다.

부안군의회에서도 유치와 반대를 둘러싼 의원들 간에 주민투표조례안 제정을 두고 대립이 심화되었다. 8월 18일 유치파 의원들의 일방적인 표결로 조례안이 가결되었으나 이후에도 논란은 종식되지 않았다. 9월 15일 방폐장 유치 예비신청을 한 지자체가 한 곳도 없자 부안군은 다시 유일한 후보지가 되었다. 그렇지만 이미 정부에서는 11.30주민투표 실시에 대한 비관론과 함께 방폐장 건설 사업에 대한 새로운 절차에 대한 논의가 진행되고 있었다. 11월 12일 한수원 부안사무소가 완전히 철수하였으며, 11월 30일 주민투표가 이뤄지지 않아 부안군은 공식적으로 예비후보지의 지위를 상실하게 되었다.

9차 추진(2004년) : 부지선정 보완방침에 따른 추가 유치 공모

정부는 2003년 12월 10일 발표한 부지선정 보완방침에 따라 2004년 2월 5일부터 부안군 외 지역의 추가적인 방폐장 유치 공모에 들어갔다. 이번 공고에서 정부는 중·저준위 방사성 폐기물 처리장이 들어서는 부지에 고준위 방폐물의 영구처분 시설이나 재처리 시설의 건설은 고려하지 않겠다는 뜻을 밝혔다. 다시 말해 이번 공고를 통해 그동안 논란거리였던 고준위 방폐장의 향후 입지 의혹, 다시 말해 임시저장시설을 포함한 중·저준위 방폐장의 수용이 향후 고준위 방폐장의 수용으로 연결될지도 모른다는 의문을 해소한 것이다. 또한 정부는 지원의 규모를 부안군에 제시하였던 3천억 원의 지원금, 양성자 기반공학기술 개발사업, 그리고 한국 수력 원자력 본사 이전 등은 그대로 유지하였다.

부지선정 보완방침에 따르면 방폐장 후보지가 되기 위해서 우선, 지역 주민 1/3이상이 5월 31일까지 산자부에 유치청원서를 제출해야 한다. 만약, 청원하는 지역이 없다면 그 기한은 9월 15일까지로 연장한다. 주민의 유치청원 이후 지자체장은 9월 15일까지 산자부에 예비신청을 할 수 있는데 이때에는 지방의회의 승인을 얻어야만 한다. 지자체장의 예비신청 이후 해당지역 주민은 1월 20일 공포된 주민투표법(시행일, 7월 30일)에 따라 주민투표를 실시하며 그 기한은 11월 30일까지로 한다. 물론, 주민투표 이전까지 방폐장을 고려하는 지역에서는 찬반토론 기간이 반드시 선행되어야 한다. 주민투표가 가결되면 본 신청이 완료된 것으로 간주하고 지역주민 대표가 참여하는 부지선정위원회가 12월말까지 최종부지 확정을 위한 심사를 한다. 부지 확정 이후에도 지역주민 대표, 시민사회단체 대표 등이 방폐장 건설 및 운영단계의 운영위원회에 참여하게 된다.

신규 유치공모에 따라 방폐장 유치에 관심을 가진 지역이 각지에서 나타났다. 5월 31일까지 지역주민이 산자부에 유치청원서를 제출한 지역은 총 8개 시·군(10개 지역)이었으며 각각은 [표 3]과 같다. 예비신청이 마감된 이후인 6월 1일, 집권당인 열린우리당 내 국민통합실천위원회는 정부가 추진하던 방폐장 유치를 둘러싼 갈등의 중재자 역할을 자청하고 나선다. 이들은 방폐장 문제의 해결구도를 '정부-주민'의 양자구도에서 '정부-주민-시민단체'의 삼자구도로 변화시켜야 한다고 판단하고 공론화 기구 구성을 위해 산자부 및 시민단체와 접촉하였고, 9월 10일 중재안을 내어 놓는다. 그런데 공론화 기구 구성을 위한 국민통합실천위원회의 노력은 당시 정부가 추진하고 있던 유치 일정의 전면 재검토 요구로 이어지게 되었다.

| 표 3 | 2004년 유치 청원 지역(2004. 05. 31 현재)

지역	대상부지	유권자(명)	서명자(명)	서명률(%)
울진	근남면 산포리	3,025	1,263	41.75
	기성면 삼산리	3,091	1,364	44.13
	북면 고목리	6,413	2,467	38.45
고창	해리면 광승리	3,323	1,308	39.36
군산	소룡동 비응도	10,370	4,196	40.46
	옥도면 어청도	3,200	1,245	38.91
영광	홍농읍 성산리	6,455	4,400	68.16
완도	생일면 유서리	973	356	37.00
장흥	용산면 상발리	2,607	926	35.52
강화	서도면 볼음도리	581	215	37.00

자료 : 사회갈등연구소(2010:176)

한편, 주민들의 유치청원이 있었던 8개 시·군 지역의 지방정부는 모두 방폐장 유치에 부정적인 입장을 나타내었다. 특히 장흥, 고창, 군산 등 방폐장 건설에 호의적이었던 지방정부 마저도 유치반대로 돌아선 것은 부안사태로 인한 부담감과 유치 일정이 재검토 될지도 모른다는 정부의 정책 혼선에 대한 불안감에 기인한 것으로 보인다. 이에 따라 9월 15일 신규 유치 예비 신청이 마감되었으나 이를 신청한 지자체는 한곳도 없었다. 결국 부안군은 다시 유일한 방폐장 후보지로 남게 되었다. 그렇지만 2004년 11월 30일 부안군에서 주민투표가 열리지 않았기 때문에 12월 1일자로 부안군은 방폐장 후보지로서의 법적 자격을 상실했다. 따라서 정부가 그동안 추진하였던 방폐장 유치 계획 또한 원점으로 돌아갔다.

6. 10차 추진: 경주시 양북면의 사례

2004년 12월 1일자로 위도 방폐장 계획이 무산된 이후, 정부가 예고하였던 중·저준위 방폐장 건설을 위한 특별법이 2005년 3월 2일 국회 본회의를 통과하게 된다. 이로 인해 전북 군산시, 강원도 삼척시, 경북 포항시를 비롯한 각 기초의회에서는 방폐장 유치 문제가 또다시 논란이 되기 시작했다. 특별법이 고준위 방폐물의 지역 내 유입에 대한 우려를 잠식시키면서도 경제적 인센티브를 높은 수준으로 유지하고 있었기 때문이다. 나아가 정부가 방폐장 건설과 양성자 가속기 사업 연계방침을 계속 유지한 것이 지방정부의 흥미를 끌었다. 게다가 당시 정부가 추진하던 공공기관 지방 이전 계획에 따라 방폐장 건설 지역에 한국전력 본사[41]까지 이전할 수 있을 것이라는 소문[42]까지 돌

---

41 한전은 당시 기준으로 연매출 23조6천600억 원, 직원 수 2만명(본사직원 1천명), 연간 지방세 수입만 800억 원에 달하였으므로 한전의 유치는 엄청난 지역발전 효과를 가져올 것으로 예상되었다(경북일보, 2005. 05. 12일자, "韓電 경북유치'청신호'").

42 실제로 정부에서는 2005년 5월 12일 한국전력 본사 지방이전과 방폐장의 연계방침에 대한 논의가 있었다. 그런데 특별법이 존재하는 상황에서 한전본사까지 더하는 것은 너무 과한 인센티브라는 의견이 제기되었

고 있었기 때문에 방폐장 유치는 곧 지역경제의 활성화를 넘어 지역발전의 획기적 사건이 될 것이라는 낙관론이 힘을 받기에 충분했다. 그리고 방폐장 유치에 대한 낙관론적 분위기가 생성되는 가운데 각 지역의 시민사회단체들은 기초의회의 결정을 견제하고 나섰다.

사전협상 단계 : 방폐물 유치 지역법의 제정과 유치공모

이 단계에서는 방폐물 유치 지역법을 배경으로 경북 영덕, 경북 포항, 전북 군산, 경북 경주가 방폐장 유치를 신청하는 과정을 설명한다.

(1) 중·저준위 방폐장 유치지역 지원에 관한 특별법 제정

2004년 12월 1일, 부안군이 예비후보지 자격을 상실하면서 2003년 초부터 한수원이 진행하였던 일련의 노력들이 모두 수포로 돌아갔다. 이후 정부는 2004년 12월 17일 제253차 원자력 위원회 논의를 통해 새로운 정책방향을 결정하였다. 제252회 제8차 국회 본회의는 2005년 3월 2일 부안군에서의 경험과 '발전소 주변 지역법'의 내용을 토대로 '중·저준위방사성폐기물 처분시설의 유치지역 지원에 관한 특별법(방폐물유치 지역법)'을 의결하였다.

'방폐물 유치 지역법'의 특징을 크게 나누어 살펴보면[43] 우선 ①'중·저준위 방폐장 유치지역에 고준위 방폐물 임시저장시설을 건설하지 않는다는 원칙'

다. 이후 한전본사 이전의 규모를 축소하고 방폐장의 연계안 또한 폐지되었다. 다만 방폐장 유치지역에서도 별도로 한전 유치경쟁에 참여할 수 있었다(경북일보, 2005. 05. 27, "한전-방폐장 연계안 사실상 폐기").

43 법제처 홈페이지(law.go.kr)에서 '중·저준위방사성폐기물 처분시설의 유치지역에 관한 특별법'(법률 제7444호) 검색 후 정리하였다.

을 명문화하였다. 다음으로 부안군 추진 때 논란이 되었던 민주적 절차 및 보상 등에 대해서 ②'유치 대상 지역에 설명회와 토론회 개최 및 주민투표 의무화', ③'특별지원금 3천억 원 및 한수원 본사 이전'을 명문화하였다. 주민지원사업의 측면에서는 ④'국무총리를 위원장으로 하는 유치지역지원위원회 설치 및 실무위원회를 통한 범정부적 유치지역지원', ⑤ '지원수수료를 통한 주민지원사업 재원 확보'를 공식화 하였다. 특히, 방폐물 반입수수료는 방폐물 처분수수료와 유치지역 지원수수료로 구분되는데, 지원수수료[44]의 3/4은 유치지역 지자체에 귀속시켜 방폐장 사업이 지자체의 주민지원사업을 위한 장기적인 수입원이 될 수 있도록 하였으며, 1/4은 사업자에 귀속시켜 사업자가 전기요금보조사업, 관광진흥사업 등 독자적인 주민지원을 하도록 하였다. ⑥ 그 외 국·공유재산의 대부, 국고보조금의 인상 지원, 지역주민 우선 고용 등 다양한 특례규정을 명문화하였다.

'방폐물 유치 지역법'은 그 동안 논란이 되었던 고준위 방폐물의 방폐장 유치 지역 내 입지 가능성을 종식시켰으며 주민 보상에 대한 법적인 지원체계를 명확히 하였다. 나아가 보상에 대한 명문화 작업은 정부 정책의 일관성을 확약하는 부분과 연결된다. 정권이나 장관 교체 등을 비롯해 방폐장과 관련된 정부 행정에 구조적인 변화가 일어난다 하더라도 명문화된 법 규정은 효력을 유지하기 때문이다.

(2) 부지선정위원회와 부지 선정 방침

2005년 3월 11일, 새롭게 구성된 부지선정위원회가 출범하였다. 부지선정

---

44 방폐물유치지역법 시행령(19047호) 제 31조 2항에 따르면 지원수수료는 200리터 용량의 드럼 당 637,500원이었다.

위원회는 한갑수 산업경제연구원장을 위원장으로 인문·사회 및 과학·기술 분야 전문가, 법조인, 언론인, 그리고 시민단체 인사 등 다양한 분야 인사 17명으로 구성되었으며 주민투표, 설명회, 토론회 등을 통해 방폐장 부지 선정에 지역주민의 참여와 의견수렴의 기회를 충분히 마련하여 사회적 갈등을 최소화하기로 하였다[45].

2005년 4월 7일, 부지선정위원회는 부지선정 공고 이전에 부지 적합성 조사에 착수한다는 방침을 밝혔고, 8일부터 군산을 시작으로 사전 부지조사에 관심을 보인 경주, 울진, 영덕, 포항, 삼척에 대한 사전 부지조사 및 부지적합성조사에 들어갔다(배한종, 2016:334). 이와 같은 부지선정위원회의 선(先)부지조사방침은 지자체의 신청이 있었지만 해당 지역 주민들의 반발로 인해 적합성 조사에 애로를 겪었던 그간의 경험을 되풀이 하지 않겠다는 뜻으로 풀이되었다[46].

2005년 6월 16일, 정부는 '중·저준위 방사성 폐기물 처분시설 후보부지 선정 등에 관한 공고'(이하 6.16부지선정절차)를 발표하였다. 공고문[47]에서 부지선정에 대한 내용을 살펴보면 다음과 같다.

①부지선정위원회는 후보 부지의 기술적 여건과 인문, 사회, 그리고 환경적 여건을 종합적으로 고려하여 해당부지의 부지적합성을 결정한다. ②부지적합성 결과가 일정기준을 충족하는 경우, 해당 지역의 지자체장은 지방의회의 동의를 얻어 2005년 8월 31일까지 산업자원부에 방폐장 유치 신청을 한다. ③만약, 유치 신청지역이 2개 이하일 때 부지선정위원회는 부지적합판정

45 "중·저준위 방폐장 '부지선정위원회' 출범", (2005. 03. 11), 정책브리핑.
46 "방폐장 선정 부지적합성 조사 선행키로(종합)", (2005. 04. 07), 연합뉴스.
47 "중·저준위방사성폐기물 처분시설 후보부지 선정 등에 관한 공고", (2005. 09. 11), 부안독립신문, 재인용.

을 받은 지역의 주민을 대상으로 여론조사를 실시하고 그 결과에 따라 해당 지자체에 주민투표 실시를 요구할 수 있으며, 그 기한은 9월 15일까지이다. ④ 주민투표는 동시에 치러지는 것으로 하며, 주민투표 결과 유권자의 1/3 이상이 투표하고 찬성이 과반수인 지역 중 가장 높은 찬성률을 나타낸 지역을 최종 후보 부지로 선정한다.

6.16부지선정절차의 새로운 특징은 후보 지역 간의 경쟁구도의 도입이다. 그동안의 부지 선정 사례에서 지역 간의 방폐장 유치경쟁이 없었던 것은 아니지만 이전까지는 유치경쟁이 절차상 필요한 조건으로 파악되기보다는 자연스러운 현상으로 이해되어 왔다. 그렇지만 6.16부지선정절차를 통해 유치 신청지역이 전무하거나 1곳이 있을 경우에도 부지선정위원회는 특정지역에 주민투표를 요구하여 경쟁구도를 만들 수 있게 된 것이다. 다시 말해 부지 적합성에서 양호한 지역을 대상으로 무조건적인 경쟁체제를 유도할 수 있는 시스템이었다.

(3) 중·저준위 방폐장 유치 신청까지 (경북 포항시)

정부가 특별법을 통하여 방폐장 부지 선정에 대한 새로운 방침을 내어 놓은 가운데 전국 지자체 중에서 가장 먼저 움직인 곳은 포항시였다. 정장식 포항시장은 정부의 특별법 발표 다음날인 2005년 3월 3일 방폐장 유치의 경제 효과에 대해 검토지시를 내린다[48]. 그리고 8일 포항공대가 지역 내 방폐장을 유치할 경우 방폐장의 안전성 확보를 위해 설계 및 시공, 감리에 대한 기술지원 및 협조에 적극 동참하겠다는 뜻을 밝히면서[49] 지역 내 방폐장 유치에 대

---

48 "포항시장, 방사성폐기시설 안정성 검토 지시", (2005. 03. 04), 경향신문.

49 "포항 중·저준위 방폐장 유치논의 본격화", (2005. 03. 08), 경북일보.

한 분위기가 무르익어간다.

포항공대는 당시 세계 5개 국가 만이 가지고 있는 방사광 가속기를 보유한 상태였다. 그러므로 포항시장은 방사광 가속기와 양성자 가속기의 연계 가동으로 얻을 수 있는 시너지 효과를 통해 포항을 최첨단 과학도시로 만들 수 있고 지역경제의 발전을 20~30년 앞당길 수 있다고 주장하였다. 더욱이 양성자 가속기의 설계에 방사광 가속기 팀이 다수 포함되어 있는 만큼 차후 운용적인 면에서도 국가적 경비절감 효과가 클 것이라고 포항 유치의 당위성을 설명하였다[50].

방폐장 건설 부지는 상옥리 주민 165명이 5월 12일 산업자원부에 방폐장 지질조사 청원서를 제출하면서 포항시 북구 중장면 상옥리 일대가 거론되기 시작했고[51], 부지선정위원회는 8월 19일 부지 적합 판정을 내린다[52]. 이후 포항시의회는 방폐장 유치 동의안에 대한 회의에서 의원 35명 중 34명이 참석한 가운데 찬성 21표, 반대 12표, 무효 1표로 방폐장 유치를 가결[53]하면서 본격적인 방폐장 유치전에 돌입하게 되었다.

한편, 3차 추진 당시 방폐장 유치를 놓고 갈등을 빚었던 청하면은 1995년 1월부로 포항시에 편입되어 있는 상태였다. 따라서 청하면 주민들은 포항시의 방폐장 유치 분위기에 상당히 민감하였으며 이후 청하면 주민과 포항환경운동연합, 그리고 민주노총포항시협의회를 중심으로 방폐장 건설 반대운동이 진행되었다.

---

50 "방폐장 유치 의사 있다", (2005. 03. 28), 경북일보.

51 "포항 상옥리 주민들, 방폐장 지질조사 청원", (2005. 05. 12), 경북일보.

52 "포항 · 울진 · 영덕 · 삼척 등 4곳 방폐장 부지 '적합'판정", (2005. 08. 19), 경북일보.

53 "포항시의회 방폐장 유치안 가결", (2005. 08. 23), 경북일보.

(4) 중·저준위 방폐장 유치 신청까지 (경북 울진군)

울진군은 한울 원자력 발전소 단지가 위치한 지역으로 총 6기의 원전을 보유하고 있으며 신1호기부터 신4호기까지 추가적인 원전 4기가 건설되고 있던 지역이다. 이처럼 울진은 많은 원전이 밀집된 지역일 뿐만 아니라 산업자원부가 99년 4월 울진에 추가 원전 4기(신1호기~신4호기)의 착공 당시 더 이상 울진에 원전이나 방폐장의 부지를 확보하지 않을 것임을 약속한 지역이기도 하다. 그런데 방폐장의 건설에 정부가 막대한 인센티브를 제시하는 경우 울진군이 여기에 참여할 것인가에 대한 지역 내 찬·반 논란이 심화되었다.

울진군의 방폐장 유치운동은 울진발전포럼과 울진대통합추진위원회(이하 찬성파)를 중심으로 전개되었는데 이들은 낙후된 지역 개발을 위해 방폐장은 반드시 필요하다고 역설하였다[54]. 반면 반핵단체는 울진은 정부가 공문서로서 확약한 지역이라며 강하게 저항하였다. 이런 분위기에서 방폐장 유치에 대한 주민여론조사의 결과 울진주민의 61.7%가 유치를 찬성하였는데 이는 당시 여론조사 후보지 중 가장 높은 수치였다[55]. 또한 주민투표를 통한 방폐장 유치 결정에 대해서는 주민의 75%가 찬성[56]하였다. 이 결과를 기반으로 찬성파는 주민 다수가 찬성하는 방폐장 유치를 지방정부에서 결정하는 것은 부당하며 주민투표를 통해 방폐장의 유치를 확정해야 한다고 주장하였다[57]. 그리고 북면, 근남면, 기성면 주민 5천 300명의 유치청원서를 산자부에 제출하기에 이른다.

한편 울진군의회는 의원 10명 중 9명이 방폐장 유치 반대 추진위에 속해

---

54 "방폐장홍역 또 다시 닥친다", (2004. 12. 23), 경북일보.
55 "울진 '방폐장 유치' 61% 찬성", (2005. 03. 06), 경북일보.
56 "울진 방폐장 청원서 제출", (2005. 04. 14), 경북일보.
57 "방폐장 유치 찬·반투표 요구", (2005. 03. 29), 경북일보.

있었으므로 이들 일부 의원과 울진핵반대투쟁위원회는 환경단체와 협의해 군민소송인단을 구성하였고 정부가 방폐장 유치를 제시하여 이전 약속을 파기했다며 행정소송에 들어갔다[58].

찬성파와 반대파의 신경전 속에 울진군수는 2005년 8월 11일 울진군의회에 유치신청 동의안을 제출한다. 그러나 울진군의회는 "군수와 집행부가 주민 여론을 수렴하지 않은 채 찬·반이 엇갈리는 민감한 문제를 무조건 의회에 떠넘긴 것은 책임 회피용 처사다."라고 반발하며 동의안을 계류시킨다[59]. 그리고 22일 울진군의회는 신규 원전 건설계획을 철회한다면 방폐장에 대해 고려해보겠다며 방폐장 유치 신청 동의안을 반려한다[60]. 그리고 집행부가 다시 제출한 방폐장 유치 동의안을 8월 29일 울진군의회가 찬성 5표, 반대 5표로 부결해 결국 울진군은 유치신청을 하지 않는다[61].

(5) 중·저준위 방폐장 유치 신청까지 (경북 영덕군)

경북 영덕군에서는 원전센터 유치위원회가 중심이 되어 주민투표와 부지 조사 등의 청원서를 2005년 3월 21일 군의회에 제출하면서 방폐장 유치운동이 시작되었다[62]. 유치위원회가 유치 청원서 제출한지 일주일 뒤인 3월 29일 한수원은 송천천(川) 상류지역에 위치한 창수면에 대한 부지적합성조사를 영덕군청에 접수한다. 이에 따라 영덕군 핵폐기물처리장 설치반대위원회는 식수원 오염, 운서산 송이버섯 생산지 황폐화, 그리고 자연파괴 등을 이유로 본

58 "'방폐장 설치사업 중지' 소송 제기", (2005. 08. 11), 경북일보.
59 "울진군-의회, 방폐장'신경전'", (2005. 08. 21), 경북일보.
60 "울진군의회, 방폐장 유치 동의안 반려", (2005. 08. 22), 경북일보.
61 "울진군의회'방폐장 후폭풍'", (2005. 09. 03), 경북일보.
62 "영덕군 주민 2천여 명, '방폐장 유치 청원'", (2005. 03. 21), 경북일보.

격적인 반대운동을 천명하였다[63]. 이후 2005년 6월 18일 국책사업 영덕추진 위원회가 방폐장 유치에 대한 강한 의지를 나타내며 발족하면서 영덕군 내에 서 본격적인 방폐장 유치운동이 전개되었다[64].

영덕지역은 2005년 8월 18일부터 19일까지 실시한 여론조사에서 지역주 민의 62.4%가 방폐장 유치에 찬성을 선택할 정도로 매우 높은 수용성을 자 랑하였기 때문에 영덕군수 및 영덕군의회 의원들 또한 적극적인 방폐장 운동 에 돌입하였다[65]. 더구나 울진군의회가 지역 내 방폐장 유치를 좌절시키자 울 진발전포럼, 울진 원전센터유치위원회 등 울진지역에서 활동하던 단체들이 영덕군의 유치활동을 적극 지지하며 나서게 된다[66]

(6) 중·저준위 방폐장 유치 신청까지 (전북 군산시)

군산시는 8차 추진 초기에 방폐장 유치를 위해 부안군과 경합이 예상되었 던 지역이다. 그런데 부안군수의 유치신청 하루 전 군산시가 제시하였던 방 폐장 후보지의 부지적합성이 부적합 판정을 받으면서 유치 신청을 포기한 전 력이 있다. 그러므로 군산시는 8차 추진 당시의 경험을 바탕으로 10차 추진 당시 타 지역에 비하여 방폐장에 대한 지역주민의 이해와 수용도가 비교적 빠르게 형성되었다는 강점을 가지고 있었다. 반면, 8차 추진 당시 부안사태에 서 보여준 사회적 갈등의 여파가 타 지역에 비하여 남다를 수밖에 없었다는 단점 또한 동시에 가지고 있었다.

10차 추진 당시 방폐물유치지역법이 국회를 통과하자 부안군의 실패를 경

---

63 "영덕 방폐장 유치 추진위원회 발대식", (2005. 06. 18), 경북일보.

64 "영덕 방폐장 유치 본격화", (2005. 06. 19), 경북일보.

65 "방폐장 유치신청 어떻게 돼 가나?", (2005. 08. 24), 경북일보.

66 "울진 · 영양 '방폐장 영덕으로 오라", (2005. 09. 12), 경북일보.

험하였던 전라북도에서는 방폐장의 지역 내 유치에 대한 여론이 군산시를 중심으로 다시 일어나기 시작했다. 군산시의 특징은 당시 군산시장대행[67]을 중심으로 행정부 차원에서 방폐장의 유치운동이 전개되었다는 점이다.

군산시가 구성한 국책사업추진 전담팀과 함께 사단법인 국책사업추진단, 범전북국책사업유치추진협의회, 그리고 (사)어청도 원전수거물 유치추진협의회는 각각 정부의 특별법에 대해 환영하면서 지역 내 유치활동을 적극적으로 전개하였다[68]. 반면 군산경실련과 참여자치군산시민연대를 주축으로 구성된 핵폐기장 유치반대 범시민대책위는 군산시의 지질학적 부적합성, 인근 전투기 폭격장의 입지 문제 등을 들어 핵폐기장 유치는 곧 자살행위이므로 군산시가 사업 추진을 계속 하게 되면 제2의 부안사태가 발생할 것이라며 강력한 반대의사를 표출하였다. 이러한 배경 때문에 군산시의회는 한차례 극심한 갈등을 겪으면서 방폐장 유치신청 동의안을 가결하였으며 이후에도 시민단체들의 반발에 의해 지역 사회에는 긴장이 고조되었다.

(7) 중·저준위 방폐장 유치 신청까지 (경주시)[69]

경주지역 시민단체들은 경주가 안고 있는 핵발전소 문제를 토로하며 2005년 3월 9일 경주 핵대책 시민연대를 발족한다. 이들은 이후 3월 23일 반핵단체로서는 특이하게 경주 방폐장 유치 찬성 성명을 발표하게 된다. 이 점에 대해서 살펴보면, 경주는 월성지역에 원자력 발전소가 위치하므로 이미 지역

---

67 당시 군산시장은 뇌물수수 혐의로 인해 2005년 4월 시장직을 사퇴한 상태였다(한겨레, 2005. 05. 24, "강근호 전 군산시장 징역 3년 집유 5년 선고").

68 "방폐장 군산유치 찬·반단체 활동 가시화", (2004. 12. 23), 군산신문.

69 본 절의 내용은 경주신문(gjnews.com)의 각 호(2005.03.25.일자부터 2005. 11.07.일자까지)를 기반으로 의견을 첨가하여 작성하였다.

내에 방사성 폐기물을 보유하고 있는 지역이다. 그런데 월성원전 1호기의 노후화로 인하여 수명연장 등이 지역사회에서는 커다란 논란거리로 대두하고 있었다. 따라서 노후화된 원전 내에 방사성 폐기물을 그대로 보관할 것인지 아니면 방사성 폐기물 처리장을 신규 건설하여 그 속에 보관할 것인지가 관건이었다. 더구나 중·저준위 방폐장과 고준위 임시저장시설의 분리방침에 따라 중·저준위 방폐장을 지역 내 유치하게 되면 현재 임시보관 중인 고준위 방폐물은 차후에 다른 곳으로 보낼 수 있다는 계산이 깔려 있었던 것으로 보인다. 시민연대는 방폐장의 유치와 신월성원전 1·2호기 건설 중단을 맞바꾸는 협상도 가능하다고 보았던 것 같다. 나아가 만약 방폐장이 울진이나 포항과 같은 인접지역에 건설된다면 방폐장을 통한 위험부담을 유지하면서 보상을 받지 못하게 되므로, 차라리 지역 내에 방폐장을 유치하는 편이 현재보다 안전하고 경제적으로도 이익을 얻을 수 있었다.

반핵단체가 방폐장 유치를 선언함으로써 방폐장을 거부하는 경주 내 환경운동연합의 영향력은 타 지역에 비하여 줄어들 수밖에 없었다. 따라서 경주 내의 방폐장 거부 운동은 부안군의 사례처럼 초기에 강력한 시민운동으로 확산되지 못하였으며 이후에도 시민단체의 응집이 부안군 사례처럼 활발하지는 못하였다. 다시 말해 부안군 사례에서는 반대파의 강경한 확산에 찬성파가 목소리를 내지 못했던 반면 경주시에서는 찬성파가 초반에 크게 확산되어 이후 반대파는 투쟁에 심각한 부담을 느끼게 된다.

한편, 경주시의회는 2005년 3월 28일 2차례의 논의 끝에 표결을 통해 방폐장 유치 찬성을 결정한다. 당시 경주시의회는 방폐장을 고려하는 기초의회 중 가장 빠르게 입장 표명을 한 것인데 이것 또한 반핵시민연대의 방폐장 유치 동의가 선행되었기 때문에 가능한 일이었다. 그런데 비록 시의회와 시민연대가 방폐장의 유치 문제에 대해서는 의견을 같이 한다고 하지만 신월성

원자력 발전소 추가 건설 문제, 고준위 핵 폐기물의 처리문제 등의 기타 사안에 대해서 이들은 완벽하게 동일한 입장을 나타낼 수 없었다. 그렇기에 초기에는 반핵시민연대와 경주시의회의 공조관계가 유지되는 듯 했지만 이후 시의원 들 사이에서 지역 내 원전 문제에 대해 반핵시민연대와 의견을 같이 할 수 있는가에 대한 논쟁이 벌어지기도 하였다. 이후 반핵시민연대는 방폐장 유치활동을 놓고 경주시의회와 혼선을 일으키는 것을 원하지 않는다고 밝히면서 4월 21일 한시적 활동 중단을 공식 발표하였다.

방폐장의 지역 내 유치에 의견을 모은 경주시의회는 2005년 4월 중·저준위 방폐장 유치 특별위원회를 구성하고 유치설명회, 간담회, 원자력연구원 연수추진 등을 적극적으로 지원하고 나섰다. 동시에 유치지역에는 특별지원금 3천억 원과 연 50~100억 원 정도 예상되는 반입수수료, 그리고 한수원 본사 이전을 통한 지역 재정효과가 상당할 것이라는 계산에 양성자 가속기 사업까지 가져오는 경우 경주의 경제를 확실히 살릴 수 있을 것이라는 기대감이 지역사회에 점차 확산되어 갔다. 경주시 지역사회가 지역의 경제 활성화에 주목한 이유는 문화재 보호법과 같은 각종 규제에 묶여 지역 개발이 그동안 제한되었다는 인식 때문으로 보인다. 더구나 관광수익의 감소와 이를 타계하기 위해 추진하였던 태권도 공원 유치 사업 실패경험은 방폐장의 유치가 곧 지역개발이라는 등식으로 성립하기에 충분했다.

한편, 경주환경운동연합은 경주 시내 13개 환경·시민단체와의 대책회의를 통해 경주 핵폐기장 반대 범시민대책위원회를 4월 27일 발족하고 본격적인 방폐장 건설 저지 운동에 들어갔다. 이들은 시의회가 방폐장 유치에 먼저 나서는 것은 공무원의 중립의무를 망각한 것이라고 비판하면서 방폐장의 유치가 문화관광도시로서의 경주 이미지를 훼손하는 결과가 나타날 것이라 주장하였다. 나아가 활성단층 존재 논란이 아직 종식되지 않은 상태에서 방폐장의 건설에 찬성하는 것은 매우 위험한 행위라며 우려를 표명하였다.

2005년 5월, 경주 시내 90여개 시민단체는 국책사업 경주유치 추진단을 결성하여 방폐장 유치 사업에 대한 시의회와 보조를 맞추기 시작한다. 이들은 특히 방폐장 유치 문제로 발생하는 경주의 갈등 문제는 경주시민의 손으로 해결해야 한다며 외부세력에 의한 반핵운동의 지역 내 확산을 견제하겠다는 뜻을 밝혔다. 당시 정부의 여론조사 결과 경주지역 주민의 44.6%가 방폐장 유치에 찬성하고 반대가 34%로 나타나 입장을 정하지 않은 무응답층의 비율이 상당히 높은 편이었다. 이에 따라 경주시 내에서는 방폐장의 유치를 희망하는 시민단체와 방폐장 건설을 저지하려는 시민단체의 갈등은 찬반논쟁과 거리홍보 신경전으로 표출되었다.

한편 여론조사 결과 방폐장 유치에 대한 지역주민의 찬반의사는 군산(47.4% : 35.8%), 영광(46.0% : 37.6%), 포항(39.9%; 43.5%), 그리고 경주(44.6% : 34%)로 나타났다[70].

정부가 6월 16일 방폐장 유치 공고를 공식 발표하고 마감기간인 8월 31일이 다가옴에 따라 경주시는 주민 여론 조사를 통해 최종 입장을 결정하기로 하고 에이스리서치에 의뢰한다. 8월 5-6일 이틀간 진행된 여론조사의 결과 찬성 55.4% 반대 38% 무응답 6.6%로 나타났는데 이러한 결과에 5월에 실시한 여론조사에 비추어 볼 때 찬성입장이 반대 입장 보다 더욱 증가한 것이었다. 따라서 경주시장은 지역주민의 여론이 유치 반대보다는 유치찬성에 있다고 결론을 내리고 8월 11일 기자회견을 통해 방폐장의 경주유치를 공식 선언하였다. 그리고 다음날인 12일 경주시의회에서는 시의원 24명 중 22명이 참석한 상태에서 표결을 진행하여 만장일치로 경주시장의 유치 동의안을 가

---

70 "방폐장 경주·군산 유력說", (2005. 06. 13), 경북일보.

[표 4] 10차 추진 당시 유치신청 현황

지역	부지 위치	부지평가결과	유치신청일
경주시	양북면 봉길리	양호	2005. 08. 16.
군산시	소룡동 비웅도	양호	2005. 08. 29.
포항시	죽장면 상옥리	양호	2005. 08. 29.
영덕군	축산면 상원리	양호	2005. 08. 29.

자료 : 배한종(2016:336)

결하였고 경주시장이 8월 16일 산업자원부에 방폐장 유치 신청서를 제출함에 따라 경주시는 방폐장 후보지로서 본격적인 유치경쟁에 돌입한다.

본협상 단계 : 유치신청 이후부터 주민투표까지(경주시를 중심으로)

본협상 단계에서는 경주시를 포함한 4개 후보지가 어떤 과정을 거쳐 최종적으로 경주시에 방폐장을 건설하기로 결정하게 되는지 그 과정을 설명한다.

경주시가 기타 3개 후보지와 함께 본격적인 방폐장 유치전에 돌입한 2005년 8월부터 경주시의 각종 시민단체들은 각각 찬성과 반대성명을 발표하며 찬성파와 반대파에 힘을 실었다. 시민사회에서 방폐장 유치를 둘러싼 여론형성의 양 극단에는 국책사업경주유치단과 경주핵폐기장반대범시민대책위원회가 위치하였는데 방폐장의 건설유무는 경주시민의 투표에 달려 있었던 만큼 이들은 주로 지역주민을 대상으로 한 홍보전에 총력을 기울였다. 그리고 여론전과 홍보전의 전개양상은 찬성파가 반대파를 압도했다고 말할 수 있을 정도였다.

그 원인으로는 처음부터 반핵단체의 지지선언과 함께 방폐장의 건설을 찬성하는 주민의 수가 반대하는 주민의 수에 비해 상대적으로 많은 상태에서 경주시가 방폐장 유치에 뛰어든 점을 들 수 있다. 그렇지만 더욱 주요하게는 경주시, 경상북도, 그리고 유치단의 협업과 강한 결속력을 들 수 있다. 나아가 이들은 지역주민의 여론을 항상 살피며 여론의 움직임에 대한 즉각적인 피드백을 통해 주민 지지율을 관리하였다. 다시 말해 찬성파의 적극적이고 개방적인 유치활동은 경주시 내부의 여러 시민단체의 호응을 이끌어 내고 지역사회의 여론을 유치를 찬성하는 쪽으로 끌고 가는 데 큰 기여를 하였다[71].

2005년 8월, 국책사업경주유치단은 여론조사 결과를 분석하고 이를 토대로 홍보자료를 만들어 배포하였으며 황성공원 인근에 홍보관을 개설해 지역 홍보에 전념하였다. 경주시는 정례 반상회에 읍면동 직원과 본청직원을 참석시켜 지역사회가 안고 있는 고준위 폐기물의 문제를 방폐장의 유치를 통해 해결할 수 있음을 역설하였다.

2005년 9월부터 10월까지 각종 시민단체는 각각 지지와 반대성명을 발표하였는데 반대파가 주로 시민운동단체, 환경단체, 농민단체, 전교조 등 기존부터 환경문제, 시민사회운동, 반핵운동 등에 참여했던 단체를 주축으로 반대 분위기가 조성되었다고 한다면 찬성파는 그 종류가 매우 다양하고 범위 또한 넓었다. 특히 약사회와 의사회, 한나라당과 열린우리당 당원 등 정부의

---

71 예컨대, 전교조 경주지회가 2006년 6월 30일 핵폐기장 반대 성명을 발표하고 9월 08일 경주 내 초·중등생을 대상으로 핵폐기장 바로알기 수업을 실시하자 경주시학원연합회와 경주교육삼락회등은 각각 9월 10일과 9월 14일에 방폐장 유치 성명을 발표한다. 그리고 교육, 문화, 예술, 사회 단체 관계자들 100인이 유치 반대 성명을 8월 25일에 발표하자 경주문화원과 경주예총 경주지부는 9월 1일에 유치 찬성 성명을 낸다. 또한 찬성파는 반대 단체와의 갈등해소에도 적극적인 자세로 임했다. 유치 반대 운동의 큰 축이었던 한국농업경영인경주시연합회가 농업인에 대한 정부 보상에 불만을 품고 2006년 9월 15일 대대적인 궐기대회를 실시하자 경상북도는 같은 날 방폐장 유치 지역에 농업분야 2백억 원 지원대책을 마련하였으며, 이후 지원금을 1천억 원으로 증액한다.

정책결정에 주로 대립적인 입장을 표명하였던 단체들도 방폐장의 지역 내 유치에는 한 목소리를 낸 것과 더불어 경주시에 소재하는 민주노총 산하의 단체들 또한 방폐장 유치 성명을 감행한 것은 경주시 방폐장 사례가 가지는 하나의 특징이라고 말 할 수 있다.

10월 하순에 접어들면서 방폐장을 둘러싼 지방정부 간의 유치전 과열화 양상은 전라도와 경상도의 경쟁이라는 지역감정의 영역까지 확대되었다. 송영재 군산시장 대행은 10월 10일 정부가 경주시 편들기를 하고 있으며 군산시는 소외당하고 있다는 취지의 성명서를 발표한다. 군산시장 대행은 새만금 사업은 환경론자들에 의해 중단되고 경제자유구역은 인천과 광양에게 빼앗겼다고 강조하면서 특히, 8차 추진 때에 부안군에게 빼앗긴 방폐장 유치를 이번에는 경주시에서 빼앗으려 한다는 주장을 내세운 것이다. 군산시가 내부 단결을 위해 활용한 지역감정은 경주시의 내부 단결에도 강한 영향을 끼쳤다. 군산시장의 성명서 발표에 국책사업경주유치단은 11일 기자회견을 통해 경주시민은 고도보존법, 경마장, 고속철도, 그리고 태권도 공원 등 수많은 국책사업에서 소외당해왔다고 반박하면서 군산시가 지역감정을 악용해 내부결속을 다지려 한다고 비난한 것이다. 여기에 더하여 백상승 시장, 이종근 의장, 그리고 이진구 국책사업유치단 공동대표는 27일 군산시의 지역감정 악용 중단을 요구하며 삭발 단식 농성에 돌입했다.

2005년 11월 2일, 방폐장 유치에 관한 주민투표가 4개 후보지역에서 일제히 실시되었으며 경주시는 70.8% 투표율에 89.5%의 찬성률을 기록하면서 방폐장 유치를 성공한다. 그리고 주민투표 다음날인 11월 3일 이희범 산자부 장관은 경주를 방폐장 건설부지로 최종 확정한다[72]. [표 5]는 4개 후보지와 관

---

72 "李산자'방폐장 부지, 경주로 최종 확정(상보)'", (2005. 11. 03), 머니투데이.

| 표 5 | 중 · 저준위방사성폐기물처분시설 유치 주민투표 결과(2005.11.02.)

구분	경주시	군산시	영덕군	포항시	계
총 선거인수	208,607	196,980	37,536	374,697	817,820
투표인수	147,625	138,192	30,107	178,586	494,510
-부재자 투표	70,521	65,336	9,523	63,851	209,231
(신고자)	(79,599)	(77,581)	(10,319)	(82,637)	(250,136)
- 기표소 투표	77,115	72,856	20,584	114,735	285,290
투표율(%)	70.8	70.2	80.4	47.7	60.5
찬성률(%)	89.5	84.4	79.3	67.5	-

자료 : 배한종(2016:337)

련하여 방폐장 유치 주민투표 결과를 나타낸다.

[표 6]은 방폐장의 경주시 확정 이후 협상의 쟁점이 되었던 사안의 흐름을 나타낸 것이다. 특별지원금 3천억 원은 전원개발사업 실시계획 승인과 방폐장 운영이 시작될 때 인출할 수 있는 방식인 기탁계정 방식으로 2006년 5월 9일 경주시에 지급되었다. 이후 정부는 방사성 폐기물 관리법을 제정하고 한국원자력 환경공단을 설립하여 방폐장의 운영권을 방폐장의 사용자인 한수원으로부터 분리시켰다. 양성자 가속기 사업의 경주이전은 양성자 가속기 연구센터 건설이 완료된 이후인 2012년 1월에 이루어졌으며 2013년부터 한국원자력연구원으로 사업이 승계되었다. 2015년 7월 13일, 중·저준위 방사선 폐기물을 처리하면서 방폐장의 업무는 본격화 되었다. 2016년 4월 27일. 주민투표를 통해 경주시가 최종건설부지로 확정된 지 11년 만에 한수원의 경주시 이전이 완료되면서 방폐장 협상은 사실상 종료된다.

| 표 6 | 주민투표 이후의 흐름

구분	진행과정
2005년 11월 02일	주민투표
2005년 11월 03일	경주시 방폐장 건설부지로 최종 확정
2006년 05월 09일	특별지원금 3천억 원 기탁계정 방식으로 경주시에 지급
2008년 03월 28일	방사성폐기물관리법 제정
2009년 01월 01일	한국원자력환경공단 설립 및 한수원 업무이관
2011년 03월 28일	한국원자력환경공단 경주로 본사 이전
2012년 01월 01일	양성자가속기 사업단 경주 이전 완료
2014년 06월 30일	1단계 중 저준위 방사성폐기물 관리시설 공사 완료
2014년 12월 11일	원자력 안전위원회 사용승인
2015년 07월 13일	중·저준위 방사성 폐기물 최초 처분(지하 사일로)
2006년 01월 02일	중·저준위방사성폐기물처분시설 전원개발사업 예정구역 지정 고시
2016년 04월 27일	한수원 본사 경주이전

자료 : 곽상수(2016:345), 배한종(2016:339-342),
KOMAC홈페이지(komac.re.kr), 한겨레(2006. 5. 8일자) 편집

7. 소결

어떻게 경주에 방폐장을 건설하게 되었는가

지금까지 중앙정부가 국내에 방폐장을 건설하고자 계획을 세운 1980년대 이후부터 2005년 11월 3일 경주시에 중·저준위 방폐장 건설부지가 확정되기까지 약 20여년의 과정을 10단계로 구분하여 살펴보았다.

물론 경주시에 건설된 방폐장은 고준위 폐기물을 처리하지 않기 때문에 정부의 방폐장 건설계획은 현재까지 완전히 종료되지는 않았다. 그렇지만 중·저준위 방폐장 건설에 대한 경주시 사례는 방폐장에 대한 지역주민의 수용성을 정책적으로 높일 수 있었던 하나의 방안을 제시하였다는 점에서 향후 고준위 폐기장 건설의 문제 및 기타 비선호시설의 입지갈등에 대한 시사점을 제공할 수 있다.

이제 그 시사점을 조금 더 자세히 살피기로 한다. 질문은 다음과 같다. 경주시가 방폐장 입지로 선정될 수 있었던 가장 중요한 이유는 무엇일까? 지금까지의 분석에 의하면 그것은 크게 두 가지 요인에 기인한 것으로 보인다.

첫째, 경주에서의 방폐장 건설이 주민투표라는 민주적 절차를 통해 이루어 졌기 때문이다. 사실 국내 방폐장의 입지를 선정하는 문제에 있어서도 정부 는 처음부터 민주적 절차를 고집했던 것은 아니다. 앞서 본 바와 같이 정부가 그 부지를 직접 지정하기도 하고, 혹은 사업자를 선정해 추진하기도 하는 등 다양한 방법을 모색해 왔다. 그러니 방폐장 부지 선정에 대한 해법으로서 제 시된 주민투표는 1차부터 진행되어 내려온 정부와 지역주민 간의 갈등과 마 찰의 결과물로 보아야 마땅할 것이다[73]. 즉, 1980년부터 20여 년 간 필요악으 로도 볼 수 있는 시행착오의 과정을 통해 이런 민주적 절차를 확립할 수 있었 던 것이다. 이런 시행착오는 방폐장 건설과 관련해서 만들어진 세 종류의 법 (방촉법, 발전소 주변 지역법, 방폐물 유치 지역법)이 각각 그 포괄범위를 달리하면 서 지속적으로 확장되어온 것에서도 확인할 수 있다.

그런데 경주 방폐장의 입지결정이 주민투표라는 민주적 절차를 통해서 이 루어졌다고 해서 향후 모든 공공시설의 건설과정에 정부가 동일한 방안을 적 용할 수는 없을 것이다. 개별사안이 가지는 특성과 상황에 따라 정부는 지역 주민의 의사를 사전에 묻지 않고 건설계획을 강행할 수도 있다. 하지만 주민 투표를 통해 공공시설의 건설과정에 주민의 의사를 반영할 수 있었던 선례는 향후 유사한 사례에 있어서 정부가 어떤 방식으로 문제를 해결해 나가는 것 이 바람직한지를 강력히 시사한다.

---

73 주민투표는 방폐장의 건설을 저지할 목적으로 반핵단체 및 반대파 세력이 중앙정부에 요구해오던 방식이었 다. 특히 부안사태 당시 반핵단체가 실시한 사적주민투표는 비록 법적인 효력은 가지지 못할지라도 반핵단 체 스스로가 펼치는 반정부운동에 대한 정당성을 부여하기에는 충분해 보인다. 반면 경주시 사례에서 중앙 정부가 도입한 주민투표는 방폐장 건설의 정당성 확보 보다는 지방정부 간의 유치 경쟁을 촉매하는 하나의 방안으로 활용되었던 것 같다. 예단할 수는 없지만 만약 경주시가 부안군과 마찬가지로 단독후보지였다면 지역주민의 수용성이 당시 드러났던 결과에는 미치지 않을 것이라 생각된다.

둘째, 경주가 후보로 선정될 수 있었던 또 다른 요인은 후보지 선정을 둘러싸고 다수의 경쟁적 후보가 자발적으로 출현했다는 점이다. 사업의 초기에는 정부가 일방적으로 후보지를 지정하고, 그 후보지에서의 격렬한 찬반 논쟁으로 그 지정이 효력을 발휘하지 못한 사례가 빈번하였다. 그런데 무엇이 변했기에, 어떤 구도가 작용하였기에 대표적인 비선호시설인 방폐장이 PIMFY 현상을 기반으로 한 지역 간 경쟁구도가 될 수 있었던 것일까? 즉, 대표적인 NIMBY 사례인 방폐장 건설이 어떻게 PIMFTY로 변하게 되었을까? 그것은 각 지역 주민이 자신의 거주지역 인근에 방폐장을 건설함으로써 안게 될 손실 (불안 혹은 위험성)보다 중앙정부가 제안하는 연계적 보상책(대표적으로 양성자 가속기 사업)을 획득함으로써 얻게 될 이익 (지역 경제 발전에 대한 전망의 가치)이 더 클 것으로 판단했기 때문이다. 다시 말해 방폐장의 위험성에 대한 불안감이 해소되었다기보다는 적절한 경제적 보상에 따른 지역경제 발전의 가능성 때문에, 혹 있을지 모르는 위험성을 감수하겠다고 결정한 것이다. 당연한 이야기지만 이런 경쟁이 있기 위해서는 정부의 당근책이 매우 중요하다.

경주에 방폐장을 건설하게 된 요인은 무엇인가

주민투표, 경쟁구도, 정부의 지원. 이 세 가지가 가장 중요한 요인이었던 것은 분명하다. 하지만 같은 여건이었음에도 불구하고 경북의 영덕과 포항, 전북의 군산에서는 경주와 같은 전폭적인 찬성이 왜 나타나지 않았을까? 이런 질문에 답하기 위해서는 조금 더 깊은 분석을 필요로 한다. 그것은 무엇이 지역주민의 의사에 영향을 미치게 되는가 하는 문제이다.

일반적으로 방폐장 입지 선정 과정에서 지역주민의 의사에 영향을 끼칠 수 있는 변수와 요인은 매우 다양하며 이들은 복합적으로 작용한다. 다양한 변수는 각각 외적조건과 내적조건으로 분류할 수 있다. 외적조건에 포함될 수 있는 요인은 중앙정부의 방폐장의 건설계획에 지역주민이 순응함으로써 얻으리라 예상할 수 있는 경제적 보상의 수준, 중앙정부가 해당지역에 건설하려는 시설물의 규모, 그리고 이와 관련된 법체계의 유무 및 특징을 둘 수 있다. 그리고 내적조건에 포함될 수 있는 요인은 각 지역사회가 가진 개별적 특징을 들 수 있을 것이다. 이들 요인들은 매우 다양하고 복잡하며 잘 드러나지 않을 수 있다. 겉으로 쉽게 드러나는 요인으로는 지방정부의 재정자립도, 지역 사회에서 특정 직업군이 차지하는 비중, 그리고 지역사회가 가진 지리적 특성 등을 들 수 있다. 상관관계를 확인하기 힘든 잠재적 요인으로는 지역정부 및 중앙정부의 정치적 성향에 대한 지역사회의 여론, 지역사회의 지역적 성향, 지방정부의 중앙정부의 권력적 유대관계, 주변지역과의 관계 등을 들 수 있다.

지역주민의 의사에 영향을 미치는 가장 중요한 요인은 지역주민의 수용성이라는 개념으로 설명할 수 있다. 일반적으로 정부가 제시하는 건설계획이 작을수록, 그리고 보상계획이 클수록 지역주민의 수용성이 높아진다고 말할 수 있다. 그런데 지역주민의 수용성이 정부가 제시하는 건설 계획과 보상 계획의 영향을 받는다 하더라도 외적조건 만으로는 방폐장 건설 과정 전체를 설명하기에 부족해 보인다. 동일한 외적조건 하에서도 유치신청서를 제출한 지역(10차 추진 당시 경주시 등)과 그렇지 않은 지역(10차 추진 당시 울진군 등) 또한 나타날 뿐만 아니라 8차 추진에 유치신청을 위해 노력했던 지역(군산시 등)이 고준위 방폐장 건설이 배제된 9차 추진에서는 유치신청을 하지 않았기 때문이다. 따라서 외적조건과 내적조건이 동시에 고려되어야 면밀한 분석이 될 것이지만 앞서 밝힌 바와 같이 내적조건의 영향력을 밝히기는 쉽지 않다. 예컨대, 경주시가 방폐장 유치에 성공할 수 있었던 요인 중 하나로 경주 시민의 지역 발전에 대한 염원을 들 수 있지만, 방폐장 유치와 연계하여 지역사회의 경제적 발전을 이루겠다는 목표는 방폐장 유치에 관여한 모든 지역사회가 공통적으로 가진 특징이다[74].

사실 경주시에 방폐장이 들어설 수 있었던 결정적 이유를 찾아내기 위해서는 주민 수용성에 영향을 끼친 변수를 찾아내는 것도 중요하지만 지방정부가 해당 변수를 어떻게 활용하여 지역주민을 설득시킬 수 있었는지를 확인하는 관점이 더욱 중요하다. 예를 들어, 부안군과 경주시 사례의 경우 외적조건은 동일하지 않다. 그렇다면 경주시 사례의 외적조건을 부안군 사례에도 똑같이 적용하였더라면 부안군의 갈등과 저항은 종식되었을까? 더구나 어떠한 외적조건은 완전히 고정된 것 또한 아니다. 그것은 언제든지 지방정부와 중앙정부의 협상과정에서 변경될 여지가 있다. 그러므로 사례에서 주목해야 할 점은 두 지역의 지방정부가 각각 지역주민을 대하는 방식에서 근본적인 차이를 보였다는 점이다. 따라서 본 연구는 경주시와 부안군 사례를 당시 두 지방정부의 행동전략을 중심으로 파악해 보고자 한다.

---

74 만약 10차 추진에서 방폐장의 최종 부지가 경주시가 아니라 포항시로 결정되었다면, 포항시의 방폐장 유치 성공 요인은 관내에 있는 방사광 가속기와 양성자 가속기의 시너지 효과라는 설명이 존재할지도 모른다.

3장
분석을 위한
이론적 배경

이 장에서는 방폐장 입지 선정과정을 분석할 수 있는 이론적 배경을 검토하기로 한다. 2장에서 살펴본 바와 같이 방폐장 건설은 일종의 사회적 갈등 요인이다. 그래서 본 장에서는 무엇보다도 먼저 이 사회적 갈등이 의미하는 바가 무엇인지를 간략히 살피기로 한다.

그 다음 방폐장 입지 선정과정을 분석할 수 있는 이론적 틀을 검토하기로 한다. 여기서 검토하는 것은 크게 게임이론적 접근과 협상론적 접근으로 나눌 수 있다. 우리가 두 가지의 이론적 틀을 탐구하는 것은 하나의 이론적 접근만으로는 방폐장 입지 선정과정을 효과적으로 분석하기 어렵기 때문이다. 5장에서 자세히 보겠지만 게임모형은 중앙정부, 지방정부, 지역주민의 행동과 전략에 대한 패턴 혹은 경향을 설명할 수 있을 뿐이다. 이는 게임이론의 한계이기도 하지만, 내쉬균형이 둘 이상 등장하는 상태에서는 어느 균형이 선택될지 알기 어렵기 때문이다. 이 게임이론적 접근의 부족한 점을 보완하는 것이 협상론적 시각이다. 중앙정부, 지방정부, 지역주민이 상호의존적인 상태에서 삼자가 모두 만족할 수 있는 해결책을 찾아가는 것은 다름 아닌 협상의 문제이기 때문이다.

방폐장 입지 선정과정을 분석하기 위해서 게임이론적 접근이 필요하지만 모든 게임이론적 요소를 검토해야 하는 것은 아니다. 본 장에서는 우리의 분석과 밀접한 관계를 가지는 조정게임(coordination game)과 수인의 딜레마 게임(prisoners' dilemma game)을 토머스 셸링(Thomas C. Schelling)의 시각을 빌려 설명하려고 한다. 토머스 셸링은 플레이어간 갈등이 있는 상황에서 그것을 해결할 수 있는 전략적 접근방법을 잘 설명하기 때문이다. 게임이론과 관련된 또 하나의 이론적 분석은 로버트 퍼트넘(Robert D. Putnam)의 소위 이중구조게임(two-level game)에 대한 것이다. 이 이중구조게임의 함의는 뛰어나지만 이 책의 논의에 필요한 정도로만 설명하려 한다. 그것은 이중구조게임이 어떤 경우에 협상이 타결될 수 있는지 협상의 타결 가능성을 주된 분석의 상태로 삼고 있을 뿐, 그 타결의 형태를 결정짓는 협상력에 대해서는 상대적으로 설명이 소략하기 때문이다.

협상론적 접근에서는 방폐장 입지 선정과정의 분석에 사용될 수 있는 이론적 틀, 예컨대 협상의 과정, 협상의 구조, 협상력 결정요인 등 전략적 협상론이 가지는 모든 이론적 함의들을 간략히 소개하기로 한다. 이런 협상론적 접근의 밑에 놓여있는 것은 앞서 언급한 이중구조게임이다. 즉, 중앙정부, 지방정부, 지역주민은 서로 다른 협상 현실에 놓여있을 수밖에 없다는 것이다.

1. 갈등에 대한 개념적 접근

갈등의 개념을 규명하기 위한 학자들의 노력과 시도는 오랜 기간 동안 다양한 학문 분야에 걸쳐서 이루어져 왔다. 그 결과 우리는 갈등에 대한 폭 넓은 이해와 더불어 심리학에서부터 행정학에 이르기까지 다양한 개념적 정의를 가질 수 있게 되었다. 반면 갈등을 관찰하는 연구자의 다양한 학문적 관점 때문에 "갈등 연구에 대해 학제적으로 일관된 연구 체계를 확립하는 것은 불가능하다"(강성철 외, 2006:27-28)는 사실 또한 깨닫게 되었다. 따라서 갈등에 대한 정의는 "양립불가능에 대한 인식의 상호충돌"과 같이 다소 포괄적이면서 모호하거나, 혹은 "상호의존적인 관련당사자간의 관계에서 일정한 요인에서 비롯된 현상으로써 긴장·불안·적개심 등을 나타내는 지각·인지에 의한 심리적 메커니즘과 농성·시위·파괴 등으로 표출되는 대립적 행동을 내포하는 동태적 과정(강성철 외, 2006:35)"과 같이 다소 복잡하게 나타나기도 한다.

[표 7]은 여러 학문분야에서 정의하는 갈등의 개념을 개괄적으로 나타내고 있으나 동일한 분야에서도 갈등을 연구하는 학자의 견해에 따라 갈등의

| 표 7 | 학문 분야별 갈등 정의

학문별 구분	개념
심리학	개인에게 주어진 서로 다른 두 개의 요소 중에서 어느 하나를 선택해야 할 경우 그 사람이 내면적으로 경험하게 되는 심리 상태
정치학	사회속의 권력현상을 중심으로 희소자원을 확보하기 위해 거시적 관점에서 전개되는 경쟁관계
경제학	경제적 희소자원을 서로 경쟁하는 개인이나 집단에게 어떻게 배분할 것인가의 문제
사회학	실재적 갈등 : 희소가치 획득을 위한 상대방과의 투쟁 비실재적 갈등 : 공격하고자 하는 충동
경영학	희소자원이나 상충적인 목표나 가치 등의 배분과 관련하여 개인, 집단, 조직의 차원에서 일어나는 불일치 현상 혹은 경쟁적 상호작용
행정학	개인, 집단, 조직 내부 또는 이들 상호간에 나타나는 대립적 상호작용으로 권력 등의 희소자원을 획득하기 위한 다양한 경쟁적 집단 사이의 투쟁

자료: 서울시정개발연구원(2003:9-11), 나태준과 박재희(2004:10), 강성철 외(2006:28-34) 편집.

개념정의는 다양하다[75]. 비록 갈등에 대한 학문적 개념은 다양하고 복잡하게 나타나지만, 갈등을 이해하기 위한 기본적 기준에는 다음과 같은 사항이 포함될 수 있다: 갈등이 발생하는 차원, 갈등을 유발한 원인, 갈등의 내용, 그리고 갈등에 의해 유발되었거나 혹은 유발될 수 있는 효과(강성철 외, 2006:35; 윤종설, 2012:2; 정건화, 2007:14). 물론 방금 나열한 접근기준 또한 상당히 복합적이고 다양하기 때문에, 갈등연구를 위한 기본기준을 제시하는 것은 매우 어렵다. 그래서 역설적으로 각 연구에서 사용하는 연구기준은 당연히 개별적일 수밖에 없다고 윤종설(2012:2)은 주장한다. 그는 각 연구기준에 따른 세부적

---

75 갈등의 다양한 개념 및 분류에 대해 더욱 자세한 논의는 나태준과 박재희(2004:7-23), 강성철 외(2006:28-34)를 참고하기 바란다.

인 갈등요소가 다음과 같이 드러난다고 지적한다. 차원의 관점에서는 개인·집단·조직·지역·국가 등으로 드러나며, 원인의 관점에서는 가치·이해관계·제도·체제·이념·권력·자원·보상 등으로, 그리고 내용의 측면에서는 협상·협동·협력 등으로, 마지막으로 효과적 측면에서는 분리·해체·붕괴·통합·단결 등으로 드러난다(윤종설, 2012:2).

경제학자에게는 갈등보다 경쟁(competition)이 더욱 친숙한 말이다(정건화, 2007:13). 정건화(2017)는 경쟁이라는 단어가 이미 갈등의 의미를 함의하고 있음에도 불구하고 경제학에서 갈등을 본격적으로 다루는 시도가 매우 드물게 된 이유를 고전적 사회학자들의 갈등인식에서 찾고 있다. 그에 따르면 대부분의 고전적 사회학자들은 경쟁과 갈등을 분리하여, 경쟁을 사회를 발전시키는 원동력으로 파악한 반면 갈등은 사회 발전을 저해하는 부정적인 상태로 이해했다고 말한다(정건화, 2007:14).

그렇지만 사실 사회학을 넘어 다양한 학문 분야에서 갈등을 분석하고자 할 때 적용할 수 있는 정교하고 다양한 분석도구는 경제학자들의 손에 의해 탄생했다고 해도 과언이 아니다(정건화, 2007:12). 그리고 경제학이 만들어 내어 놓은 다양한 툴 중에서 게임이론은 사회갈등에 대한 행위론적 접근과 관련하여 중요한 분석 툴로 활용할 수 있다(정건화, 2007:18).

2. 갈등현상에 대한 선행적 연구

공공갈등 분석에 대한 선행연구 : 게임이론적 관점

게임이론 혹은 전략적 관점에서 공공갈등에 접근한 연구 대부분은 공공재의 효율적 분배에 관련된 것으로 논의의 초점은 주로 수인의 딜레마 게임(prisoner's dilemma game), 공유지의 비극(the tragedy of commons) 등에서 발전된 사회적 딜레마(social dilemma)의 해소에 맞추어져 있다.

인호식(2005)은 게임이론의 관점에서 핵폐기물처리장 입지 추진세력과 입지 반대세력을 각각 플레이어(player)로 두고 각 플레이어가 채택할 수 있는 전략을 강경전략과 온건전략으로 설정하여 수인의 딜레마 게임을 전개하였다. 그리고 수인의 딜레마 게임의 균형은 사회적 비효율의 상태를 나타내는 (강경전략, 강경전략)으로 나타났다. 김영종(2008)은 정책갈등의 역기능을 제어하고 순기능을 활용할 수 있도록 전략적인 관리가 필요하다고 보았다. 그는 경주시 방폐장 유치과정에서 나타난 정책갈등의 특성을 살피고 관리전략을 분석하였다. 그가 분석에 활용한 기준은 설득, 협상, 조정, 전략, 무시, 강압, 비방 등 다소 구체적인 전략적 도구이다. 김기홍, 곽소희와 정호진(2009)은 인호석(2005)의 연구와 동일한 방식으로 수인의 딜레마 게임을 구성하여 경주시 사례를 추가로 분석하였다. 또한 수인의 딜레마 게임의 주요 해법인 협력을 이끌어내기 위한 방안으로 정부신뢰 강화를 강조하였다.

반면 공공갈등에 대한 수인의 딜레마의 프레임에서 벗어나는 시도를 수행한 연구는 매우 부족하다. 김종석과 강은숙(2008)은 비선호시설의 입지와 관련한 갈등구조가 수인의 딜레마 게임이 아니라는 시각에서 논의를 진행하였다. 그들의 연구가 갈등상황을 묘사하면서 전개형 게임을 활용하였고 주요 플레이어를 중앙정부와 하위정부(또는 지역주민)을 나타냈다는 점은 주목할 만하다. 다만 그들이 구성한 게임모형은 중앙정부에 대하여 지방정부와 지역주민이 단일행위자로 간주된 한계점을 지닌다.

공공갈등에 대한 게임이론적 분석을 시도하는 연구의 근본적인 주제 역시 개인의 합리성(individual rationality)의 상호의존적 작용으로 도출되는 사회적 비합리성을 어떻게 해결할 것인가라는 질문이라는 점에서는 본 연구와 동일하다. 하지만 공공갈등에 대한 기존의 게임이론적 연구는 비효율적 상태의 구현에만 집중한 나머지 행정정책의 이중 구조적 성격에 대한 논의를 간과해왔다. 나아가 대부분의 연구가 사회적 딜레마 상태의 구현에 초점이 맞추어지면서 갈등의 극단을 묘사한다고 할 수 있는 조정게임에 대한 논의가 부족하였던 것 또한 사실이다. 따라서 우리와 같이 공공갈등의 문제를 조정게임(coordination game)을 통해서 구성하거나 다중균형 상태에 놓인 플레이어(player)를 특정한 균형 상태에 도달시키기 위한 전략으로 내부협상을 제안한 연구는 새로운 시도라고 말할 수 있다.

공공갈등 유발변수 및 주민수용성에 대한 연구

방폐장을 비롯한 공공시설물의 부지선정과정에서 발생하는 갈등상황을 분석한 연구는 상당한 수준으로 진행되어 왔지만 그 주된 논의는 주로 공공갈등의 유발 변수를 분석하는 것이었다. 이를 통해 그 유발 변수가 주민수용성 및 주민인식에 어떠한 영향을 미치는가 하는 면에 집중되었다. 반면 공공갈등에 대한 지방정부의 역할 및 행동전략을 주목한 연구는 상대적으로 매우 부족하다. 그것은 공공갈등이 주로 정부와 지역주민 간의 대립구도로 이해되어져 왔기 때문이며, 이 과정에서 지방정부와 중앙정부의 긴밀한 협력관계가 강조된 나머지 두 경제주체를 동일시하는 경향이 있었기 때문이다[76].

공공갈등에서 갈등 유발에 관련된 영향요인 또는 변수를 설정하여 방폐장 입지의 해결책을 찾는데 주안점을 둔 연구는 다음과 같다. 채경석(2004)은 일본의 방폐장 사례에 주목하였으며 부지선정의 결정요인으로 도출된 것은 체계적 보상체계, 민주적 절차, 그리고 충분한 정보제공이었다. 반면 국내 사례의 연구에서 방폐장 입지 수용요인으로는 반핵단체의 반핵활동, 지방정부와 중앙정부와의 관계, 언론의 보도 성향, 홍보제도, 절차적 참여보장제도, 위험수용자에 대한 보상과 관련된 분배적 형평성, 지역정치가의 역량을 꼽았다. 박순애와 이지한(2005)은 방사성 폐기물 처분장 건설 정책의 실패 사례를 종합적으로 비교·분석 하여 경주시 이전까지의 실패 원인, 그 과정에서 정부의

---

76 갈등의 성격에 따라 다를 수 있겠으나 지방정부와 지역주민의 긴밀한 협력관계를 강조하는 편이 갈등의 해소라는 측면에서는 더욱 효과적일 수도 있다. 더구나 지방정부는 공공시설물의 입지에 관한 정책결정에서 가장 핵심적인 역할을 수행해야할 위치에 있음에도 기존의 연구에는 이점이 부각되지 않았다. 따라서 본 연구는 공공정책에서 지방정부의 행동전략을 특별히 강조하고자 한다. 즉, 지방정부가 적절한 행동전략을 선택한다면 지역사회 내부적으로는 발생될 갈등의 촉발을 최소화 할 수 있으며 그러한 과정을 통해 형성되는 입장(position)을 가지는 것이 공공정책에서 발생하는 소모적 비용의 발생을 최소화 할 수 있으리라는 것이다.

학습능력, 그리고 당시 경주시에서 진행 중이었던 방폐장 건설 경쟁의 향후 가능성에 대해서 논의하였다. 그들은 안면도, 굴업도, 부안군의 비교·분석을 실시하였는데 분석은 정책특성요인, 정책결정 및 집행요인, 정책 환경적 요인의 틀을 활용하였다. 그들의 연구에서 안면도, 굴업도, 위도 사례에서 주민 저항의 원인은 불확실한 위험성에 대한 우려와 경제적 손실 및 공간적 비형평성에 대한 불만이 그 동안의 실패사례에서 공통적으로 드러났다고 지적하였다. 또한 집행기관의 부실한 홍보전략, 보상정책의 비일관성, 그리고 형식적인 참여제도가 주민의 불신을 고조시켰다고 강조하였다. 여기에 더하여 언론의 편향적 보도와 환경단체의 영향이 그 동안 실패에 대한 부가적인 요인이었음을 밝혔다. 김현정(2007)은 갈등관리의 영향요인을 사회·문화적 요인, 정치적 요인, 행정·재정적 요인, 그리고 정책 환경적 요인으로 구분하여 부안과 경주를 비교 분석하였다. 그 결과 공공갈등의 해소를 위해 국민에 대한 정부의 신뢰성 확보, 사전적 의견수렴, 토론, 효과적인 조정기구를 제안하였다. 문인수(2011)는 갈등인지 및 체감, 갈등표출, 그리고 갈등여파의 단계적 구분을 통해 대구광역시에 위치한 전술항공작전기지의 이전 갈등을 분석하고 효과적인 갈등 관리방안으로 경주방폐장 후보지 선정 모델을 적용할 것을 제안하였다. 김경동과 심익섭(2016)은 Ostrom(2005)의 제도 분석 틀(Institutional Analysis and Development framework, IAD)을 활용하여 다중심 거버넌스의 시각에서 다양한 갈등 행위자들의 다차원적 상호작용을 연구하였다. 그의 분석에서 경주와 부안에서 작동한 제도적 요인은 (1)경제적 유인, (2)투명성, (3) 안전성이며 방폐장 입지의 핵심결정요인은 (1)거버넌스의 상호의존성, (2) 다양한 행위자들의 이해관계조정, (3)경제적 인센티브, 투명성, 안전성 등에 대한 제도화이다.

공공시설물을 둘러싼 갈등에서 주민수용성 및 주민인식에 주안점을 둔 연구는 다음과 같다. 김용철(1998)은 영광원전 5, 6호기 건설 사업을 중심으로 NIMBY현상의 해소를 위한 갈등해소전략의 기본 방향을 제시하였다. 그는 NIMBY현상과 PIMFY현상 각각에 Hirschman(1981:146)이 제안한 '사회적으로 시급한 정책의제(pressing problem)'와 '정책결정자의 선호가 반영된 의제(chosen problem)'를 대응하여 A, B, C, D의 총 4가지 갈등 상황을 묘사하였다. 영광원전은 A 유형에 속하는데 이러한 유형에 대응하기 위해서는 사업 초기에 충분한 경제적 보상이 선행되어야 한다고 제안하였다(김용철, 1988:106). 김길수(2004)는 부안군 사례를 하나의 주민저항 사례로 파악하고 갈등의 쟁점과 마주하는 각 주체들의 주장을 상술하였다. 정정화(2007)는 경주 사례를 통해서 방폐장 입지에 대한 우리나라의 정책 결정 구조가 합리적·기술적 방식에서 절차적 민주성을 중시하는 방향을 변화하고 있음을 주목하였다. 그는 절차적 민주성을 확보한 정책결정을 합리적이라고 할 수 있는지에 대해 강한 문제의식을 가지고 고도의 전문성이 요구되는 방폐장의 부지선정이 주민수용성과 양립할 수 있는 방안에 대해 모색하였다. 연구를 위한 분석 틀로서 기술·경제적 합리성 판단기준(부지적합성, 기술적 안정성, 사업추진의 경제성, 경제적 보상), 정치적 합리성 판단기준(절차적 민주성, 주민수용성, 정치적지지)을 구성하였으며 방폐장 입지 갈등에 대한 국내 사례에 적용하였다. 경주시 사례에 대한 그의 분석에서 절차적 민주성과 주민수용성을 너무 중시한 나머지 과도한 경제적 보상이 제공된 반면 위험시설의 입지선정에 있어서는 최선이 아닌 차선의 부지가 선정되었음을 지적하였다. 나아가 주민투표를 위험시설에 도입한 것은 참여와 숙의를 거친 정당한 사회적 합의가 아니라는 점을 강조하였다. 그에 따르면 경주의 사례는 성공이 아니라 단지 기술적 수준이 정치화된 것 뿐이었다. 따라서 정정화(2007)는 고준위 방폐장 건설의 문제에 있어서는 사회적인 합의가 완벽하게 이루어질 수 있는 consensus-building의 형식이 되어야 한다고 강조하였다. 김성배와 이은정(2010)은 주민의 90%정도가 반대하였던 방폐장 건설이 경주에서는 역으로 90%정도의 찬성이 이루어진 점을 정보의 연쇄파급현상으로 파악하였다. 즉, 하나의 사회현상이 초기에 방향성이 정해지면 나중에는 정보에 대한 오류가능성에 대한 충분한 고려가 없이 그 방향으로 집단적 의사표시가 이루어진다는 것이다. 김흥회(2011)는 정책 네트워크 이론과 조직간 협력 거버넌스 이론을 통합적으로 구성하여 상황 요인, 거버넌스 구조, 협력 리더십, 신뢰의 협력 문화, 그리고 영향의 효과라는 범주를 만들어 다양하고 복합적인 변수를 구분하였다. 그의 연구에서 부안사태를 경험한 학습효과가 경주시의 거버넌스 형성에 핵심요인이었다는 결론을 도출하였다. 또한 방폐장과 같은 비선호시설을 지역사회에 건설함에 있어 주민투표와 같은 상호경쟁 체제를 유도하는 것이 숙의 거버넌스와 관료적 절차보다 더욱 우수할 수 있다는 결론을 내렸다. 나아가 그는 거버넌스의 구조형성에 따라서 이해관계자들의 행태가 변화할 수 있다는 점을 지적하였다[77]. 김경신과 윤순진(2014)은 방폐장에 대한 지역주민의 위험인식과 이익인식의 상관관계에 따라 입주민의 입지수용성이 변화할 것이라고 보고 설문지법을 활용하여 실증분석을 실시하였다. 그 결과 위험인식을 능가할 수 있는 경제적 보상에 대한 인식이 지역주민의 수용성을 높일 수 있음을 밝혔다.

---

77 그런데 이러한 논의는 본 연구에서 활용한 협상의 구조(structure)가 협상과정(process)을 제한한다는 Zartman(2002)의 논의와도 상통하는 부분이 있다.

공공갈등에서 지방정부의 역할을 고려한 연구

본 연구가 제안하는 바와 같이 공공갈등에서 중앙정부와 지방정부를 동일시하는 기존의 경향에서 벗어나려는 시도를 한 연구는 다음과 같다. 김선아(2013)는 지방정부를 지역사회의 리더로 규명하고 방폐장 입지선정과정에서 드러난 부안군과 경주시 사례에 접근하고자 하였다. 그런데, 비록 그의 연구가 지방정부를 중앙정부의 대리인으로만 보는 시각에서 조금 벗어나 지역주민과 지방정부 간의 관계를 강조하였다는 점에는 주목할 만하지만 지방정부의 리더쉽에 대한 면밀한 논의가 없었다는 한계를 보였다. 다만 지방정부의 의사결정이 의회와 지역주민의 합의에 기반 하여야 한다는 논의(김선아, 2013:221)는 주목할 만하다. 고경민(2012)은 제주해군기지 갈등 사례를 분석하면서 지방정부의 역할을 강조하여 갈등의 구조를 지역주민-지방정부-중앙정부로 묘사하였다. 특히 그의 연구는 지방정부가 중앙정부의 대리인 역할을 수행하는 경우 지역사회의 갈등관리에 근본적인 한계를 보일 수 있음을 지적하였다. 다만 그의 연구는 지방정부의 위상이 지역의 대표인 동시에 중앙정부의 대리인이라는 시각을 견지한다는 점에서 지방정부를 지역주민의 대리인으로 파악한 본 연구와의 관점과는 다소 차이를 보인다. 비록 그의 논의 근거가 본 연구가 활용한 이중구조게임의 성격과는 차별화되지만, 지방정부가 지역사회의 요구와 이해를 대변하여 보다 많은 사업 수혜를 끌어내고 지역주민의 반대가 있을 경우 중앙정부와 지역주민 사이에서 조정자 역할을 한다고 지적함으로써(고경민, 2012:11), 본 연구의 주장과 유사한 부분이 있다.

3. 갈등에 대한 게임이론적 접근 1
: PD게임과 조정게임

게임이론의 학문적 흐름

게임이론은 폰 노이만(John von Neumann)이 1928년 최소극대화정리 (Minimax Theorem)를 정립하면서 탄생하였으며, 이후 폰 노이만과 오스카르 모르겐슈타인(Oskar Morgenstern)이 1944년 『게임과 경제행동에 관한 이론 (Theory of Games and Economic behavior)』을 출간하면서 현대적 형태로 정립되었다. Neumann & Morgenstern(1953:1-31)의 주요목적은 19세기 중반의 여타 경제학자들의 관심사와 마찬가지로 경제주체의 합리적 행동과 특징을 일반화 할 수 있는 수학적 이론체계를 확립하는 것이었다. 이들은 사회의 경제학적 문제, 특히 경제적 행동에 대한 이론에서 제시하는 모든 문제가 게임이론의 수학적 개념(notion)과 완벽하게 일치할 것이라 보았다. 다시 말하면, 이들은 개인의 효용극대화나 기업의 매출극대화와 같은 효율성의 문제를 게임이론을 통해 완벽하게 구현하고 계산할 수 있다고 보았던 것이다.

Powell(2003:385)은 게임이론의 학문적 흐름을 다음과 같이 크게 세 가지로 구분하였다. 첫 번째 흐름은 경제학의 기술적(technical) 문제를 게임이론의 수학적 방법을 통하여 증명하고 발전시키는 분야이다. 노이만과 모르겐슈타인 이후 게임이론 발전에 엄청난 영향을 끼친 연구자로는 1994년 노벨경제학상을 공동수상한 존 내쉬(John F. Nash), 존 하사니(John C. Hasanyi), 그리고 라인하르트 젤텐(Reinhard Selten)을 들 수 있다. 게임이론 원류의 응용수학적 논의를 주로 다룬다는 점에서 이러한 분야를 전통적 게임이론이라 부를 수 있다.

두 번째 흐름은 게임이론을 통하여 현실에 대한 통찰력을 얻는데 집중하며 이론의 적용분야를 경제학을 넘어 사회과학으로 확장하는 분야이다[78]. 2005년 노벨경제학상을 수상한 로버트 아우만(Robert J. Aumann)과 토마스 셸링(Thomas C. Schelling)으로 대표되는 이들은 응용수학의 형태로 머물러 있던 기존 게임이론의 범위를 다양한 분야로 확장할 수 있는 기틀을 마련하였다(McCain, 2014:8). 이들은 게임이론의 발전 목표를 '상호적인 의사결정에 대한 이론(theory of interactive decision)'으로 간주하며(Aumann, 2003:11-12), 평판, 협박, 억지력, 그리고 이타주의 등을 통해 협력과 갈등의 사회적인 문제에 관심을 갖는다. 특히 셸링의 저서인 『갈등의 전략(The strategy of conflict)』은 정치학, 경영학, 심리학, 군사학, 생물학, 정보이론, 사이버네틱스(cybernetics) 등 전략적 행동을 하는 행위자가 존재하는 모든 분야에 게임이론을 도입하는 데 핵심적인 역할을 한 것으로 평가되고 있다(정건화, 2007:18).

마지막 세 번째 흐름은 경영전략이나 분쟁해소와 같이 현실적인 문제에 대한 해법으로 게임이론을 변형하려는 시도이다. 이들은 정형화된 게임

---

78 이러한 흐름은 '응용게임이론'이라 불리기도 한다.

모형을 거부하고 구체적인 상황 모형(Situation-specific model)을 고려한다. Bennett(1977:749)의 하이퍼 게임이론(hypergames theory)이나 M. Fraser와 W. Hipel 등(1990)의 Fraser-Hipel Solution Concept이 대표적인 예이다.

본 연구는 이 중 두 번째 흐름과 밀접한 관련을 가진다. 수학적으로 정치한 게임모형을 제시하는 것보다는 게임이론을 통하여 현실문제에 대한 통찰력을 제공하는 것을 주안점으로 삼기 때문이다. 이런 흐름은 McMillan(1992)의 접근방식과도 일맥상통한다.

갈등상태에 대한 게임이론적 분류 : 토머스 셸링을 중심으로

Schelling(1960)은 게임이론의 상호의존성을 강조하며 전략적 커뮤니케이션의 관점에서 게임이론의 해법에 대해 접근하였다. 게임에 대한 Schelling(1960)의 접근법은 전통적인 게임이론의 수학적 균형선택과는 다소 차이를 보인다. Aydinonat(2005:1)은 고전적인 게임이론이 플레이어를 프로그래밍 된 기계로 묘사하기 때문에 플레이어가 상황을 특정 방식으로 인식한 다음, 이 추정 결과를 검토하는 것이 중요할 뿐, 플레이어가 상황을 어떻게 인지하는가에 대한 해석은 그다지 중요하지 않다고 지적한다. 반면 셸링의 응용게임이론(advanced game theory)은 사람들이 어떻게 의사 결정을 내리는지를 설명하는 것이 아니라(귀납적), 객관적으로 합리성을 띤다고 판단되기 위해 자신의 결정이 어떤 조건을 충족해야 하는지 그 조건을 설명하는 것(연역적)임을 강조한다. 다시 말해, 셸링의 논의는 게임의 현실적인 적용 가능성을 높임으로써 다양한 전략적 해법을 제시할 수 있는 사고의 틀을 제공한다[79].

게임은 기본적으로 협조게임(cooperative game)과 비협조게임 (noncooperative game)으로 구분할 수 있다[80]. 또, 전략적 의사결정의 순서에 따라 순차적 게임(sequential game)과 동시게임(simultaneous game)으로 나눌 수 있다[81]. 그리고 게임을 표현하는 방식은 전개형(extensive form)과 전략형 (strategic form)의 두 가지 방법으로 가능하다 [82].

그런데 게임을 협조와 비협조적 상태로 구분하는 대신 게임에 내포된 갈등과 협력의 성격에 초점을 맞추어 전체 게임을 재배열 할 수 있다. Schelling (1960)은 갈등과 협력이 분리된 것이 아니라 상호 통합적 성격을 띠는 것에 주목하였다. 그리고 그는 게임이론이 표현하는 갈등과 협력의 성격을 중심으로 전체의 게임을 제로섬게임, 혼합동기게임, 그리고 순수한 조정게임으

---

79 Schelling(1960)의 국제적인 명성과는 다르게 국내에서 Schelling의 연구를 활용한 사례는 거의 발견되지 않는다. Schelling(1960)에 대한 학자들의 다양한 평가를 살펴보기 위해서는 Crawford(1991), Aydinonat(2005), Colman(2006), Dixit(2006), Myerson(2009)을 참고하기 바란다.

80 이와 같은 구분은 플레이어 사이에 체결될 수 있는 계약이 구속력(binding and enforceable agreement)을 가지고 있는지와 관련된다. 협조게임은 구속력 있는 계약의 존재를 전제하는 반면 비협조게임은 계약의 존재 또는 해당 계약의 구속력을 전제하지 않는다. 다시 말해 어떠한 게임이 협조게임인지 또는 비협조게임인지의 구분은 게임 그 자체에 있는 것이 아니라 분석의 전제에 있다. 매케인은 협조게임과 비협조게임의 차이점을 수인의 딜레마 게임을 예로 들어 설명한다. 수인의 딜레마 게임에서 플레이어가 상호간에 구속력 있는 계약을 토대로 연합(coalition)을 형성하고 공동 전략을 채택한다는 관점에서 게임을 분석한다면 해당 게임은 협조게임이고, 플레이어가 상호 독립적인 의사결정을 한다는 전제 한다면 해당 게임은 비협조게임이 된다(McCain, 2014:377).

81 순차적 게임은 플레이어 간의 의사결정이 시간적 지평에 따라 순차적으로 일어나는 게임을 말한다. 전략선택에서 후행하는 플레이어는 자신의 의사결정 직전에 상대방 플레이어가 내린 의사결정이 무엇인지를 잘 알고 있다. 반면 선행하는 플레이어는 상대방 플레이어가 어떠한 전략을 선택할지 모르는 상태에서 자신의 전략을 선택하게 된다. 정보의 측면에서는 후행하는 플레이어가 유리할 것처럼 보이지만 전략 선택의 측면에서는 선행하는 플레이어의 의사결정이 후행하는 플레이어의 의사결정에 강한 영향을 끼치므로 선행하는 플레이어가 게임의 주도권을 가질 수도 있다.

82 전개형은 수형도(game tree)를 활용하는 방법인데, 이 방법은 각 플레이어의 전략 선택에 따른 흐름을 나타내기 때문에 주로 순차적 게임을 표현하는데 용이하다. 반면 정규형이라고도 불리는 전략형은 매트릭스 (matrix)를 활용하는 방법으로 전개형에 비하여 전략선택의 흐름은 잘 살필 수 없는 대신 각 플레이어가 가진 전략적 상호작용을 동시적 측면에서 살피는데 용이하다. 게임에 대한 두 가지 표현법은 상호 분리되어 있는 것이 아니라 호환적이다. 다시 말해 매트릭스로 표현한 게임은 수형도로 표현할 수 있고 수형도 또한 매트릭스로 표현 가능하다.

| 그림 1 | 게임으로 표현한 갈등의 상태

	C1	C2
R1	1,–1	0, 0
R2	0, 0	–1, 1

①제로섬 게임 (적대적 갈등)

	C1	C2
R1	–1,–1	2,–2
R2	–2, 2	1, 1

②변동합 게임 (혼합동기적 갈등)

	C1	C2
R1	1, 1	0, 0
R2	0, 0	1, 1

③조정 게임 (우호적 갈등)

주 : 1) 그림의 예와 보수는 갈등상태를 표현하기 위해 임의로 선정한 것이다.
2) 수인의 딜레마 게임 외에도 다양한 형태의 변동합 게임이 존재한다.
자료 : Schelling(1960:84-89)을 토대로 작성

로 재분류하였다[83](Schelling, 1960:84). 그는 배반과 협력으로 표현되는 갈등 상태의 양 극단에 각각 제로섬 게임과 조정게임을 위치시키고 그 사이에 혼합동기적 갈등을 표현하는 다양한 게임이 존재한다고 생각하였다(Schelling, 1960:84).

[그림 1]은 Schelling(1960)의 논의에 맞추어 세 가지 게임을 임의적으로 표현하여 보수를 부여한 것이다. 물론 게임이론에서는 [그림 1]에서 제시한 게임 이외에도 매우 다양한 게임이 존재한다. 나아가 일반적으로 활용되는 게임 이외에도 학자들이 자신의 주장을 뒷받침하기 위해 모형화한 게임까지 고려하면 게임의 다양성은 더욱 증가할 것이다. 그렇지만 모든 게임을 갈등

---

83 Schelling(1960:85)은 체스게임과 스피드게임을 통해 게임에 대한 분류를 묘사한다. 체스게임이 제로섬게임 의 전형적인 예라고 한다면, 스피드게임(Charades: 상대방이 제스처를 통해서 암시하는 단어를 맞추는 게 임)은 순수 협력게임의 예이다. 왜냐하면 제로섬게임이 목적 추구(pursuit)의 전형적인 예라면 협력게임은 약속(rendezvous)의 전형적인 예라고 할 수 있기 때문이다(Schelling, 1960:85).

과 협력의 상태라는 단일한 기준을 통해 바라본다면 게임은 보수구조가 완벽히 적대적인 경쟁 상태를 표현하는가(예컨대, 제로섬 게임, 숨바꼭질 게임 등), 완벽히 협력적인 경쟁 상태를 표현하는가(예컨대, 순수조정게임, 성 대결 게임, 사슴 사냥 게임 등), 그리고 협력적 요소와 경쟁적 요소를 동시에 가지고 있음을 표현하는가(예컨대, 매-비둘기게임, 수인의 딜레마 게임, 겁쟁이 게임 등)로 구분 가능하다. 따라서 셸링이 개진한 논의 방식에 따라 갈등적 상황을 분류한다면 모든 갈등 상황은 적대적 갈등(impolite conflict), 혼합동기적 갈등(mixed-motive conflict), 그리고 우호적 갈등(polite conflict)의 세 가지로 구분 할 수 있다[84].

적대적 갈등 상황은 제로섬 게임을 포함하는 일정합 게임으로 표현할 수 있다. 용어를 조금 더 명확히 구분해 보자면, 제로섬 게임은 게임에 참가한 모든 플레이어가 가지는 보수의 총(collective) 합이 0인 게임이고 일정합 게임은 보수의 총합이 일정한 상수를 나타내는 게임이다.

혼합동기적 갈등상황은 게임의 플레이어 간에 협력적 요소와 비협력적 요소가 공존하는 게임으로 표현할 수 있다. 이러한 갈등 상황에 대한 게임은 매우 다양하지만 그 중에서도 수인의 딜레마 게임은 가장 대표적인 예이다. 수인의 딜레마 게임에 참여한 두 플레이어는 모두 협력전략(R2, C2)을 선택하여 집단전체의 파이(collective payoff)를 늘릴 유인과 배반전략(C의 입장에서는 (R2, C1), R의 입장에서는 (R1, C2))을 통해 상대보다 더욱 많은 보수를 차지하려

---

84 impolite conflict와 polite conflict의 용어와 개념은 McMillan(1992:21)에서, mixed-motive의 용어와 개념은 Schelling(1960:88)에서 가져왔다. 본 연구는 논의의 편의를 위해 맥밀란과 셸링의 연구업적에 단순히 명칭만 부여하였다. 이근식(2012. 01. 24, "상생의 갈등과 적대적 갈등", 프레시안) 또한 '상생의 갈등'과 '적대적 갈등'이라는 용어를 사용하였는데 그의 '적대적 갈등'은 제로섬 게임에서 착안하였다는 점에서 impolite conflict와 개념적으로 동일하다고 할 수 있지만 '상생의 갈등'은 존 스튜어트 밀(John?Stuart?Mill)의 공리주의적 시각에서 출발한다는 점에서 본 연구와 배경과 논의가 다르다. 특히, 많은 게임이론가가 공리주의에 대해 비판적 시각을 가지고 있다는 주장에 대해서는 Hargreaves-Heap & Varoufakis(2004:10-11)를 참고하기 바란다.

는 유인을 동시에 가진다.

　수인의 딜레마 게임에 대한 전통적인 논의는 집합적인 관점에서 가장 효율적인 협력의 상태(R2, C2)가 실현될 수 있는 방안을 모색하는데 있다. 우선적으로 고려할 수 있는 해법은 플레이어가 상대방을 배반을 하였을 때 그것에 상응하는 처벌을 할 수 있는 구속력 있는 사법시스템을 마련하는 것이다[85]. 수인의 딜레마를 해결하는 더욱 일반적인 방법은 일회성 게임을 반복 게임으로 변형하는 방법이다. 반복 게임은 유한히 반복되는 경우와 무한히 반복되는 경우로 나뉠 수 있는데 유한반복게임의 경우 비협조 해가 부분게임완전균형(subgame perfect Nash Equilibrium)을 이루기 때문에 논리적으로 협력은 일어나지 않는다. 반면 게임이 무한히 반복되는 경우 플레이어의 협력을 이끌어낼 가능성이 생긴다. 그렇지만 현실적으로 무한히 반복되는 게임을 발견하는 것은 상당히 힘들다. 따라서 무한반복게임과 유한반복게임에 대한 현실적 접근은 어떠한 유한한 게임이 임의의 확률로 반복될 것임을 플레이어가 인식하고 있지만 그 게임의 종료시점을 명확히 알지 못한다는 전제에서 시작되는 것이 더욱 올바른 표현일지도 모른다.

　수인의 딜레마 게임에서 플레이어의 협력을 이끌기 위해서는 보수의 규칙성뿐만 아니라 반복 가능성을 플레이어가 인식하는 것 또한 매우 중요하다. 예컨대, 무한반복게임이라 할지라도 게임이 반복될 확률이 일정 이상 낮아진다면 플레이어는 협력보다는 배반을 고려하게 될 것이다[86]. 그 이유는 일반적으로 플레이어가 현재의 보상에 대한 가치를 미래에 얻을 수 있는 보상의 가

85　이러한 관점에서는 적정하고 정밀한 제도적 장치를 고려하는 것이 관건이 될 것이다. 왜냐하면 일정한 수준 이상의 처벌은 수인의 딜레마 게임을 조정게임의 형태로 바꿔 놓기 때문이다. 다시 말해, 처벌이 수인의 딜레마적 상황에 빠진 사람들을 협력적으로 이끄는 적절한 방법이 아닐 수 있다는 논의를 불러온다.

86　이와 관련한 초기의 논의는 Axelrod(1984:13-14), 더욱 자세한 수학적 논의는 Gibbons(1992:88-99), Watson(2013:297-305)을 참고하기 바란다.

치보다 높게 부여하기 때문이다. 따라서 현재 게임의 시점(T)에서 다음번 게임 시점(T+1)의 시간적 간격이 멀어질수록 (T+1)게임의 가치는 상대적으로 떨어질 수 있다. 그러므로 T에서의 가치를 x라고 할 때 T+1시점의 보수는 T시점의 보수 x를 할인한 $x\sigma$이고 T+2시점의 보수는 T+1시점의 보수를 할인한 $x\sigma^2$가 된다. 그리고 게임이 무한히 반복된다고 할 때 T+n시점의 보수는 $x\sigma^n$가 된다[87].

조정게임은 우호적 갈등의 극단적인 예로서 적대적 갈등과 대극에 있다고 말할 수 있다. 조정게임에서 두 플레이어는 상대방과 동일한 선택을 해야만 보수를 획득하므로 상호협력을 해야만 한다. 따라서 조정게임 속에서 플레이어는 자신의 전략적 선택을 상대방에게 알리는 방안을 고려해야 한다. 이점은 조정게임이 자신의 전략을 숨기거나 속여서 상대방을 움직이려는 제로섬 게임과 다른 점이라 할 수 있다. 따라서 전략적 커뮤니케이션의 관점에서 조정게임 속의 플레이어는 상대방의 전략을 파악하기에 앞서 자신의 전략을 상대방에게 명확히 전달할 필요가 있다.

조금 더 현실적 논의를 위하여 전통적인 게임이론의 가정에서 정보에 대한 주지의 사실(Common Knowledge)의 전제를 약화시키면 게임 속 플레이어가 상대방에게 제공하거나 제공받는 정보의 정확성에 손상이 가해지기 때문에 게임은 더욱 복잡해진다. Schelling(1960)은 게임의 해법이 결국 플레이어가 상대방의 전략선택에 대해 가지는 인식이나 기대(expectation)의 영향을 강하게 받는다고 생각하였으므로 묵시적 커뮤니케이션, 명시적 커뮤니케이션, 그리고 정보의 단절 등과 같은 정보의 전달과정이나 전달상태를 매우 중요하게

---

87   즉, 무한반복 수인의 딜레마 게임에서 각 플레이어가 단일 전략(C 또는D)을 유지하여 가져가는 기대보수(v)는 $v=x+x\sigma+x\sigma^2+\cdots\cdots+x\sigma^n=\sum_{\sigma=1}^{\infty}\sigma^{\sigma-1}x=\frac{x}{1-\sigma}$이다. 더욱 자세한 내용은 Axelrod(1984:13-14), Gibbons(1992:88-99), Watson(2013:297-305)를 참고하기 바란다.

생각하였다. 나아가 전략 선택의 순차성이나 동시성과 같은 규칙마저 모호하게 만든다면 플레이어는 더 이상 수학적인 게임이론이 아니라 현실적이고 전략적인 협상게임 속에 존재하게 된다.

4. 갈등에 대한 게임이론적 접근 2
: 이중구조게임

Putnam(1988:427)은 한 국가의 국제 외교와 국내 정치는 상호 간에 영향을 주고받는다는 전제 하에서 국제 협상이 타결되는 방식과 시점에 대해서 연구하였다. 로버트 퍼트넘(Robert D. Putnam)의 논의는 양면(兩面)게임이라고도 불리는 이중구조게임(Two-level game)을 중심으로 전개되었는데, 그가 제시한 이중구조게임은 학계에 소개된 이래로 국내외적으로 다양한 후속 연구를 이끄는 개척논문(seminal work)의 지위를 얻게 되었다(손병권, 2008: 1098). Putnam(1988)의 연구 관심사는 국제 협상에 있었기 때문에 그에 대한 후속 연구 또한 대부분 양자 간 국제 협상의 분석에 초점이 맞추어져 있다. 반면, 이중구조게임을 한 국가 내부의 정책적 협상분석의 영역까지 넓힌 연구는 그리 많지 않다. 국내 연구 사례로는 행정중심도시 건설에서 열린우리당과 한나라당의 협상을 분석한 배일섭(2005), 제주해군기지 설치 협상을 분석한 장훈철과 황경수(2011), 동남권 신공항 정책변동요인 분석에 이중구조게임을 응용한 이윤경(2014)을 들 수 있다[88].

퍼트넘의 이중구조게임에 대한 이해를 돕기 위해 [표 8]과 같이 협상절차를 단순화하고 하나의 단일 사안을 다루는 국제 협상을 살펴보자. 국제협상가는 국제 협상 테이블에서 자국을 대표하여 상대국의 대표와 협상안에 대해 협상을 벌이는데 이를 레벨 I이라고 한다. 국제협상 타결 이후 국제협상가는 자국으로 돌아와서 자신이 국제 협상 테이블에서 타결한 내용의 발효를 위해 국내 이익단체의 비준(ratification)[89]을 반드시 거쳐야만 한다. 이때 비준을 위해서 국내 이익단체들 내부에서는 각자 토론이 발생하는데 이를 레벨 II라고 한다. 비준의 여부는 찬반투표와 같이 가부를 결정하는 방식으로 이루어지는데 레벨 II에서 협상안 비준에 대한 찬성표가 정족수를 넘으면 협상안은 발효되고 정족수에 미달하면 협상안은 파기된다. 따라서 국제협상은 국제 수준인 레벨 I과 국내 수준의 레벨 II의 2단계 절차를 가진 이중구조게임이다.

---

88 국제 외교와 국내 정치의 이중구조 성격에 대한 퍼트넘의 논의는 사회적 협상의 행동이론을 제안하였던 Walton과 McKersie(1965)의 연구를 언급하면서 시작된다. 그들 연구의 핵심은 어떠한 협상조직을 단일-행위자(unitary actor)로 가정할 경우 협상 연구에 문제점이 발생한다는 것이다(Putnam, 1988, p. 433에서 재인용). 다시 말해 어떠한 협상조직 내부에는 다양한 하위 구성요소가 개별적으로 존재하는데 이 구성요소들 간에 일어나는 다양한 상호작용의 영향력이 그동안 학계에서 무시되어 왔다는 점을 그들이 강조한 것이다. Walton과 McKersie의 연구에 근거하여 퍼트넘은 협상에 임하는 국가 내부에도 다수의 행위자(multiple actor)가 존재하며 이들의 상호작용에 의해서 국제 협상의 타결 결과가 결정된다는 논리를 세웠다. 즉, 하나의 국가 내부에 존재하는 많은 이익단체들은 각자 자신에게 유리한 정책을 정부가 채택할 수 있도록 압력을 가하고 정치인은 개별적으로 존재하는 이익단체들 간에 연합을 구성함으로써 자신의 권력을 추구하게 된다(Putnam, 1988:434). 또한 국제적 수준에서 각국 정부는 자신들이 가진 다양한 국내의 압력을 만족시키기 위해 최선을 다하는 동시에 국제 개발에서 불리한 결과가 최소화 될 수 있도록 노력한다(Putnam, 1988:434). 그러므로 국제협상에서 각국 협상가들의 협상범위는 자국의 국내 관료 집단, 이해 집단, 사회 계급 그리고 국내 여론의 영향을 강하게 받는다(Putnam, 1988:436).

이와 동일한 논리를 공공시설의 입지 결정 문제에서 발견 할 수 있다. 방폐장의 지역 사회 건설을 결정하는 문제에 있어 지역주민은 찬성파와 반대파로 나뉘어 각자 자신의 신념을 지방정부가 반영하도록 압력을 가한다. 찬성파와 반대파는 각자 자신의 영향력을 과시하기 위해 찬반집회, 유치성명, 반대성명 등을 통해 지역주민의 지지를 모은다. 그리고 지방정부는 찬성과 반대의 논리 사이에서 지역주민의 반응을 확인하며 지역 내 압력을 만족시키기 위해 자신의 입장을 결정한다. 동시에 지방정부는 중앙정부와 자신의 행정적 혹은 정치적 유대관계를 손상시키지 않도록 노력한다.

89 Putnam(1988)은 비준(ratification)이라는 용어를 법리적인 범주에서 사용하기보다는 레벨 II의 의사결정과정을 묘사하기 위한 은유적 범주에서 사용하였다. 본 연구에서도 비준이라는 용어를 사용할 때, Putnam(1988)에서 사용되었던 것과 동일한 의미로 사용하고자 한다. 비준에 대한 자세한 논의는 Putnam(1988:436)을 참고하기 바란다.

| 표 8 | win-set의 구조와 성격에 대한 이해

아래 [그림 2]와 같이 A국과 B국이 가상의 이익을 나누는 일정합 게임 상태에서 협상에 임한다고 하자. 즉, A국이 더 많이 가져갈수록 B국의 몫은 작아진다. 반대로 B국이 더 많이 가져간다면 당연히 A국의 몫 또한 작아진다. 또한 협상에서 자신의 국가가 가져가는 이익이 더 많을수록 비준에 찬성표를 던지는 사람이 많다고 하자. A국이 가진 win-set의 범위가 최소 A_{40}부터 시작한다고 하자. 여기서 X_{min}은 양국에서 비준 가능한 최소한의 몫(또는 비준을 통과하기 위한 최소한의 득표수)을 나타낸다. 따라서 A_{40}의 의미는 레벨 I에서 전체의 몫의 40 이상을 A국이 가져가도록 타결되지 않으면 A국의 레벨 II에서 비준이 일어나지 않는다는 것이다. 그러므로 양국이 100을 나누는 분배적 협상을 타결하기 위해서는 B국이 가진 win-set이 최소 B_{60}을 넘지 않아야만 한다.

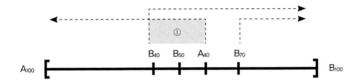

주: 1) 그림은 A국과 B국이 가상의 이익 100을 나누는 일정합게임이다.
2) $X_n = X_{min}$이고, X_{min}은 양국의 레벨 II에서 비준 가능한 최소한의 몫이다. 〈자료 : Putnam(1988 : 441) 편집〉

| 그림 2 | win-set 범위 감소의 효과

만약 B국 win-set의 크기가 B_{40}부터 시작한다면 A국의 win-set과 B국의 win-set의 범위는 중첩이 발생한다. 즉, ①의 빗금영역이 형성되며 이 영역은 협상의 타결이 가능한 ZOPA의 영역이다. A국과 B국의 레벨 II에서 각각 비준 가능한 최소한의 몫이 각각 40이기 때문에 협상은 나머지 20을 어떻게 분배할 것인가의 문제가 관건이 될 것이다.

그런데 B국이 가진 win-set의 시작점이 B_{40}에서 B_{50}으로 이동한다고 해보자. 이동의 결과 B국이 가진 win-set의 크기가 60에서 50으로 줄어든다. B국의 국내 비준 가능 범위가 $B_{40} \cdots B_{100}$에서 $B_{50} \cdots B_{100}$으로 변화하였기 때문이다. 이 경우 ZOPA의 영역 또한 줄어들어 협상의 타결은 B국이 50을 가지고 A국이 40을 가진 상태에서 양국이 나머지 10을 나누는 형태가 된다. 결과적으로 B국이 가진 win-set 범위의 축소는 B국이 A국에 비해 더욱 많은 부분을 가져갈 수 있도록 해준다. 그러므로 논의를 일반화시키면 "내가 가진 win-set의 범위가 상대방에 비해 좁을수록 상대방보다 더 많은 몫을 분배 받는다"고 말할 수 있다. 반대로 "나의 win-set 범위가 상대적으로 넓다면 나는 협상에서 상대방보다 더 적은 몫을 분배 받는다"고 말할 수 있다.

이번에는 ②와 같은 승리에 도취된 B국의 레벨 II가 비준에 대한 더욱 높은 기준을 설정하여 최소 win-set을 B_{90}을 넘어 B_{70}까지 축소한다고 가정해보자. 따라서 B국이 win-set의 크기는 30이며 협상타결 범위는 $B_{70} \cdots B_{100}$이다. 그런데 이동의 결과 양국의 협상에서 win-set의 중첩은 발생하지 않으므로 ZOPA가 형성되지 않는다. 앞서 언급한 바와 같이 협상안 타결의 조건인 B_{60}을 넘었기 때문이다. 협상에서 B국이 비준을 얻기 위해 반드시 확보해야만 하는 최소한의 몫이 70이고 A국이 필요한 최소한의 몫이 40이다. 그런데 100을 나누는 제로섬 게임 안에서는 두 국가의 니즈(needs)를 동시에 충족시킬 방안은 존재하지 않기 때문이다. 그러므로 "과도한 win-set의 축소는 협상에서 더 많은 몫을 할당받는 기회를 넘어 오히려 협상 자체를 파기할 수 있는 여건을 불러 올 수 있다"고 말할 수 있다.

국제협상가는 협상타결의 이중구조에 기인하여 자신이 참여한 국제 협상 테이블에서 논의되고 있는 협상안이 국내에서 비준의 정족수를 만족할 것인지를 항상 예측하면서 상대국과 협상에 임한다. 왜냐하면 아무리 협상가가 자국에게 유리한 협상결과를 레벨 I에서 타결해 온다고 하더라도 타결안이 국내에서 비준이 되지 못한다면 그의 노력 자체가 무의미한 일이 되기 때문이다. 따라서 협상가가 국제 협상에서 타결할 수 있는 협상안의 범위는 구조적으로 레벨 II에 존재하는 국내 비준 가능성에 의해서 제한된다고 말할 수 있다. 이처럼 레벨 II에서 비준 가능하리라(win) 협상가가 예측하는 레벨 I 협상안의 집합(set)을 win-set이라고 한다[90]. 그러므로 협상의 타결은 양국의 협상가가 가진 win-set이 중첩(overlap) 되는 부분에서 일어난다. 다시 말해 ZOPA(Zone of possible Agreement)가 형성되는 것이다.

Putnam(1988)의 이중구조게임은 국제 협상의 타결을 고려하는 데 있어 각국에 구성요소 간의 이해관계와 상호작용을 고려하는 것이 매우 중요하다는

---

90 이 부분에 대한 원문을 소개하면 다음과 같다. The "win-set" for a given Level II constituency as the set of all possible Level I agreements that would "win"-that is, gain the necessary majority among the constituents-when simply voted up or down(Putnam, 1988:437).

것을 보였다[91]. 특히 협상의 시각에서 구성요소 간의 상호작용을 다루는 문제는 협상가가 국제 협상의 테이블에서 상대국과 마주하는 문제보다 더욱 중요할 수 있다.

우리는 이중구조게임을 통해 양자 간 협상 타결에 대한 문제에 접근하고자 할 때 win-set의 중첩은 협상의 최종적 균형 형성에 대한 불확정성 (indeterminacy) 문제를 불러온다는 점을 강조하고자 한다. 다시 말해, 이중구조게임이 강조하고자 하는 것은 어떤 경우에 협상이 타결될 수 있는가 하는 협상타결의 가능성일 뿐, 그 ZOPA의 어느 지점에서 협상이 타결될지, 그리고 왜 특정 지점에서 협상이 타결될 수 있을지는 설명하지 못한다. 이것은 결국 협상력이라는 개념으로밖에 설명할 수 없는데 이중구조게임은 이 문제에 대해서는 그리 효과적인 설명을 하지 못하고 있다. 즉, A국과 B국 사이의 협상이 타결될 경우 균형을 확정하는 문제는 양국이 가진 협상력에 의존할 수밖에 없다는 것이다. 다시 말해 win-set 개념을 통해서 양국 간의 협상이 타결될 것은 예측할 수 있지만 협상의 몫이 어떻게 분배될 것인가에 대한 설명은 명확히 제시할 수 없다는 것이다.

퍼트넘의 이중구조게임에서 이러한 문제가 발생하는 이유는 협상의 최종 타결이 일반적으로 점(點)으로 이해되고 받아들여지는 반면 win-set의 중첩은 이러한 타결점을 포함하는 범위라 할 수 있는 면(面)의 개념이기 때문이다. 그러므로 "A국이 협상에서 B국 보다 더 많은 이익을 가져가기 위해서는 어떠한 노력이 필요한가?"와 "A국이 가져간 특정한 협상의 이익이 존

---

91 Putnam(1988)은 win-set의 크기에 영향을 주는 요인을 다음의 세 가지로 구분하였다. 첫째, win-set의 크기는 레벨 II를 구성하는 유권자 사이의 존재하는 권력의 분포, 선호도의 분포, 그리고 연합 가능성의 영향을 받는다(Putnam, 1988:442). 둘째, win-set의 크기는 비준을 위해 존재하는 레벨 II의 제도적 장치 혹은 정치적 체계의 영향을 강하게 받는다(Putnam, 1988:448). 셋째, win-set의 크기는 레벨 I협상가의 전략에 달려 있다(Putnam, 1988:450).

재 할 때 그의 협상력이 높았다고 말할 근거는 무엇인가?"와 같은 질문에 Putnam(1988)의 이중구조게임 만으로는 효과적인 대답이 어렵다.

이제 이런 물음에 답하기 위해 협상과 협상력의 개념을 논의할 차례다.

5. 전략적 협상론

이제 방폐장 입지 선정과 관련하여 가장 중요한 이론적 배경인 협상론(전략적 협상론이라고 불러도 무방하다)에 대해 논의하려 한다. 하지만 게임이론적 접근의 경우와 마찬가지로 협상론에 대한 모든 측면을 분석하는 것은 무의미하다. 이 절에서의 논의 역시 우리의 분석과 관계되는 측면만을 중점적으로 살필 것이다.

먼저 협상력의 개념에 대해 논의할 것이다. 일반적인 개념에 대해 간략히 살핀 뒤 Putnam(1988)의 이중구조게임에서 제시된 문제를 해결하기 위한 방안으로서 내부협상과 외부협상, 2P(Position, Process)의 개념을 집중적으로 살필 것이다. 그 뒤 협상의 구조와 협상의 세 단계를 논의한 뒤, 6장에서 방폐장 입지 선정과정을 협상론의 관점에서 어떻게 접근할지 설명할 것이다.

협상력의 분석

(1) 협상력의 정의

앞서 Putnam(1988)의 이중구조게임을 다루면서 언급한 바와 같이 타결을 통해 발생하는 이익의 분배라는 관점에서 어떠한 협상에 접근하고자 할 때 각 플레이어가 가진 협상력에 대해 생각하지 않을 수 없다. 사실 협상력은 실체가 없는 추상적인 개념이다. 누군가가 강한 협상력을 가지고 있다고 말은 매우 중의적(重義的)인 표현이기 때문이다. 그렇기에 일부 협상 분석가들은 협상력이라는 단어를 사용하지 않는 것이 더 낫다고 말하기도 한다(McMillan, 1992:47). 그럼에도 협상의 양 당사자인 경제주체 상호간의 갈등 속에 존재하는 상호의존성(interdependence)을 강조할 때 협상력에 대한 질문은 "누구의 협상력이 강한가?"가 아니라 "각 협상가는 협상타결에 대한 상대방의 의지를 어느 정도라고 믿는가? 그리고 상대방이 협상타결에 대한 나의 의지를 어느 정도로 본다고 믿는가?"에서 시작된다(McMillan, 1992:47)[92].

McMillan(1992:22)이 전제한 바와 같이 협상을 합리적 플레이어에 사이에서 발생하는 자발적 거래(voluntary transaction)라고 생각한다면 협상력은 더 이상 공격적이거나 파괴적인 힘이 아니다. 협상력은 상대방의 가치를 빼앗는 무력이 아니라 상호간에 교환이익(gains from trade)을 발생시키는 능력이기 때문이다. 그리고 교환이익은 플레이어가 가진 효용의 차이, 비교우위, 그리고 믿음의 차이에서 발생한다(McMillan, 1992:23-24). 제로섬 게임과 같은 적대적 갈등상태에 처한 플레이어 사이에서 어떠한 공통적인 이해관계를 발견

---

92 원문은 다음과 같다. "What does each bargainer believe about the other's willing to settle, and about the other's beliefs?"(McMillan, 1992:47).

하고 갈등상태의 전환을 꾀하는 것이 갈등과 협력에 대한 이론의 핵심이라면 협상력은 갈등의 대안을 찾는 힘, 대안의 가치를 상대방에게 인식시키는 힘, 그럼으로써 대안을 갈등상황에 적용하여 갈등상태를 변화시키는 힘과 깊은 관계를 가진다.

협상에서 대안의 가치를 포함하여 교환이익에 대해 상대방이 가진 믿음 혹은 기대를 살핀다는 관점은 믿음이나 기대를 다루는 방법에 대한 논의로 확장된다. 그러므로 "협상 전략은 상대의 믿음에 영향을 가하여 변화시키는 능력"이라 정의할 수 있으며 "협상력은 상대방의 믿음을 변화시키는 능력"이라 말할 수 있다(김기홍, 2002:131). 조금 더 명확히 정의하자면 "협상력이란 협상에 참여하는 상대방의 협상 타결에 대한 기대를 나에게 유리한 방향으로 변경시킬 수 있는 능력"이라 말할 수 있다(김기홍, 2017:100).

이중구조게임에서의 협상력이라는 문제를 풀기 위해 김기홍은 일련의 연구를 통해 내부협상(internal negotiation)과 외부협상(external negotiation)의 개념을 제시하고 이를 발전시켜 2P(Position and Process)라는 개념을 제시하였다. 그에 따르면 외부협상은 협상가에 의해서 이루어지는 외형적인 협상을 의미하고, 내부협상은 그 협상가가 협상에 임하는 태도와 전략을 결정하기 위한 사전적인 협의과정을 의미한다. 김기홍은 내부협상이 이루어지는 process(과정) 그리고 그 과정을 통해 형성되는 position이 외부협상에서의 협상력을 결정한다고 주장한다[93]. 그가 제시한 내부협상은 퍼트넘의 레벨 Ⅱ, 외부협상은 퍼트넘의 레벨 Ⅰ과 유사하다. 하지만 양자는 다음과 같은 점에서 차이를 보인다. 내부협상이 외부협상가의 협상력에 영향을 미친다는 점에서 다소 동적인 개념이라면, 레벨 Ⅰ과 Ⅱ는 협상가가 논의할 수 있는 win-set의 범위를 사전적

으로 결정짓는다는 점에서 다소 정적인 개념으로 이해할 수 있다.

이제 이 점을 조금 더 자세히 살필 필요가 있다.

(2) 2P : Position(입장)과 Process(과정)[94]

가장 먼저 지적되어야 할 것은 Putnam(1988)의 논의에서 제시되는 win-set과 김기홍이 제시하는 position[95]의 관련성이다. 결론부터 말하면 두 개념은 협상이 특정 영역 혹은 특정의 점에서 결정된다는 것을 설명한다는 점에서 상호 유사한 점이 없지 않지만 기본적으로 그 함의가 다르다. 김기홍 (2017:277-279)이 제시하는 플레이어의 position이란 주로 국제협상가가 내부협상의 과정을 거쳐 상대방 협상가에게 제시하는 협상 의제에 대한 당사국의 의견 혹은 입지를 의미한다[96]. 그러므로 그 position은 내부협상의 과정을 거쳐 결정되었다는 점에서 win-set과는 달리 상대방의 기대를 변경시킬 수 있는 힘을 가진다. 반면 win-set은 '과정'을 거치지 않은 채 협상가의 레벨 II 에 대한 인식과 판단 만으로 결정될 수 있기에 그 자체가 협상의 타결가능성에 대한 판단 근거로 작용할 뿐 상대방의 기대를 변경시킬 수 있는 힘으로 작용하지는 못한다. 다시 말해 position은 협상력의 개념이고 win-set은 협상타결에 대한 개념이다. 또한 position은 내부협상의 '과정'과 분리되어 논의될 수 없지만 win-set은 내부협상을 '인식'한 입장으로 이해할 수 있다.

그럼에도 두 이론이 공통적으로 제시하고 있는 것은 대리인의 신분에 있는 플레이어의 position이 자신의 고용인에 의해서 결정된다는 점이다. 따라

---

94 본 절의 내용은 주로 김기홍(2017)을 본 연구의 논의에 맞게 재해석한 것이다.

95 일반명사인 입장과의 혼돈을 피하기 위해 필요한 경우 영어 명칭인 position을 사용한다

96 이 입장에 대한 자세한 논의 역시 김기홍 (2017)을 참고하기 바란다.

서 내부협상을 거치지 않은 협상가는 position을 가질 수 없다. 협상력 측면에서 내부협상을 거친 position은 상당한 무게감을 지닌다. 만약 어떤 집단의 position이 내부적으로 매우 격렬한 갈등상태를 경험한 뒤 결정되었다면 그 position은 매우 큰 힘을 가진다. 상대방 협상가가 이러한 사실을 인식하고 있다면 그 position에 어떤 영향력을 발휘하기 어렵기 때문이다.

하지만, 이런 논의를 바탕으로, 이하의 분석에서는 position과 win-set을 엄밀히 구분하지 않고 그 맥락에 따라 함께 사용하려 한다. 예컨대, 방폐장 입지 선정과정에서 부안군 군수가 제시하는 win-set은 내부협상의 과정을 거치지 않은 것이기에 여기서의 position과는 다소 거리가 있고, 경주시장이 중앙정부에 제시한 win-set은 내부협상의 과정을 거친 것에 여기서의 position이라는 개념과 일치한다는 것이다. 그러므로 협상력의 관점을 강조할 경우에는 position, 협상타결의 가능성을 강조할 경우에는 win-set이라는 용어를 사용할 것이다. 하지만 구태여 구별할 필요가 없을 경우 두 경우 모두 '입장'이라는 한글 용어를 사용할 것이다.

협상의 구조[97]

협상가가 가진 협상력은 상대방 협상가의 인식에 의존한다. 예컨대, 민주적인 내부협상이라는 의사결정과정을 통해서 협상가의 입장이 결정된다면 의사결정과정이 구조적으로 협상력 강화에 영향을 끼칠 수 있다. 그런데 협상가의 협상력은 내부협상과정 이외에도 협상자체가 가지는 협상구조

---

97 본 절의 내용은 주로 김기홍(2012)을 본 연구의 논의에 맞게 재해석한 것이다.

(structure)의 영향을 받는다. 앞서 살펴보았던 협상과정과 입장이 상대방 협상가의 기대에 영향을 주는 변수의 집합이라 한다면 협상구조는 협상의 실체를 구성할 수 있는 다양한 변수의 집합이라 할 수 있다[98].

협상구조는 협상에 참여하는 국가들이 향후 협상을 어떻게 진행해 나갈 것인지 그 기본 방향과 성격을 결정하는 것으로, 실제 협상이 진행되기 전에 협상의 향후 진로를 결정할 수 있는 구조적 요인을 의미한다. 이런 협상구조에 포함될 수 있는 것은 1)협상여부, 2)협상의제, 3)협상의 프레임워크이다(김기홍, 2012:141).

협상여부란 말 그대로 협상을 시작할 것인지의 여부를 의미한다. 협상에는 단일의제가 다루어지는 경우도 있고 다양한 의제가 포괄적으로 다루어지는 경우도 있다. 예컨대, 방폐장 협상의 주제는 '방폐장을 해당 지역에 건설할 것인가?'와 같은 단일의제로 시작된다. 반면 FTA협상과 같은 국가 간의 무역협상은 그 내부적으로 다양한 사안이 개별적으로 존재하기 때문에 여기서 다루어지는 의제는 포괄적이다. 협상의 프레임워크란 협상이 진행되는 방식 혹은 협상의제가 연계되는 방식 등 협상전체의 결과를 결정하는 역할을 한다. 예컨대 국가 간의 협상인 경우 협상을 일괄적으로 타결할 것인지 아니면 사안별로 쪼개어 타결할 것인지가 매우 중요한 프레임워크로 작용한다. 우리의 주제인 방폐장 협상의 경우 정부가 방폐장 협상과 양성자 가속기 협상을 연계해서 타결하기로 했다면, 이것은 방폐장 협상만을 단일 의제로 제시했던 경우와 달리 협상의 프레임워크가 변한 것이라 말할 수 있다. 또, 방폐장 협상의 경우 단 하나의 신청지역과 가부간의 협상을 하는 것과, 수많은 신청지역을 대상으로 특정지역을 선정하는 협상을 하는 것은 그 협상의 프레임워크가

---

98 이런 점에서 Zartman(2002)은 '협상 구조는 협상의 과정을 제약한다'라고 말한다.

변한 것으로 말할 수 있다. 이와 함께 협상구조의 형성에 영향을 주는 요인으로는 협상에 참여하는 협상 플레이어의 수, 협상자의 사이에 존재하는 권력의 관계 등이 있다(김기홍, 2012:141-144).

협상의 세 단계

김기홍(2017:114-120)에 따르면 모든 협상은 각 단계별로 구분하여 분석할 수 있다. 비록 협상의 분석기준은 연구하려는 사례와 연구자가 내세우는 협상의 특성에 따라 각자 다르게 나타나겠지만 대체적으로 사전협상 단계, 본협상 단계, 그리고 후속협상 단계로 구분하는 것이 가능할 것이다.

우리가 일반적으로 협상이라 부르는 단계는 본협상 단계이지만 본협상 단계가 존재하기 위해서는 어떠한 형식으로든 사전협상 단계가 선행되어야 한다. 사전협상 단계에서 수행되는 가장 중요한 과업은 협상목표(혹은 협상의 원칙)를 정하는 것이다. 협상목표가 설정된다면 플레이어는 협상에 참여할지 아니면 참여하지 않을지를 결정할 수 있다. 물론 자발적이지 않은 경우에도 협상목표의 설정이 전제되어야만 타협될 수 있는 것과 그렇지 않은 것이 구분될 수 있다. 민주적인 국가라면 각 국에서는 구성 요소간의 활발한 의견교환, 다시 말해 내부협상이 일어날 것이다. 구성 요소간의 활발한 토론은 각국의 입장(position)이 결정하는 것이고 레벨 II의 win-set의 크기를 설정하는 작업이다. 예컨대, 중앙정부가 특정지역에 방폐장을 건설하겠다는 계획은 정부 부처 간의 토론과 회의의 결과라고 할 수 있으며 방폐장을 지역사회에 유치하겠다는 시민들의 움직임이나 방폐장을 거부한다는 사전적 움직임은 모두 사전협상 단계의 내부협상이라고 할 수 있다. 사전협상 단계에서 내부협상은 매우 중요하다. 왜냐하면 각국이 설정한 초기의 분위기가 닻내림 효과(anchoring effect)를 나타내어 본협상 단계의 내부협상과 외부협상에 영향을 강하게 끼칠 것이기 때문이다.

본협상과정에서 협상가들은 자신들이 이미 사전협상 단계에서 설정한 협상목표를 실현하기 위해 노력한다. 따라서 협상의 원칙이 대체적으로 고수되며 또한 그래야만 한다. 만약 협상가가 본협상 단계에서 협상목표를 무의미하게 수정하거나 상실한다면 만족스러운 결과를 얻기가 굉장히 힘들다. 그러므로 본협상 단계에서 협상가 사이에 원칙의 충돌로 인한 갈등관계가 형성될 수 있다. 따라서 본협상과정은 굉장히 딱딱한(rigid) 단계로 볼 수 있다. 그런데 대체적으로 본협상 단계를 굉장히 유동적(flexible)이거나 역동적(dynamic)인 단계로 파악하는 경향이 있다. 본협상 단계에서 협상가들의 제의와 역제의가 일어나고 협상타결을 위한 창의력이 발산되기 때문이다. 협상이 교착된다면 이를 해결하기 위해 사안의 연계전략이 나타날 수도 있고 협상가가 자신의 협상력을 높이기 위해 개인적인 협상기술(skill)을 사용할 수도 있다. 특히 본협상을 유동적인 단계로 파악하는 경향을 협상을 일종의 주고받는 게임으로 파악하는 연구에서 주로 발견된다.

협상의 구조와 과정에서 바라볼 때 협상의 구조는 주로 사전협상 단계에서 형성되지만 각 경제주체가 가진 협상력에 따라 사전협상에서 설정된 구조를 본협상에서 변화시킬 가능성 또한 있다. 다만 사전협상에서 설정된 구조에 영향을 가하는 작업은 게임의 규칙을 바꾸는 것인 만큼 상당히 어려운 작업이 될 것은 분명하다. 그럼에도 본협상 단계에서 우선적으로 주목할 점은 "사전협상 단계에서 설정된 구조가 그대로 유지되었는가?"하는 점이다. 다시 말해 협상여부, 협상의제, 협상의 프레임워크에 어떠한 변화가 존재한다면 그러한 변화를 일으킨 요인은 무엇이며 변화의 결과가 각 플레이어에게 가져다

주는 것은 무엇인지를 파악할 필요가 있다.

후속협상단계는 협상의 타결과 함께 조문화 작업이 이루어지는 시기이다. 각국의 협상가는 자국에서 협상결과에 대한 비준을 얻기 위해 내부협상을 진행한다. 그러므로 본협상 단계에서 협상가가 자신이 속한 조직을 대변하여 상대방과 조우했다고 한다면 후속협상에서는 역으로 상대방과의 타결안을 대표하여 자신이 속한 조직과 대화를 진행한다고 볼 수 있다.

협상연구의 분석 기준과 논의의 틀

이상과 같은 협상론적인 논의를 기반으로 방폐장 입지 선정 문제를 협상론적인 관점에서 파악하기 위해서는 다음과 같은 프레임워크를 필요로 한다.

[그림 3]은 지금까지 논의한 이중구조게임으로서의 방폐장 협상과 각 플레이어의 협상력에 영향을 끼치는 협상구조, 협상과정 등을 함축적으로 나타내고 있다. 지방정부의 협상력이 저조하다면 중앙정부는 방폐장을 지역사회에 건설할 수 없을 뿐만 아니라 지역사회에 대한 경제적 보상 또한 일어나지 않는다. 나아가 적절하지 않은 협상전략의 선택은 부안군 사례가 말해주는 것처럼 지역 사회 내에 소모적인 혼란만을 가중시킬 여지가 있다.

국내 방사성 폐기물 처리장의 유치과정에서 지방정부가 보여준 중재능력 혹은 협상력에 대한 재고를 위해 다음과 같은 연구기준을 제시할 수 있다.

우선 협상의 절차적 구분이라는 측면에서 협상의 단계적 구분이 가능하다. 우리는 부안군과 경주시의 방폐장 부지 협상 사례를 연구함에 있어 각각의 사례에 공통적으로 등장하는 '방폐장 유치공모 마감일'을 기준으로 공모마감일 전을 사전협상 단계로 두고 공모마감 후부터 방폐장 주민투표일까지를 본 협

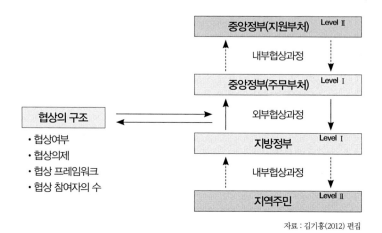

자료 : 김기흥(2012) 편집

| 그림 3 | 방폐장 협상의 이중구조와 협상력에 영향을 끼치는 요인

상으로 두어 사례를 두 단계로 구분하고자 한다.

그리고 구분된 협상의 각 단계별로 지방정부의 중재 능력(협상력)에 영향을 끼친 요인이 무엇이었는지를 살펴보기 위해 협상의 구조(structure)와 과정(process)의 프레임을 통해 다음과 같은 연구주제를 제시하고자 한다.

- 입장(Position)과 구조(Structure) : 협상의 구조는 어떻게 설정되었는가? 협상의 주요 플레이어로서 지방정부 혹은 지방자치단체장, 중앙정부, 그리고 지역주민이 방폐장 유치에 대해 가진 각각의 입장(position)은 무엇이었는가? 그리고 각 플레이어가 가진 각자의 입장은 협상여부, 협상의제, 협상 프레임워크와 같은 협상구조의 설정에 어떠한 영향을 끼쳤는가? 또한 협상구조의 설정에 영향을 끼친 기타 주요 요인은 무엇으로 들 수 있는가? 나아가 이렇게 설정된 협상구조는 지방정부의 협상력에 어떠한 영향을 끼쳤는가를 들 수 있다.

- 입장(Position)과 과정(Process) : 협상의 과정은 어떻게 진행되었는가? 지방정부, 지방자치단체장, 중앙정부, 그리고 지역주민은 방폐장 유치에 대해 가진 자신의 입장(position)을 내부협상과정과 외부협상과정을 통해 적절하게 전달하였는가? 그리고 그 과정은 지방정부의 협상력에 어떠한 영향을 끼쳤는가?

- 결과(Result) : 협상결과와 시사점은 무엇인가?

이제 본격적인 분석에 들어가기 전에 한 가지 더 고려할 사항이 있다. 그것은 위 그림에서도 드러나고 있지만 지방정부의 역할에 대한 것이다. 여러 차례 강조하고 있지만 본 연구의 중요한 기여의 하나는 이 지방정부의 역할을 이론적으로, 실체적으로 자세히 규명한 것이라 할 수 있다.

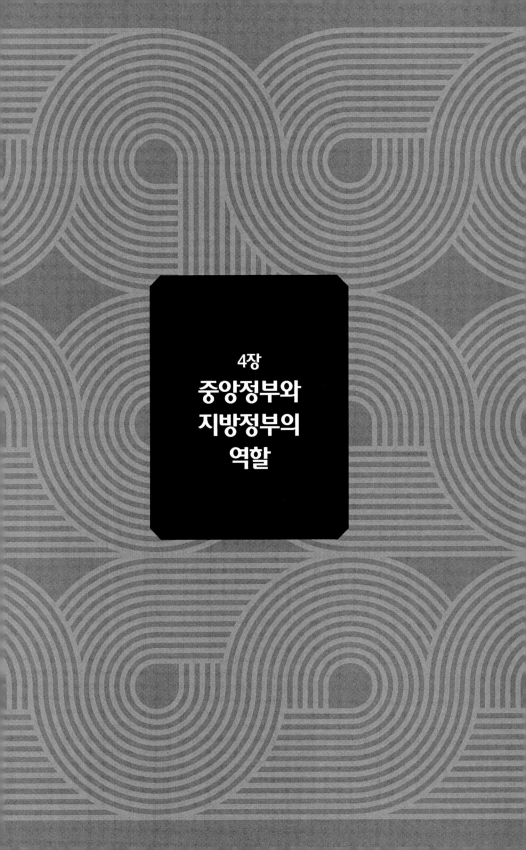

4장

중앙정부와
지방정부의
역할

앞으로의 분석을 위해 본 연구가 상정하는 지방정부의 역할은 다음과 같이 간략히 정리할 수 있다: 공공갈등을 유발하는 공공시설을 어느 지역사회에 건설하는 문제는 지방정부와 지역주민, 그리고 중앙정부가 참여하는 하나의 협상과정으로 이해할 수 있다. 그럴 경우 지방정부는 자신의 왼쪽과 오른쪽에 각각 협상 테이블을 놔두고 중앙정부와 지역주민을 상대로 두개의 협상을 동시에 벌이는 협상가(negotiator)이자 중앙정부와 지역주민 사이에서 갈등을 조정하는 중재자(mediator)와 같다.

이제 이런 점을 좀 더 자세히 살피고 본격적인 분석으로 들어가고자 한다.

1. 중앙정부의 딜레마

　공공갈등을 유발하는 공공시설물은 다양하겠지만 그 중 방사성 폐기물 처리장은 각별히 고도의 안전성이 확보되어야 한다. 핵 물질을 다루는 문제는 한 순간의 실수로 인해 국가적 차원의 혼란사태로 번질 위험성을 항상 안고 있기 때문이다. 따라서 방폐장은 기술적으로 가장 안전하다고 판단되는 지역에 건설되어야 한다. 다시 말해 방사성 폐기물 처리장의 입지 결정 문제는 부지선정에 있어 지리적 제약과 같은 환경적 요인의 영향을 강하게 받는다. 이 점은 방폐장의 건설을 둘러싸고 빚어지는 갈등이 쓰레기 소각장이나 정신병원, 공동묘지 등 여타 다른 비선호시설의 입지선정 문제에서 발생하는 갈등과 차별화되는 점이다.

　그렇기 때문에 안전성의 측면에서 이 문제에 접근하고자 할 때 최선의 방법은 핵폐기물 보관 장소의 건설을 위해 기술적으로 가장 최적화 된 부지를 확보하는 것이다. 그러므로 방폐장 건설에 대한 최적의 입지를 모색하고 해당 지역을 방폐장 유치 후보지로 지정하는 정부 주도적 방식은 상명하달

(Top-down)이라는 비난을 받을지라도 결코 무시할 수 없는 방법이라 말할 수 있다. 결국 정책 시행에 있어 어떠한 외압도 없이 순수하게 수학적 혹은 기술적으로만 접근할 수 있는 환경이 존재할 수만 있다면 그 테두리 안에서 공공정책의 시행은 가장 합리적인 결과를 가져올 것이 분명하다.

그렇지만 우리 사회의 권력이 분화되고 민주화가 진행됨에 따라 각자의 목적을 가진 사회구성원들의 다양한 이해관계가 사회적 갈등으로 표출되고 있다. 이러한 환경에서 정부주도적인 정책결정은 설령 합리적일지라도 지역사회의 동의를 얻지 못한다면 정당성의 확보에는 많은 어려움이 뒤따른다. 특히 방폐장의 입지는 비선호시설이 공통적으로 가지고 있는 비용과 편익의 불균형에 대한 지역사회의 거부감 문제를 넘어선다. 즉, 핵 시설이 가지고 있는 근본적인 공포감은 지역주민에게 있어서 생존권에 대한 위협으로 다가올 수 있는 것이다. 그러므로 방폐장의 건설을 위해서 해당지역 주민의 동의와 이해를 구하는 것은 정책수행에 대한 합리성 확보만큼 중요한 위치를 차지해 오고 있다. 이러한 관점에서 민주화된 사회에서 방폐장의 건설을 위한 선결조건은 기술적으로 적합한 후보지역에서 거주민의 유치 동의를 구하는 것이라 해도 과언이 아닐 것이다.

그럼에도 불구하고 방폐장 건설에 있어 중앙정부는 지역주민의 동의를 사전에 구하는 민주적 절차만을 항상 고집할 수는 없다. 사안이 처한 상황이나 성격에 따라서 중앙정부는 공공사업의 강제적인 집행 또한 고려할 수밖에 없다. 예컨대, 원자력 발전소 부지 내에 보관중인 방사성 폐기물이 포화상태에 이르러 더 이상 부지 내에서 저장 공간을 확보할 수 없을 경우 중앙정부는 결국 국내 어느 곳에 방폐장을 강제적으로 건설할지도 모른다. 그렇지 않다면 국내 전력수급의 상당수를 차지하고 있는 원자력 발전을 즉시 중단해야만 하는데 이 경우 국가적 재난 사태로 이어질 수 있기 때문이다. 설령 국내 에너지 정책의 성공적인 급선회로 말미암아 대체에너지의 원활한 공급을 통해 원자력 발전의 즉각적 중단이 국가 경제 및 안보에 아무런 영향을 끼치지 않는다고 가정하더라도 방폐장을 건설해야 한다는 결론에는 변함이 없다. 원전의 가동 중단이 원전 내부에 이미 저장되어 있는 방폐물의 영구처분을 의미하는 것은 아니기 때문이다. 그러므로 원전 내 저장시설의 포화가 임박할수록 정부 행동의 선택지는 그리 다양하지 않을 것이라는 예측은 합리적이다.

2. 지방정부의 역할

중재자로서의 지방정부

지금까지의 논의에서 중앙정부는 방폐장 건설에 대해 딜레마에 직면한다는 것을 알 수 있다. 아무리 기술적으로 최적의 지역이라 할지라도 지역주민의 동의를 얻지 못한 상태라면 방폐장의 건설은 상당히 어렵다. 그렇지만 방폐장을 건설하지 않는다면 국가적 위기사태에 직면할 수 있다. 결국 극단적인 환경이 조성될 경우 중앙정부는 최적의 부지로 판정된 해당지역에 방폐장의 건설을 강행할 수밖에 없을지도 모르지만, 그 경우 강제적인 정책수행에 따르는 부작용은 예측치를 훨씬 상회할지도 모른다. 이와 같은 딜레마적 상황을 적절하게 다루기는 상당히 어려울 것이지만 가장 근본적이고 효율적인 해결책은 결국 지역주민을 어떻게 설득할 것인가에 있다는 사실에는 변함이 없다.

Kreidler(1984)는 인간의 갈등 원인을 '희소자원을 둘러싼 갈등', '욕구충

족을 중심으로 한 갈등', 그리고 '가치관을 둘러싼 갈등'으로 구분하였다. 그에 따르면 희소자원에 의한 갈등은 사회의 물질적 자원의 분배에 대한 구성원 들 간의 의견 차이에 근거하며, 욕구충족에 대한 갈등은 인간의 본능적 욕구, 권력욕, 애정욕, 그리고 특정한 사회집단에 소속되고자 하는 욕구 등에 근거한다. 그리고 가치관에 대한 갈등은 당사자의 신념, 이념, 목적과 같이 고차원적인 정신적 개념간의 갈등(예를 들면, 문화에 기인한 도덕률이나 종교관에 기인하여 파생된 개념들)이다. Kreidler(1984)가 구분한 갈등 유형을 통해 방폐장의 입지 문제를 조망하면 세 가지 갈등의 유형이 복합적으로 상호 충돌을 일으키고 있음을 알 수 있다. 다시 말해 사안의 주요 플레이어인 중앙정부, 지방정부, 지역주민, 그리고 환경단체 사이에서 발생하는 갈등은 동일한 사안에 대해 표출되지만 근원적인 면에서는 상호 이질적이다.

예컨대, 개발론자의 시각에서 본다면 방사성 폐기물 처리장의 건설의 문제는 한정된 토지자원의 사용방식에 대한 가치 판단의 대립으로 이해될 수도 있다. 찬성파는 방폐장의 지역 내 유치가 지역의 경제발전을 촉진하는 계기로 작용하게 될 것이라는 긍정론을 전개하지만 반대파는 방폐장의 입지가 지역의 이미지를 훼손하여 농산물을 비롯한 상품 및 관광사업의 수익성을 악화시킬 것이라는 부정론을 주장한다. 환경단체의 반핵운동가는 핵 쓰레기를 지역사회에 영구처분 할 경우 결과적으로 시민안전에 대한 위협이 될 것이라 주장한다. 즉, 그들은 경제성의 논리를 넘어 반핵운동에 대한 자신의 신념을 방폐장에 투영하여 적극적으로 표출한다. 이러한 분위기 속에서 지역주민은 방폐장의 유치를 생존권을 비롯한 자신의 기본권과 정부가 지원하는 각종 경제적 보상을 맞바꾸는 가치교환의 문제로 인식하기 쉽다.

그런데 앞서 언급한 바와 같이 중앙정부가 비선호시설 건설의 시급성이나 기술적 제약을 이유로 공공사업 시행에 강압적이거나 비민주적인 태도를 보일 때 지역주민 사이에서는 정부의 정책적 행동을 자신들의 기본권을 침해하는 위협으로 간주하는 여론이 아주 쉽게 형성되고, 매우 빠르게 확산될 것이다. 특히 방폐장의 경우 생존권에 대한 침해 인식은 원자폭탄, 체르노빌 원전사고, 후쿠시마 원전사고 등 핵물질과 관련된 선례적 사건에 의해 형성된 심각한 공포감에 기인하리라 생각된다. 그렇기 때문에 정부가 제시하는 경제적 보상은 재산권에 대한 침해 인식을 가진 지역주민을 만족시킬 수 있을지는 모르겠으나 생존권 침해에 대한 공포를 인식하게 된 지역주민을 만족시키는 데에는 한계를 가질 수밖에 없어 보인다. 그러므로 정부가 방폐장을 건설하는데 있어 절차상으로 강제적 혹은 비민주적 집행이 존재한다면 지역주민은 강한 불안감과 함께 정부에 대한 불신을 넘어 배신감을 가질 여지가 있다.

따라서 중앙정부가 시행하는 공공정책에 대해 지역주민이 불안감을 느끼거나 혹은 그러한 조짐이 보일 때 이것이 적절한 시점에서 적합한 방식으로 해소되지 않는다면 지역주민은 공공정책의 시행을 기본권에 대한 위협과 동일시하게 될 뿐만 아니라 공공정책 시행자인 중앙정부에 대해 강력한 주민저항을 표출하게 될 것이다. 특히 중앙정부와 지역주민의 대립이 심화된다면 비록 방폐장 건설의 찬반에 대한 중앙정부의 입장과 지역주민의 입장이 나름의 합리성을 기반으로 하고 있을지는 모르나 갈등의 결과는 그들 모두를 가장 비효율적인 상태에 놓이게 할 수 있다. 그리고 방폐장 건설 사업이 비효율적 결말로 귀결된다면 그 책임과 영향에서 지방정부 또한 자유로울 수는 없다. 오히려 지방정부는 중앙정부와 지역주민 상호 간의 대립 결과로 발생하는 정부 불신, 지역 갈등 심화 등을 비롯한 각종 사회적 비용에 의한 정치적 타격을 가장 직접적이면서도 가장 심하게 받기 쉽다. 그러므로 지방정부는 두 플레이어의 갈등을 효과적으로 조정하면서 지역주민과 중앙정부가 상호협력을 통해 가장 효율적인 상태에 도달하도록 노력해야만 한다. 다시 말해 지방정부의 중재는 도출 가능한 사회적 편익을 증대시키고 대립으로 인하여 발생할 수 있는 사회적 비용을 최소화하거나 제거하기 위한 방향으로 이루어져야 한다.

Poitras와 Renaud(2007:30-32)에 따르면 공공사업의 수행에서 촉발되는 갈등은 해당 지역뿐만 아니라 국가적으로도 매우 높은 사회적 비용을 직·간접적으로 발생시킨다. 직접적으로는 사업수행에 따른 시간적 비용과 경제적 비용, 그리고 기회비용의 손실을 가져오며 간접적으로 갈등의 장기화로 인한 사회적 스트레스, 갈등과정에서 발생한 불화에 따른 미래 협력 가능성의 파괴 가능성을 초래하는 것이다. 그런데 갈등은 항상 부정적인 측면만을 가지는 것은 아니다. 효과적으로 갈등이 조정될 때 갈등의 존재는 역설적으로 사회를 긍정적으로 변화시킬 수 있는 원동력의 원천으로 작용할 수 있다. Poitras와 Renaud(2007:33-35)는 갈등조정의 적절한 성공을 통해 보통 네 종류의 사회적 편익을 만들 수 있다고 주장한다.

첫째, 갈등유발의 여지가 있는 공공사업을 적절히 통합하여 해결함으로써 사회적 이익을 극대화시킬 수 있다. 예컨대, NIMBY현상을 불러오는 비선호 시설과 PIMFY현상을 불러오는 선호시설의 입지를 적절히 연계하는 것은 개별적으로 사안을 해결하는 것보다 훨씬 효과적이다. 나중에 다시 언급하겠지만 이러한 관점에서 방폐장의 입지 문제와는 별도로 진행되던 양성자 가속기 사업의 연계추진은 상당히 긍정적인 갈등 조정 전략 중 하나였다. 둘째, 갈등의 촉발을 통해 공공정책의 시행 초기에 인지하지 못했던 숨어있는 문제점을 발견할 수 있으며 이 문제점의 해결을 통해 이해관계의 조화를 이끌어 낼 수 있다. 셋째, 모든 이해관계자가 만족할 수 있는 창의적인 해결책은 상호간의 향후 협력가능성을 증대시킬 수 있다. 넷째, 갈등은 사회변동이라는 사회의 편익 형성에 기여할 수 있다. 예컨대, 경주 방폐장 인근의 청정누리공원의 조성과 같은 SOC사업의 보강은 방폐장의 입지를 둘러싼 다양한 사회적 갈등이 촉발되지 않았었더라면 애초에 고려되지 않았을지도 모른다. 다시 말해 갈등은 공공자원 관리를 개선하고 사회적 변화를 촉진할 수 있는 하나의 시작점이 될 수 있다.

조정자 혹은 협상가로서의 지방정부

물론 지방정부는 단순히 중재만을 하는 것이 아니라 지역주민의 편에 서서 중앙정부와 협상을 진행하는 협상가(negotiator)의 역할 또한 수행한다. 지방자치제도 하에서 지방정부는 지역주민의 투표를 통해서만 선출되기 때문에 지역주민의 대리인 혹은 고용인의 성격을 띤다. 그러므로 지방정부는 지역주민의 여론에 반하는 의사표현이나 의사결정을 최대한 자제하는 것이 일반적이며 특히 지역주민의 생존권이나 재산권과 같은 기본권에 영향을 끼칠 수 있는 정책의 결정에는 최대한 신중하게 접근해야 한다. 또한 지방정부의 대리인적 성격은 정책적 사안의 최종 결정권이 지역주민에게 있음을 의미한다. 따라서 지방정부가 중앙정부와 방폐장과 같은 비선호시설의 입지문제를 놓고 협상을 한다고 할 때 이들 사이에서 아무리 뛰어난 조정안이 도출된다고 할지라도 지역주민이 조정안의 수용을 거부한다면 협상은 물거품이 된다.

예컨대, 지방정부가 엄청나게 뛰어난 외부협상력을 발휘하여 방폐장 유치를 이유로 전무후무한 막대한 정부지원금을 약속 받는다 하더라도 지역주민이 이를 수용하지 않는다면 지방정부의 노력은 무의미하다. 역으로 지방정부의 외부협상력이 매우 미미하여 정부지원금을 거의 받지 못한다 할지라도 지역주민이 이를 기꺼이 수용한다면 방폐장의 건설은 실현 가능하다. 결국 지방정부와 중앙정부의 협상이 어떻게 타결 될 것인지는 지역주민의 수용 여부의 영향을 강하게 받는다.

지금까지의 논의는 지방정부가 지역주민과 중앙정부 사이에서 발생할 수 있는 갈등을 최소화 할 수 있도록 중재자의 역할을 수행할 뿐만 아니라 조정의 결과가 지역주민에게 최대의 효용을 가져다 줄 수 있도록 노력하는 협상가의 역할 또한 수행한다는 관점에서 전개되었다. 그런데 이러한 시각은 협상가와 중재자의 역할이 양립할 수 있는가와 같은 개념적 논쟁을 불러올 수 있다. 갈등구조 혹은 갈등사안에 대하여 협상가와 중재자는 입장을 달리 하기 때문이다. 중재자는 중립적인 제 3자로서 갈등에 참여하는 반면 협상가는 갈등의 당사자를 대표하여 갈등에 참여하므로 중립적이라 볼 수 없기 때문이다. 나아가 경험적으로 지방정부가 갈등의 유발자인 경우도 많이 목도해왔다. 다시 말해 지방정부는 공공정책의 수행에 있어 지역주민의 의사에 반하는 정책 또한 독립적으로 집행할 수 있고 또한 그러한 사례를 쉽게 찾아볼 수 있기 때문이다.

중앙정부와 지방정부의 유기적 협력관계의 필요성

지방정부는 중앙정부와 행정적·정치적으로 협력관계를 대체적으로 유지하려 할 것이다. 중앙정부의 정책집행에서 지방정부는 직·간접적인 영향을 지속적으로 받기 때문이다. 다시 말하자면 지방정부와 중앙정부의 관계는 일회성이 아니라 연속성을 가진다고 볼 수 있다. 만약 두 경제주체 사이에서 발생하는 정책적 선택의 관계를 하나의 게임으로 규명할 경우 두 플레이어는 서로가 참여하는 게임적 상황이 미래에도 반복될 수 있다는 점을 염두에 둘 것이다. 그렇다면, 미래의 반복가능성이 현재 참여한 게임의 전략선택에 영향을 끼치게 된다. 그리고 비록 이들의 관계가 무한히 지속될 것이라 예상하지 않는다 할지라도 관계가 종료되는 시점을 명확하게 특정할 수 없기 때문에 지방정부와 중앙정부의 관계는 무한히 반복된다고 말할 수 있다. Axelrod(1984)의 논의처럼 게임이 반복될 수 있다는 기대는 지방정부의 자발적 배반(voluntary defection) 가능성을 낮출 것이다. 그렇지 않다면 지방정부는 향후 게임에서 자신이 중앙정부에 의해 의도적으로 소외당하거나 배제당한다고 느끼는 상황이 연출될 가능성이 있다. 동일한 논리는 지역주민과 지방정부의 관계에서도 발견된다. 이 둘의 관계는 주인-대리인의 그것과 유사하다고 할 수 있는데, 주인의 기대에 어긋나는 행동을 일삼는 대리인은 주인으로부터 재신임 받지 못할 것이다.

그러므로 지방정부에게 가장 이익이 되는 경우는 중앙정부와 지역주민을 둘 다 만족시키는 방안을 고려하는 것이다. 지방정부는 중앙정부의 대변인도 아니지만 지역주민의 의견만을 관철시키기 위해 노력하는 일방적인 협상가 또한 될 수 없다. 그러므로 지방정부가 중앙정부의 정책결정을 거부하거나 또는 지역주민의 의사에 반하는 정책결정을 하는 행위는 반복적인 상호작용 속에 존재할 수 있는 일시적 탈선(digression)[99]으로 파악할 수 있다.

지금까지 살펴본 바와 같이 지방정부의 성격은 국제무대에서 국가 간 협상을 주도하는 국제협상가의 역할과 유사한 점이 많다. 국제협상가는 협상 테이블에서 자국의 이익을 최우선으로 생각하면서도 상대국과의 지속적인 외교관계 및 국제 정세 또한 고려하기 때문이다. 나아가 지금까지 논의한 협상

---

99 혹은 트램블(tremble)

의 논리적 구도는 국제협상에서 협상의 타결이 일어나는 경우와 방식을 연구하기 위해 Putnam(1988:427)이 제시한 이중구조게임(two-level game)과 흡사하다. 바로 이런 점에서 우리는 3장에서 이중구조게임, 협상력, 그리고 서로가 갈등구조에 놓여있는 게임이론 등을 살펴보았다.

　이제 이런 지방정부의 역할에 대한 함의를 두고 게임이론과 협상론의 이론적 함의를 방폐장 선정과정에 적용하려 한다.

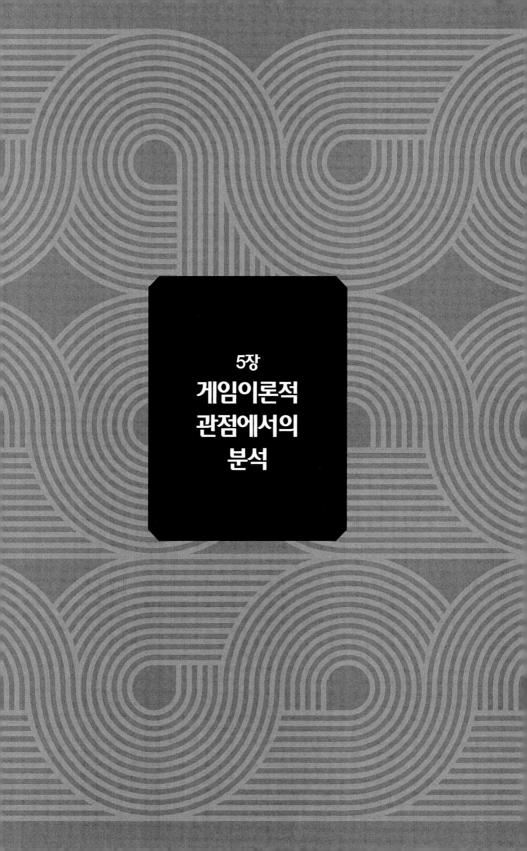

5장

게임이론적
관점에서의
분석

이 장에서는 방폐장 부지 선정 과정을 게임이론적 관점에서 분석하기로 한다. 2장에서 살펴보았던 경험적 사례를 충분히 활용하여, 중앙정부, 지방정부, 지역주민으로 이루어지는 전개형 게임을 만들고 분석하기로 한다. 본문에서 자세히 설명되겠지만 이 분석을 통해 드러나는 것은 다음 세 가지로 요약할 수 있다.

첫째, 전개형 게임의 내쉬균형(Subgame Perfect Equilibrium, SPE)은 중앙정부가 방폐장 건설계획을 발표하고, 지방정부는 그 건설계획을 수용하고, 지역주민은 그 건설에 따른 경제적 혜택을 수용한다는 것이다. 하지만 본문에서 설명한 바와 같이 이런 균형은 몇 가지 가정과 전제를 필요로 한다.

둘째, 지방정부와 지역주민의 서브게임은 순차형 게임이라기보다는 전략형 게임의 성격을 가지며, 본문에서 제기된 보수구조의 가정 하에서는 단일 균형이 아니라 두 개의 균형점을 가지는 조정게임으로 나타난다.

셋째, 이 조정게임에서 보다 바람직한 균형점이 선택되기 위해서는 게임이론적인 분석이 아니라 협상론적인 분석을 필요로 한다. 즉 비효율적인 보수를 탈피하기 위해서는 지방정부와 지역주민의 적절한 의사소통, 중앙정부의 체계적인 제안 등이 뒤따라야 한다.

1. 게임모형의 설정

게임의 기본 구조

(1) 전개형 게임의 구성

모형 설정을 위해 방폐장 부지 선정 과정을 다음과 같이 단순화 한다.

중앙정부는 국내에 방폐장 건설 계획을 발표한다. 여기서의 건설 계획이란 2장에서 살펴본 바와 같이 중앙정부가 방폐장 예정 부지를 직접 지정하는 정부지정방식 또는 중앙정부가 지방정부의 유치신청을 받아들이는 공모방식 모두가 포함된다. 중앙정부가 건설 계획을 발표하지 않는다면 정부에 의해 방폐장 건설 사업이 추진되지 않으므로 게임은 그대로 종료된다.

반면 중앙정부가 건설 계획을 발표하면 지방정부와 지역주민은 지역 내에 방폐장을 건설하는 문제를 놓고 찬성과 반대의 결정을 해야 한다. 이때 지방정부는 지역 내에 방폐장의 유치를 중앙정부에 신청할 수 있는 고유 권한을 가진다. 모형의 구성 상 지방 정부가 방폐장 유치에 대한 결정을 내리면 지역

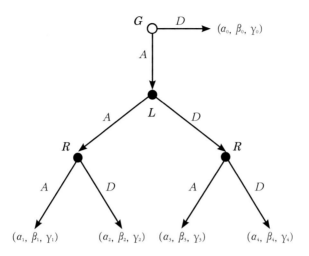

주: 1) 각 노드에 위치한 G, L,R 은 각각 중앙정부, 지방정부, 그리고 지역주민을 나타낸다.

| 그림 4 | 방폐장 입지선정 게임1 (수형도)

주민은 다시 이 결정을 수용하거나 반대할 수 있다.

이런 과정은 [그림 4]와 같이 전개형(extensive form) 게임, 즉 게임 트리로 나타낼 수 있다. 이 게임의 플레이어는 중앙정부(Government, G), 지방정부(Local government, L), 그리고 지역주민(Residents, R)이다. 첫 번째 행위는 중앙정부의 움직임, 두 번째 행위는 지방정부의 움직임, 세 번째 행위는 지역주민의 움직임으로 나타난다. 그리고 이 세 번의 행위[100]에 따라 각각 이에 해당되는 보수(Payoff)를 얻는다.

게임의 시작노드(initial node)에서 중앙정부(G)는 방폐장 건설 계획 실행

---

100 이 행위를 전략이라고 표현할 수도 있다. 하지만 본문 중에서 설명되겠지만 전략이란 각 플레이어가 해당 노드에서 취할 수 있는 행위의 집합이고, 각 노드에서 각 플레이어가 특정 전략을 택하면 그것은 바로 행위로 드러난다. 하지만 구태여 이 양자를 구분하지 않고 사용해도 분석 과정에 큰 하자는 없다.

여부에 대한 의사결정을 한다. 이후 게임은 방폐장의 유치신청과 관련된 지방정부의 의사결정을 거쳐 방폐장 수용에 대한 지역주민의 의사결정인 종결 노드(terminal node)에서 종료된다. 따라서 전략의 표기 순서는 게임의 흐름에 따라 중앙정부(G), 지방정부(L), 그리고 지역주민(R)의 순이 된다. 중앙정부, 지방정부, 그리고 지역주민은 각각 방폐장 건설에 대한 각각 자신의 찬반 의견을 가지므로 찬성(Agree, A)과 반대(Disagree, D)를 각 플레이어(G, L, R)가 선택할 수 있는 전략으로 둔다. 예컨대, $S_G = \{A, D\}$ 이고 $s_G = A \ or \ D$이다[101].

중앙정부(G)의 전략적 판단은 지방정부(L)나 지역주민(R)의 전략적 판단보다 선행하고 지방정부의 전략적 판단은 지역주민의 전략적 판단보다 선행한다. 따라서 $s_G = D$라면 게임은 즉시 종료되며 각 플레이어(G, L, R)는 각각 순서대로 $\alpha_0, \beta_0, \gamma_0$의 보수를 획득한다. 이때 지방정부와 지역주민은 전략 선택의 기회가 없다. 그러므로 지역주민이나 지방정부가 게임에 참여한다면 이들은 중앙정부의 의사결정 $s_G = A$라는 사실을 인지하고 있음을 의미한다. 마찬가지로 지방정부(L)가 전략적 판단을 하고자 할 때 그의 선택은 지역주민(R)의 전략적 판단보다 선행하므로 그는 지역주민의 최종선택에 대한 정보를 사전에 알 수 없다. 반면 지역주민이 전략적 판단을 할 때 그는 지방정부의 선택 결과($s_L = A \ or \ D$)를 알고 있다. 이런 사실은 이 게임트리가 완전정보 게임이라는 것을 의미한다. 즉, 두 번째와 세 번째 노드에서 플레이어가 자신의 전략을 결정하기 위해서는 그 이전 노드에서 다른 플레이어가 한 모든 전략을 알고 있어야 함을 의미한다.

---

101 여기서 $S_G = \{A, D\}$ 는 정부가 취할 수 있는 전략의 집합을 의미하고, $s_G = A \ or \ D$ 는 정부가 구체적으로 취한 행동 혹은 행위를 의미한다. 다시 말해, 정부는 방폐장 건설계획을 발표할 수도 있고, 발표하지 않을 수도 있지만 게임이 시작되면 이 두 가지 중 하나를 택해야 함을 의미한다.

(2) 이 게임 구조는 현실적인가?

이 게임은 지방정부의 전략적 결정이 나온 다음에야 지역주민이 의사결정을 한다고 가정한다. 이런 과정이 과연 현실적인가? 지방정부의 방폐장 유치신청은 전적으로 지방정부 자체의 개별적 결정이 아니라 지방정부가 관할하는 지역주민의 의견 혹은 이익을 대변해야 하기 때문이다. 이 문제를 조금 더 구체적으로 살피려 한다.

일반적으로 중앙정부가 방폐장의 건설을 계획하고 있다거나 지방정부가 방폐장의 유치를 고려하고 있다는 정보는 사전적으로 지역사회에 흘러 들어간다. 그러면 지역사회에서는 정부의 계획에 흥미나 거부감을 가진 주민을 중심으로 찬반단체가 조직되고 방폐장 건설에 대한 여론을 환기시키기 위해 노력한다. 그렇지만 사안에 대해 지역주민이 본격적인 의사표명을 드러내는 때는 지방정부의 유치신청 이후이다. 지방정부의 유치신청은 지역 사회에 방폐장 건설 가능성을 더욱 구체화하기 때문이다. 물론 실제 사례에서 지방정부(L)는 자신의 의사결정에 앞서 설문조사를 통해서 지역주민(R)의 경향성을 파악할 수도 있고 설문조사의 결과를 자신의 의사결정에 반영할 수도 있다. 하지만, 설문조사에서 드러난 지역주민의 의지가 가부에 대한 최종적인 결과로 반드시 이어지는 것은 아니다. 설문조사에서 찬성표를 던졌던 주민이 실제 주민투표에서는 반대의사를 나타낼 수 있고 그 반대의 경우도 가능하다. 또한 설문조사기간 중에는 자신의 의견을 결정하지 못하였던 주민이 주민투표에 참여할 수도 있기 때문이다. 그러므로 지방정부의 의사결정이 있고 난 다음에 지역주민의 의사결정이 이루어진다는 이 게임구조는 상당히 현실적이라고 할 수 있다. 나아가 중앙정부(G)와 지방정부(L)가 방폐장 건설계획에 대한 지역주민(R)의 반응을 설문조사를 통해 고려하기 시작한 것은 10차 추진과 같은 가장 최근의 사례에서만 발견된다.

이 같은 논의를 바탕으로 논의의 단순화를 위해서 지방정부의 의사결정이 내려진 뒤에 지역주민이 자신들의 의사를 결정한다고 가정하려 한다.

중앙정부(G)의 전략적 선택과 보수

시작노드에서 중앙정부(G)의 의사결정을 살펴보자. 중앙정부(G)는 국내에 방폐장을 건설할 것인지(A) 아니면 건설을 포기(D)하고 새로운 대안을 찾을 것인지를 판단해야 한다. 그런데 중앙정부가 방폐장의 건설을 포기하는 전략 $s_G = D$를 선택하는 것은 어려워 보인다. 가장 큰 이유는 핵폐기물을 처리에 있어 방폐장의 건설 외에 새로운 대안을 찾는 것은 매우 어렵기 때문이다[102]. 그

---

102 1978년 고리원전 1호기의 가동 이래로 국내 원자력 발전 사업의 점차적인 확대와 함께 국내 에너지 수급원에서 원자력 발전이 차지하는 비중 또한 지속적으로 증가했다. 국가통계포털(Kosis.kr)에 따르면 1978년 당시 국내 원자력 발전의 생산량은 2,324GWh이었는데, 이는 해당 연도의 수력 기력(汽力) 내연력 원자력발전량을 모두 합친 국내 총 전력 생산량의 약 7.4%에 해당하였다. 한편, 2017년 5월 현재 우리나라에서 운용중인 원전은 총 25기(고리 4기, 신고리 3기, 월성 4기, 신월성 2기, 한빛 6기, 한울 6기)로서 이들 원전의 발전량은 2016년도 국가 전체 발전량 528,656GWh의 30.64%인 161,995GWh이다. 또한 2017년 5월 현재 우리나라가 추가 건설 중인 원전은 총 6기(신고리 4기, 신한울 2기), 건설 계획 중인 원전은 총 4기(신한울 2기, 천지2기)이다.
모든 건설계획이 그대로 실행되면 고리(신고리 포함)원전은 세계최대규모의 원전 밀집단지가 될 전망이다. 이와 같은 원전 위주의 에너지 정책에 따라 원자력 발전의 부산물인 방폐물 또한 증가해 올 수 밖에 없었으며 사용 후 핵연료와 중·저준위 방사성 폐기물 모두 원전 내에 임시 저장되었다. 그런데 원전 내 임시 보관 시설의 가용용량에도 한계가 있을 수밖에 없으므로 정부는 이전부터 포화시점이 얼마 남지 않았다는 입장을 견지했다.
그런데 정부가 탈핵을 천명하고 국내 원자력 발전의 가동을 전면 중단하더라도 방폐장을 건설하지 않는다면 원전 내에 임시저장 중인 핵폐기물의 처분 문제(다시 말해, 핵폐기물을 현행대로 원전에 임시보관 할 것인가의 문제)는 계속 유지된다. 물론, 핵폐기물을 외국으로 수출하여 영구 처분하는 방안이 고려될 수도 있다. 그러나 1997년 북한에 저준위 폐기물을 위탁 처리하려 하였다가 실패한 대만의 사례에서 알 수 있듯이 이 방안은 성공한 경우는 아직 없다. 또한 원전에 임시 보관 중인 고준위 폐기물의 부피를 줄이기 위해 현재 한국원자력연구원이 개발 중인 파이로프로세싱(pyroprocessing)기술을 완성하거나 현재 보류중인 고준위 폐기물을 재처리(reprocessing and recycling)를 결정하더라도 이러한 방법이 폐기물의 완전한 소멸을 의미하지는 않는다. 따라서 방폐물을 기존의 방식보다 안전하게 보관할 수 있는 별도의 저장시설을 마련하는 것은 국가의 최우선 과제라 말할 수 있다.

러므로 방폐장의 국내 건설 전략(A)은 반대 전략(D)보다 우월하며 중앙정부(G)가 선호하는 전략은 $s_G = A$로 결정할 수 있다. 전개형 게임에서는 이 결정을 다음과 같이 설명할 수도 있다. A 전략이 D 전략 보다 우월하다고 말하는 대신 단순히 앞서 설명한 여러 가지 이유로 방폐장을 건설하기로 결정한다.

이 결정에 따라 중앙정부의 보수는 지방정부(L)와 지역주민의 전략적 의사결정의 결과로서 결정될 것이다. 중앙정부(G)의 보수를 결정하기 위해 다음의 사안을 고려할 수 있다. 중앙정부의 보수가 최대일 경우는 방폐장을 국내에 건설하고 지역주민(R)에게 보상을 전혀 하지 않고, 지역주민의 저항도 전혀 없을 경우이다. 따라서 다음과 같이 쓸 수 있다.

$P(G)_{max}$ = {건설∧~보상∧~저항}

반대로 중앙정부의 보수가 최소일 경우는 방폐장의 건설이 좌절되고, 저항으로 인한 사회적 비용이 발생한 상태에서 지역갈등해소 차원에서 일정한 보상을 제공하는 것이다.

$P(G)_{min}$ = {~건설∧보상∧저항}

그러므로 중앙정부(G)의 보수를 명확히 결정하기 위해서는 중앙정부가 지역주민(R)에게 제공하는 보상의 수준, 방폐장의 건설로 인해 촉발되는 주민 저항을 비롯한 각종 사회적 비용 등의 변수가 모두 동일한 척도를 통해 합리적으로 고려되어야만 한다. 그런데 건설, 보상, 그리고 저항의 상관관계에 대한 정확한 계량적 논의는 사실상 매우 어렵다. 그런 이유로 여기서는 보수의 정량적 측정보다는 보수의 정성적 분석에 집중하기로 한다. 당연한 이야기지만 그 정성적 분석은 기수가 아니라 서수의 형태이다.

우선 $s_G = A$인 상황에서 $s_L = D$인 상황을 생각해 보기로 한다. 물론 지방정부(L)가 유치신청을 하지 않아도 중앙정부(G)에게는 방폐장의 건설을 강행할 수 있는 힘이 있다. 하지만 경험적으로 중앙정부가 지방정부의 사전적 동의를 공식적 혹은 암묵적으로 받지 않은 상태에서 방폐장의 건설을 강행한 사례는 없다. 안면도 사례(2차 추진)의 경우 정부는 충남지사와 비밀리에 협의를 했으며, 굴업도 사례(5차 추진)의 경우 인천시장이 정부의 사업추진에 대해 공식적인 반대의사를 표방하기는 하였으나 그의 당선시점은 1995년 6월 27일이고 굴업도가 후보부지확정된 것은 1994년 12월 22일이다.

더욱이 지역주민(R)이 중앙정부(G)에 방폐장의 유치를 청원하였다 할지라도 지방정부(L)가 유치신청을 거부함으로써 방폐장 건설 후보지가 되지 않았던 사례가 발견된다. 예컨대 6차 추진에서 강진과 영광에서 각각 유권자의 44%와 43%가 유치를 서명하였으나 지방의회에서 유치청원을 거부하였으며 10차 추진에서도 울진군 주민의 61.7%가 유치를 희망하였지만 지방의회는 유치신청을 거부하였다. 이러한 사례에서도 중앙정부는 지방정부의 의견을 무시하고 방폐장의 건설을 강행하지 않았던 것이다.

따라서 $s_L = A$인 경우 중앙정부(G)는 방폐장 건설 계획에 착수할 것이지만 $s_L = D$일 경우 지방정부(L)는 방폐장 유치를 신청하지 않았기 때문에 중앙정부는 해당지역에 방폐장 건설을 하지 않을 것이라 가정할 수 있다.

지방정부(L)가 방폐장의 유치를 선언한 상태($s_L = A$)에서 지역주민(R)이 유치를 거부하는 경우($s_R = D$)를 생각해보자. 중앙정부(G)는 지방정부의 동의를 얻었기 때문에 방폐장 건설 계획을 활발히 추진할 수 있다. 그럼에도 중앙정부는 지역주민의 반대를 극복하지는 못한다. 2장에서 1차 추진부터 10차 추진까지 살펴본 바에 따르면 AAD의 상황이 발생할 경우 우리 정부는 해당 건설 계획을 포기하고 계획을 재정비하여 새로운 계획을 시작하리라는 예상이 더욱 설득력을 가질 것이다. 결국 중앙정부가 방폐장의 건설을 실현하는 경우는 $s_L = A$이고 $s_R = A$인 경우 밖에 없으며 이 경우에만 중앙정부의 보수가 극대화 된다. 따라서 식(5-1)과 같이 쓸 수 있다.

$$a_1 \rangle a_2, a_3, a_4 \qquad\qquad 식(5-1)$$

이런 보수체계는 위에서 설명한 바와 같이 다음 두 가지의 설명 혹은 가정을 전제로 한다. 첫째, 중앙정부는 방폐장을 건설하지 못하는 경우보다 방폐장을 건설하는 경우 더 큰 보수를 얻는다. 둘째, 지방정부의 유치신청이 없거나 지역주민의 찬성을 얻지 못하는 경우에는 방폐장을 건설하지 못한다.

지방정부(L)의 전략적 선택과 보수

앞서 살펴본 바와 같이 중앙정부(G)가 선택할 수 있는 전략 중에서 $s_G = A$는 $s_G = D$에 대하여 우월하다. 더구나 게임은 오직 $s_G = A$인 경우에만 전개된다. 그러므로 방폐장 입지 게임은 $s_G = A$라는 전제 하에서 지방정부(L)와 지역주민(R)이 참여하는 의사결정 게임으로 하는 것으로 단순화 할 수 있다. [그림 5]는 [그림 4]의 게임에서 중앙정부를 생략하여 간략화 한 것이다. 이것은 [그림 4]로 표시된 전개형 게임의 한 부분게임(sub-game)이다.

지방정부(L)의 전략적 선택에 따른 보수를 결정하기 위하여 다음을 고려해 보자. 방폐장의 성공적인 유치는 지방정부에 대한 지역주민(R)의 정치적 지지도 상승과 연결된다고 가정할 수 있다[103]. 예컨대, 방폐장의 유치와 연계된

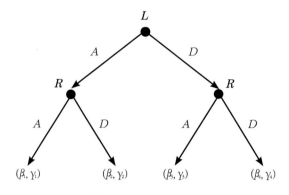

주: 1) 각 노드에 위치한 L, R은 지방정부와 지역주민을 나타낸다.

| 그림 5 | 방폐장 입지선정 게임2 (서브게임)

각종 수익사업과 정책적 보상을 통해 지방정부는 지역의 경제 활성화를 이끌 수 있는 하나의 계기를 마련할 수 있다. 그리고 지역의 경제 활성화는 지역주민에게 많은 경제적 이익을 가져다줄 수 있다고 예측된다. 따라서 지역주민 (R)은 경제적 이익을 성공적으로 가져온 지방정부(L)를 더욱 지지하게 될 것이며 지방정부는 지역주민의 지지를 바탕으로 자신의 정치적 기반을 확고히 다질 수 있는 기회를 얻는다.

반면 지방정부가 방폐장을 유치하지 않는다면 중앙정부(G)는 해당지역에 방폐장의 건설을 고려하지 않을 것이다. 따라서 정부가 제공하는 부가적인 경제적 보상 또한 기대할 수 없다. 그러므로 지역사회의 경제상황은 현 상태를 유지한다고 할 수 있다. 이와 관련하여 지방정부에 대한 지역주민의 지

---

103 경주에 방폐장 건설이 확정된 이후 당시 백상승 경주시장은 2006년 지방선거에서 84.4%라는 전국 최고의 득표율로 재선에 성공하였다. 그리고 당시 백시장의 압도적인 당선은 방폐장 효과에 기인한 것이라는 분석이 지배적이었다(DongA.com, "백상승 경주시장 당선자 '방폐장 유치 덕봤죠'", (2006. 06. 02)).

지 또한 현 상태를 유지하게 될 것이다. 정리하면 지방정부에게 전략 $s_L = A$는 $s_L = D$ 보다 더욱 많은 보수를 가져다준다. 그러므로 $s_L = A$ 는 $s_L = D$에 비하여 우월한 전략처럼 보인다.

그렇지만 지방정부(L)에게 지역사회의 경제 활성화보다 더욱 중요한 것은 지역주민(R)의 의사를 정확히 예측하여 자신의 정책 집행에 반영하였는가에 있을 것이다. 방폐장의 성공적 유치를 통한 지역사회의 경제 활성화를 지역주민이 원할 때에만 $s_L = A$가 우월전략이 될 수 있다. 만약 $s_L = A$인 상황에서 $s_L = D$라면 지방정부는 지역주민의 의사를 정책에 제대로 반영하지 못한 것이다. 그 여파로 지역사회는 부안사태와 같은 강렬한 주민저항에 직면하게 될 수도 있다. 이러한 전략선택은 지방정부가 애초에 $s_L = D$를 선택하였을 경우에 비해 지역사회를 더욱 비효율적인 상태에 놓이게 한다. 마찬가지로 $s_L = D$인 상황에서 $s_R = A$인 경우 역시 지역주민의 반대에 직면하게 될 것이다. 그러므로 지방정부는 지역주민의 의사를 중앙정부(G)에 잘 반영하도록 노력하는 반면 지역주민의 의사에 반하는 정책의 선택이나 집행은 기피한다.

[표 9]는 방폐장 유치에 대한 지방정부(L)의 의사결정과 이와 연계한 지역주민(R)의 지지도 변화를 가정한 것이다. 지방정부가 지역주민의 의사를 대변한 경우(AA 또는 DD) 지지도에 변화가 없거나 지지도의 상승에 긍정적 영향을 끼친다고 하자(β_1, β_4). 지역주민이 방폐장의 건설을 원하고 지방정부가 방폐장 유치에 성공하는 경우(AA)의 보수(β_1)가 지역주민과 지방정부 둘 다 방폐장의 건설을 반대하였을 경우(DD)의 보수(β_4) 보다 높을 것이라 예측할 수도 있다. 따라서 정책의 성공적 수행을 통한 지지도의 상승으로 고려한다면 β_1의 크기는 최소한 β_4와 같거나 클 것이다. 즉, $\beta_1 \geq \beta_4$이다.

한편 지방정부(L)가 지역주민(R)의 의사에 반하는 정책 결정을 내릴 경우 (AD 또는 DA) 지방정부에 대한 지역주민의 정치적 지지도는 그렇지 않은 경

| 표 9 | 지방정부(*L*)에 대한 지역주민(*R*)의 지지

L \ *R*	찬성(A)	반대(D)
찬성(*A*)	β_1 (변화 없음)	β_2 (매우 부정적)
반대(*D*)	β_3 (부정적)	β_4 (변화 없음)

주: 1) *R*은 지역주민, *L*은 지방정부를 가리킨다. 2) βn 은 *L*의 보수이다.

우(*AA* 또는 *DD*)에 비하여 상대적으로 떨어진다(β_2, β_3). 그리고 경험적으로 지방정부가 방폐장의 유치 신청을 하였으나 지역주민이 반대하는 경우(*AD*)의 보수(β_2)가 지역주민이 방폐장의 유치를 찬성하는데 지방정부가 유치신청을 하지 않은 경우(*DA*)의 보수(β_3)보다 더욱 낮다. 다시 말해, 더욱 심각하게 지역주민의 지지도에 부정적 영향을 준다. 예컨대, 안면도사태와 부안사태에서 발생했던 반정부운동의 표출은 지역주민이 방폐장의 유치를 희망하지만 지방정부가 유치신청을 거부하였던 사례(예를 들면 6차 추진에서 강진, 영광, 고창, 진도, 보령; 9차 추진에서 울진, 고창, 군산, 영광, 완도, 장흥, 강화)에 비하여 더욱 강렬하고 과격했다.

방폐장을 거부하는 지역주민(*R*)은 자신의 생존권과 재산권을 중앙정부(*G*)에 의해 침해당했다며 박탈감을 느끼게 될 것인데 이러한 상황에서 지방정부(*L*)가 자신들을 보호하지 못했다며 강력한 배신감을 느끼게 될 것이다. 즉 '박탈감과 배신감'이 주요한 보수가 될 것이다. 반면, 방폐장의 유치를 원했던 지역주민이 지방정부의 유치거부를 통해 느끼는 감정은 박탈감보다는 '기대이익의 미실현에 따른 실패와 실망'으로 볼 수 있다. '박탈감과 배신감' 그리고 '기대이익의 미실현에 따른 실패와 실망'이라는 감정의 차이는 굉장히 주관적이기 때문에 비교할 수는 없다. 그렇지만 목도되는 사실은 박탈감과 배신감이 강렬한 주민저항으로 발전하여 지역사회를 무정부상태에 버금가는 소요상황에까지 이르게 한 반면, 기대이익 미실현에 따르는 실망감은 지방정부에 대한 낙선운동 또는 방폐장을 유치하려는 타 지역에 대한 지원 등으로 발전해 왔다는 것이다. 이는 기대이익의 미실현에 따른 실패와 실망감의 표출은 박탈감과 배신감에 비하여 상대적으로 소극적임을 의미한다. 그러므로 계량적으로 그 수준을 정확하게 측정하기는 어렵지만 지금까지의 논의를 통해 식(5-2)를 도출할 수 있다[104].

$$\beta_1 \geq \beta_4 > \beta_3 > \beta_2 \qquad\qquad\qquad 식 (5\text{-}2)$$

부연하면 지방정부(L)에게 지역주민(R)의 정치적 지지도가 중요한 이유는 지방정부의 정치적 생명이 선거기간 중 지역주민의 투표를 통해 결정되기 때문이다. 따라서 지방정부와 지역주민 사이에는 주인-대리인 관계(principal-agent)가 성립된다고 말할 수 있다. 그러므로 방폐장의 유치와 관련하여 지역주민과 지방정부의 전략 선택이 엇갈린다면 정책실현에 대한 지역주민의 저항의 발생과 함께 다음번 선거에서 지방정부를 구성하는 의원들의 낙선 가능성이 증가하게 될 것이다.

예를 들어 8차 추진 당시 김종규 부안군수는 방폐장 유치와 관련한 전략적 선택에서 지역주민(R)의 의사를 반영하지 않았는데 이를 다시 말한다면 부안군수가 대리인의 역할에 충실하지 못했다고 할 수 있다. 부안군수의 유치신청 이후 부안군 내에서는 강력한 반정부투쟁의 소요사태가 발생함과 더불어 당시 지역주민들은 김종규 부안군수의 퇴진운동을 적극적으로 추진하였다. 결과적으로 부안군수는 임기만료 이후 2006년과 2010년 두 번의 전국동시

---

104 정확히 말하면 이것도 하나의 합리적인 가정이라 할 수 있다.

지방선거에서 낙선의 고배를 마셔야만 했다. 김종규 부안군수가 2014년 다시 부안군수에 취임하게 되었을 때 그가 언론과 나눈 인터뷰에서 그 또한 지난 낙선의 가장 큰 이유 중 하나가 지역주민과의 의사소통 실패였음을 인정하였다[105].

지역주민(R)의 전략적 선택과 보수

[표 10]은 지역주민(R)의 보수에 대한 논의를 나타낸다. 방폐장의 유치와 관련한 지역주민의 보수(γ_n)는 지역 내 갈등의 심화에 따른 '사회적 비용' 발생이라는 부정적 측면과 '경제적 보상'에 따른 지역 경제 활성화라는 긍정적 측면에서 접근할 수 있다.

경제적 보상은 방폐장 건설에 따른 위험인식과 반비례 관계에 있을 것이다. 주민의 위험인식이 아주 크다면 경제적 보상에 대한 인식은 아주 낮은 것으로 이해할 수 있다. 이럴 경우 지역주민은 D전략을 택하는 것이 절대우위 전략이다. 그러므로 지역주민이 특정의 전략을 선택하기 전에 중앙정부가 공청회나 설명회 등을 통해 지역주민의 방폐장 건설에 따른 위험인식을 완화하는 것은 매우 중요한 정책으로 부각된다.

지역주민(R)이 경제적 보상을 통해 지역 경제 활성화를 담보 받을 수 있는 경우는 오직 해당 지역 내에 방폐장이 들어서는 경우 밖에 없다. 다시 말해 $s_L = A$이고 $s_R = A$인 경우에만 경제적 보상이 발생하고 그 외의 전략조합(AD, DA, DD)에 따르는 보상은 없다. 물론 사회적 갈등 해소 차원에서 중앙정부

---

105 "9년만에 귀환한 김종규 부안군수", (2014. 06. 16), 주간조선.

| 표 10 | 지역주민(R)의 보수 (사회적 갈등과 경제적 보상 측면)

L R		찬성(A)		반대(D)
찬성(A)	γ_1	사회적 갈등 (안정적) 경제적 보상 (존재함)	γ_2	사회적 갈등 (강함) 경제적 보상 (없음)
반대(D)	γ_3	사회적 갈등 (약함) 경제적 보상 (없음)	γ_4	사회적 갈등 (안정적) 경제적 보상 (없음)

주: 1) R 은 지역주민, L 은 지방정부를 가리킨다. 2) γ_n 은 지역주민의 보수이다.

(G)가 사후에 지역에 경제적 보상책을 마련할 수 있으나 본 논의에서는 제외한다.

지역주민(R)과 지방정부(L)가 동일한 의사결정을 한다고 할 때(AA 또는 DD) 이들이 서로 상반된 의사결정(AD 또는 DA)을 할 경우보다 사회적 갈등이 적게 발생 하리라 예상할 수 있다. 전자를 안정된 상태라고 하고 후자를 갈등의 상태라고 하자. 갈등의 상태가 깊을수록 지역주민의 보수에 나쁜 영향을 끼친다고 가정한다면 AA, DD인 경우가 AD , DA인 경우보다 보수가 높다(즉, 갈등이 적다). 따라서 사회비용과 경제적 보상을 모두 고려하는 경우 지역주민의 보수 γ_n의 상대적 크기는 식(5-3)과 같이 가정할 수 있다.

다음(AD , DA)에 따른 γ_2와 γ_3의 경우를 비교하기로 하자. 두 경우 모두 지역정부와 지역주민의 의사가 일치하지 않기 때문에 경제적 보상은 없다. 하지만 지역정부는 찬성하는데 지역주민은 반대한 경우(AD)와 그 반대의 경우(DA)에는 사회적 갈등의 양상에 큰 차이가 발생할 것이다. 두 경우 사회적 갈등은 모두 발생하지만 지역주민의 찬성에 따른 사회적 갈등이 지역주민의 반대에 따른 사회적 갈등보다 비교적 작을 것으로 예상할 수 있다. 지역주민이 찬성하는데 지역정부가 반대하는 경우 사회적 갈등의 여파는 그 지역정부에 대한 불신임 혹은 지역정부의 장에 대한 낙선운동으로 가시화되는 반면, 지역주민이 반대하는데 지역정부가 찬성하는 경우 주민불복종 혹은 거센 사회적 저항으로 현실화될 가능성이 많기 때문이다. 그러므로 다음과 같은 보수 체계를 가정할 수 있다[106].

$$Y_1 > Y_4 > Y_3 > Y_2 \qquad\qquad 식 (5-3)$$

혹은 Y_2와 Y_3의 경우가 불확실하다면 다음과 같이 보수 체계를 가정해도 무방하다.

$$Y_1 > Y_4 > Y_2, Y_3$$

---

106 현실적으로 Y_2와 Y_3의 보수 순서가 바뀌더라도 균형은 바뀌지 않는다. 다음 절에서 자세히 논의하기로 한다.

2. 방폐장 입지 선정 게임의 균형

전개형 게임에서의 서브게임 내쉬균형

앞서 이 전개형 게임의 구조, 그리고 세 플레이어의 전략과 행동, 이에 따른 보수체계를 설명했다. 앞서 논의한 보수체계를 다시 살펴보면 다음과 같다.

$$a_1 > a_2, a_3, a_4 \qquad\qquad \text{식 (5-1)}$$

$$\beta_1 \geq \beta_4 > \beta_3 > \beta_2 \qquad\qquad \text{식 (5-2)}$$

$$\gamma_1 > \gamma_4 > \gamma_3 > \gamma_2 \qquad\qquad \text{식 (5-3)}$$

이를 기반으로 이 게임의 균형을 찾아보자. 분석의 편의를 위해 각 a_n, β_n과 γ_n에 임의의 숫자를 부여하자. 예컨대, 2, -1, 0, 1을 대입한다. 주의할 점은 게임의 보수로 활용한 숫자가 오직 서수적 효용(ordinal utility)만을 나타낸다는 점이다. 그러므로 식 (5-1), 식 (5-2), 그리고 식 (5-3)에 따라 보수 크기의 순

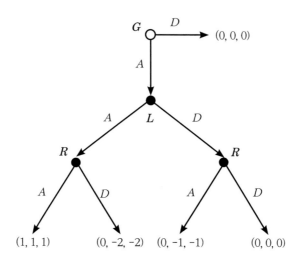

주: 1) 각 노드에 위치한 *G, L, R* 은 순서대로 중앙정부, 지방정부, 그리고 지역주민이다.
2) 중앙정부(*G*)의 보수는 식 (5-1)에 의한 것으로 각각 사업포기(0), 와 사업추진 (1)의 보수를 나타낸다.
3) 게임의 보수는 서수적 효용이다

| 그림 6 | 방폐장 입지선정 게임3 (수형도)

서에 대한 규칙만 준수된다면 어떠한 임의의 값을 부여해도 게임에서 동일한 결과를 도출할 수 있다. 거듭 말하지만 이 보수체계는 기수가 아니라 서수적인 의미를 가지고 각각의 숫자 보수도 α, β, γ 각각의 범주에서만 서수적인 의미(ordinal utility)를 가진다. 즉 α의 0과 β의 0은 서로 비교할 수 없다.

전개형 게임의 균형을 결정할 때 역진귀납법(backward induction)을 활용하는 것이 일반적이다. 게임트리에서 전략선택이 가장 마지막에 이루어지는 지역주민(*R*)의 의사를 우선적으로 살펴보자. 지역주민은 왼쪽의 서브게임에서는 *A*를 택하고, 오른 쪽의 서브게임에서는 *D*를 택하게 된다. 그 이유는 다음과 같다. 지역주민은 왼쪽의 노드에서는 *D*보다 *A*를 택하고 (-2보다 1이 크다),

오른쪽의 노드에서는 A보다 D를 선택하기 때문이다 (−1보다 0이 크다). 이제 지방정부(L)를 살펴보자. 지방정부가 방폐장 건설을 추진(A)할 경우 1의 보수를 얻고 건설을 추진하지 않을 경우(D) 0의 보수를 얻는다. 그러므로 지방정부는 당연히 A를 택한다. 이런 상태에서 중앙정부의 선택 역시 방폐장의 건설이다. A를 택하면 1의 보수를 얻고 D를 택하면 0의 보수를 얻기 때문이다. 그러므로 우리의 전개형 게임구조의 틀 안에서 SPE는 세 플레이어가 각각 1의 보수를 얻는 AAA로 결정된다. 다시 말하면 세 플레이어 모두 방폐장의 건설과 유치에 찬성하는 경우만이 유일한 해법이다. 세 플레이어가 합리적이고 상호간에 이러한 사실을 알고 있다면 CKR(common knowledge of rationality)의 전제 하에서 역진귀납법을 활용하여 AAA균형에 도달할 수 있다.

주지하는 바와 같이 이런 내쉬균형이 바로 현실의 상태로 드러나는 것은 아니다. 다시 말해 지역주민(R)이나 지방정부(L)의 전략 선택이 항상 A 전략으로 귀결되는 것은 아니다.

[표 11]에서 확인할 수 있는 바와 같이 10차 추진 당시의 경주시 사례에서는 AAA가 발견되어 방폐장 게임의 논의에 부합되지만 8차 추진 당시의 부안군(AAD), 6차 추진 당시의 강진과 영광(ADA), 10차 추진 당시의 울진군(ADA), 그리고 그 외 다수의 사례(ADD)는 지역주민 또는 지방

| 표 11 | 방폐장 입지선정 게임4 (사례)

G	찬성(A)	
L R	찬성(A)	반대(D)
찬성(A)	경주시 등(10차)	부안군(8차)
반대(D)	울진군(10차), 강진·영광(6차) 등	기타 사례 다수

자료 : 본 연구 2장을 토대로 작성

정부가 A전략을 채택하지 않았다. 즉, 이런 게임 구조 하에서 균형을 염두에 두고 중앙정부가 A전략을 채택했다고 해서, 현실에서 지방정부와 지역주민이 반드시 A략을 택하지 않을 수도 있다는 것이다. 이런 문제를 조금 더 논의하기 위해 이 게임의 서브게임을 조금 더 분석할 필요가 있다. 이 서브게임은 지방정부와 지역주민의 상호작용에 대한 것이다.

지방정부와 지역주민의 서브게임

[그림 7]은 [그림 6]의 게임을 지방정부와 지역주민의 서브게임으로 다시 표현한 것이다. 이 서브게임의 균형 또한 역진귀납법으로 구할 수 있는데, 균형은 AA 또는 DD로 나타난다. 정확히 말하면 식 (5-2)에서 결정되는 $\beta_1 \geq \beta_4$의 구조에 달려있다. $\beta_1 > \beta_4$일 경우 균형은 AA이지만, $\beta_1 \simeq \beta_4$일 경우에는 균형은 AA , DD 즉, 두 개이다. 물론 그렇더라도 이 서브게임이 아닌 전체 게

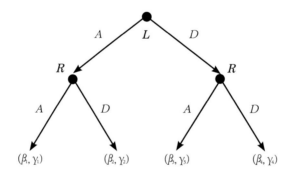

주: 1) 각 노드에 위치한 L, R은 지방정부와 지역주민을 나타낸다.

| 그림 7 | 지방정부와 지역주민의 서브게임

임의 경우 SPE는 앞서 본 바와 같이 AAA이다.

이 문제를 조금 더 깊이 살필 필요가 있다. [그림 7]의 서브게임은 앞서 게임의 기본구조에서 본 바와 같이 지방정부가 먼저 의사결정을 하고 그 뒤에 지역주민이 의사결정을 한다는 프레임을 따른 것이다. 하지만 2장의 사례에서 본 바와 같이 이런 게임의 기본구조가 상당히 타당한 것이라 하더라도, 현실의 경우 지방정부와 지역주민은 서로 상호의존적인 상태에서 동시에 의사결정을 하는 것도 또 다른 의미에서 현실적이라고 할 수 있다. 그럴 경우 이런 전개형 게임을 지방정부와 지역주민이 동시에 의사결정을 하는 전략형 게임으로 나타낼 수 있다.

이제 그 전략형 게임을 분석하기로 한다. 보수를 부여하는 방식은 앞서 전개형에서 활용한 방식과 동일하다. 이를 다시 언급하자면, 식 (5-1), 식 (5-2) 그리고 식 (5-3)을 만족하는 서수적인 값을 임의로 부여한다. 다음의 [표 12]는 $\beta_1 > \beta_4$의 경우를 나타낸 것이고, [표 13]은 $\beta_1 \simeq \beta_4$의 경우를 나타낸 것이다.

| 표 12 | 방폐장 입지선정 게임5 ($\beta_1 > \beta_4$)

L R	찬성(A)	반대(D)
찬성(A)	1, 1	-2,-2
반대(D)	-1,-1	0, 0

주: 1) R은 지역주민, L은 지방정부를 가리킨다.
2) 매트릭스 내 보수는 임의로 부여한 서수적 효용이다.

| 표 13 | 방폐장 입지선정 게임6 (β1 $\simeq$ β4)

L R	찬성(A)	반대(D)
찬성(A)	1, 1	-2,-2
반대(D)	-1,-1	1, 0

주: 1) R은 지역주민, L은 지방정부를 가리킨다.
2) 매트릭스 내 보수는 임의로 부여한 서수적 효용이다.

전략형 게임 [표 12]와 [표 13]의 내쉬균형은 모두 AA, DD의 두 가지이다. 즉, 이들 게임은 모두 두 개의 내쉬균형을 가진 조정게임인 것이다. 다시 말해, 지방정부와 지역주민이 동시에 의사결정 할 경우 가장 바람직한 상태는 두 플레이어의 의사가 일치할 경우라는 것이다. 이러한 결론은 전개형 게임인 경우의 것과 다소 다르다. 전개형 게임의 경우 $\beta_1 \geq \beta_4$ 일 때 AA가 압도적 전략(dominant strategy)이지만, 전략형 게임의 경우에는 그렇지 않다. 이런 분석은 다음과 같은 점을 시사한다.

첫째, $\beta_1 \geq \beta_4$의 상태에서 지방정부와 지역주민의 전략형 게임은 단일한 균형이 아니라 복수균형을 가진다.[107] 이러한 상태에서 실제 지방정부와 지역주민이 어떤 균형으로 귀결될 것인지 이 게임은 전혀 설명하지 못한다. 다시 말해, 이런 분석이 상당한 타당성을 가진다 하더라도 이런 게임분석은 두 플레이어가 어떤 과정을 통해 AA 혹은 DD라는 균형으로 귀결되는지 설명하지 못한다. 이 문제를 설명하기 위해서는 게임이론과는 다른 접근, 즉 협상론적인 접근이 필요하다. 이 역시 제 6장에서 자세히 다루겠지만 지방정부와 지역주민은 단순히 정해진 전략과 보수를 가지고 자신의 입장을 결정하는 것이 아니다. 이들은 상대방의 입장을 보면서 상호의존적으로 교류하며 동시에 만족할 수 있는 상태를 찾아간다. 참고로 이론적으로 이 지방정부와 지역주민 전략적 게임의 균형은 두 개로 드러나지만 현실의 경우 이 전략게임은 앞에서 제시한 [표 11]과 같은 형태로 귀결되었다.

둘째, 앞서 말한 바와 같이 전체 게임의 SPE는 여전히 AAA이다. 그러므로 AAA가 전체의 균형이 되기 위해서는 중앙정부가 지방정부와 지역주민에게

---

107 하지만 $\beta_1 < \beta_4$의 상태에서도 이 전략형 게임은 역시 두 개의 내쉬균형을 가진 조정게임이 된다. 그러므로 중요한 것은 지역주민에게 돌아가는 보수 즉 γ의 크기라고 볼 수 있다.

어떠한 제안을 하는가가 매우 중요한 요인으로 부각된다. 다시 말해, 지방정부와 지역주민이 AA와 DD에 무차별할 경우 적절한 경제적 사회적 인센티브를 통해 그들이 DD 보다 AA를 더 선호하게 정책적으로 유도할 수 있다는 것이다. 그러므로 역진귀납의 논리는 지방정부(L)가 지역주민을 대상으로 방폐장 설비의 안전성과 경제적 보상의 긍정적 효과를 교육하고 홍보하는 일이 중요하다는 것을 시사한다. 이런 점에서 6장에서 자세히 분석될 것이지만 정부가 방폐장 건설과 관련한 초기 게임 구도를 어떻게 결정하는가가 매우 중요한 요인으로 등장할 수 있다. 이 게임 구도는 협상의 구조라는 측면에서 분석될 것이다.

셋째, 앞서 부분적으로 언급했지만 이 책은 방폐장의 유치를 통해 중앙정부(G)가 지원하는 경제적 효과의 가치를 지역주민(R)이 그대로 받아들인다는 전제 하에서 논의를 진행했다[108]. 하지만 지역주민의 입장에서 방폐장 유치에 대한 찬반을 정하는 문제는 결국 경제적 보상으로 안전성에 대한 불안감을 다스릴 수 있는가의 문제이다. 따라서 지역주민이 자신의 거주지역 주변에 방폐장이 들어서는 것을 생존권에 대한 위협으로 인식하고 정부가 제공하는 경제적 보상의 가치를 매우 낮게 인식할 가능성 또한 있다. 이와 같은 경우 지역주민의 보수(γ_n)를 서수적으로 가정하였던 식 (5-3)을 다음의 식 (5-4)와 같이 고쳐 쓸 수도 있을 것이다.

---

108 논의의 편의를 위해 지방정부(L)가 찬성하고 지역주민(R)이 찬성하는 경우 두 플레이어가 중앙정부에 요구하거나 중앙정부(G)가 두 플레이어에게 제공하는 경제적 보상은 중앙정부가 감당할 수 있는 수준이라고 단순화하였다. 물론, 지방정부(L)와 지역주민(R)이 모두 방폐장의 입지를 찬성하지만 그 대가(代價)로 중앙정부(G)에 보상의 증액을 요구하는 경우가 존재할 수 있다. 이 경우 중앙정부는 자신이 사전에 제안하였던 보상의 수준을 높여 지역사회($L \wedge R$)의 의견을 들어줘야 할지 아니면 방폐장의 건설 계획을 포기하고 새로운 게임을 시작할지에 대한 의사결정 상태에 놓일 것이다. 이와 같이 중앙정부의 의사결정은 지역주민(R)의 전략적 선택 이후에 존재할 수 있으며 $s_G = \{A, D\}$ 라 둘 수 있다. 그렇지만 이와 같은 사례가 발견되지도 않을뿐더러 과정을 추가한다 하더라도 게임에 대한 논의에 커다란 영향을 끼치지 않는다. 따라서 본 연구에서는 다루지 않기로 한다.

| 표 14 | 방폐장 입지선정 게임7 (*DD*균형)

L R	찬성(*A*)	반대(*D*)
찬성(*A*)	1, -3	-2,-2
반대(*D*)	-1,-1	**0, 0**

주: 1) *R*은 지역주민, *L*은 지방정부를 가리킨다.
2) 매트릭스 내 보수는 임의로 부여한 서수적 효용이다.

$$Y_4 \rangle Y_3 \rangle Y_2 \rangle Y_1'$$ 식 (5-4)

그리고 지방정부(*L*)의 보수를 가정한 식 (5-2)와 위의 식 (5-4)에 의해서 [표 14]를 얻을 수 있다. [표 14]의 경우 지역주민(*R*)에게 전략 *D*는 절대우위 전략이다. 따라서 게임의 균형은 *DD*에서 형성(이하 *DD*게임)되고 방폐장의 건설은 항상 좌절될 것이다.

3. 전략적 커뮤니케이션과 게임모형의 시사점

무엇이 지방정부와 지역주민의 게임을 조정게임 혹은 *DD*게임으로 만드는가

다음의 [그림 8]은 x축을 지방정부(L)가 게임을 통해서 가져가는 보수로 두고 y축을 지역주민(R)이 가져가는 보수로 두어 [표 12]와 [표 14]를 동일한 좌표평면에 나타낸 것이다. 본 연구에서 설정한 보수는 서수적 효용이므로 대입하는 보수의 값에 따라 무한히 많은 게임의 형태가 좌표평면 상에 드러날 수 있다. 이에 따라 [그림 8]의 모양은 무한히 달라질 수 있을 것이다. 그럼에도 보수 순서에 대한 규칙은 동일할 것이므로 게임에 대한 논의 및 결론 또한 그대로 유지된다. 그림에서 보이는 점 A는 [표 12]의 (β_1, γ_1) , 점 B는 [표 14]의 (β_1, γ_1') 를 의미한다.[109]

---

109 이 그림에서는 분석의 편의를 위하여 $\beta_1 \simeq \beta_4$의 경우를 표시하지 않았다. 하지만 이 경우를 표시하더라도

앞서 설명한 바와 같이 γ_n은 사회적 비용과 경제적 보상을 고려한 개념이다. 그리고 경제적 보상은 지역주민(R)의 방폐장 건설에 대한 위험인식과 상반된 관계를 가진다고 가정하자. 그래서 위험과 경제적 보상에 대한 인식 정도에 따라 전략조합 AA의 보수 쌍은 점 A와 점 B사이에서 결정된다. 지역주민이 경제적 보상의 가치를 높게 평가할수록 AA의 보수 쌍은 점 A에 가까이 위치하게 될 것이다. 그럴 경우 게임은 [표 12]에서 표현한 조정게임으로 나타날 것이다. 반면 지역주민이 경제적 보상의 가치를 낮게 평가할수록 AA의

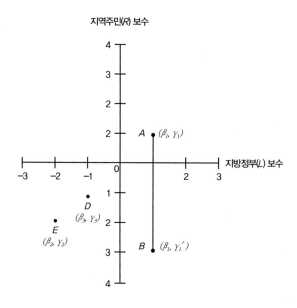

주: 1) x축은 의 보수이고 y축은 의 보수이다.

| 그림 8 | 방폐장 입지선정 게임8 (좌표평면)

균형선택에 대한 시사점은 변하지 않는다.

보수 쌍은 (β_1, γ_1') , 즉 점 B에 가까워 질 것이다. 그럴 경우 게임은 [표 14]의 *DD*균형게임으로 나타날 것이다.

[그림 8]의 좌표평면에서 확인한 바와 같이 지방정부와 지역주민 사이에서 형성되는 게임모형은 조정게임과 *DD*균형게임을 양 극단에 두고 그 사이에서 표현될 수 있는 무수히 많은 게임 속에 위치할 것이다. 방폐장의 입지, 그리고 이와 연계된 경제적 보상을 지역주민(*R*)이 어떻게 받아들이는지에 대한 명확한 정보를 지방정부(*L*)가 파악 할 수 없을 때 지방정부는 자신이 속한 게임이 [표 12]의 조정게임인지 아니면 [표 14]의 *DD*균형게임인지를 특정할 수 없다. 지방정부가 단지 알 수 있는 사실은 자신의 정책적 선택이 지역주민(*R*)의 선택과 엇갈릴 경우 그는 게임에서 보수를 얻을 수 없을 뿐만 아니라 자신의 지지도 또한 떨어질 것이라는 사실이다.

조정게임에서의 균형 선택 문제를 어떻게 해결할 것인가

*DD*균형게임은 $\gamma_4 \rangle \gamma_3 \rangle \gamma_2 \rangle \gamma_1'$ 이 성립하는 아주 극단적인 게임이다. 그래서 이 게임의 존재를 논의에서 제외하고 지역주민(*R*)이 중앙정부(*G*)의 경제적 지원에 대한 가치를 그대로 받아들인다고 전제할 경우, 게임은 [표 12]와 [표 13]과 같은 조정게임으로 바뀐다. 이 조정게임에서 발견되는 내쉬균형의 보수구조가 상당한 차이를 가지지만 게임이론은 현실에서 어떤 균형이 선택될 수 있는지 설명하지 않는다. 이 문제를 어떻게 해결할 수 있는가?

조정게임의 해법은 크게 세 가지로 나눌 수 있다(김기홍, 2017:38-39). 우선, 플레이어가 동일하거나 유사한 사례를 경험한 경우 그 경험은 향후 유사 사건에 대한 선례나 관행으로 자리 잡을 수 있다. 다시 말해 유사한 게임의 반복적 시행은 전략선택에 대한 플레이어 간의 시행착오를 줄여준다. 이러한 관점에서 1차부터 10차까지 진행된 정부의 건설계획을 각각이 독립된 사건이 아니라 이전 사건의 경험이 이후 사건에 영향을 끼치는 연속사건으로 간주해 볼 수 있다. 만약 유사한 게임이 반복된다면 플레이어는 전략선택의 시행착오를 거쳐 어떠한 균형(DD 또는 AA)으로 수렴할 수 있는 것이다[110].

둘째, 플레이어가 전략결정 이전에 상호간에 충분한 의사교환을 수행한다면 조정게임의 문제를 해결할 수 있다. 그런데 의사교환을 통한 방법이 반드시 최적의 균형을 도출하는 것은 아니다. 조정게임의 해법인 의사교환의 목적은 일차적으로 두 플레이어가 가장 원하지 않는 상황, 다시 말해 게임의 결과가 AD나 DA로 흘러가는 것을 막아주는 데 있다. 따라서 의사교환의 결과가 두 플레이어는 AA 균형의 도출에 합의할 수 있지만 전략적 상황에 따라 DD균형에 합의할 수도 있다.

플레이어가 상호간의 의사소통을 통해 AA 또는 DD의 균형을 형성할 때 이 중 효율적인 상태인 AA의 균형이 형성되기 위해서 지방정부는 지역주민의 기대(expectation)에 특정한 영향력을 행사해야만 한다. 다시 말해 특정 균형으로 두 플레이어가 수렴하는 균형설정을 넘어 지방정부는 지역주민의 의사에 영향을 주어야만 하는 것이다. 그러므로 조정게임의 균형 형성을 위해서는 세 번째 해법인 협상론적 접근이 필요함을 알 수 있다.

---

110 예컨대, 군산시는 8차 추진 당시 부지적합성의 문제로 방폐장 유치를 포기했다. 그렇지만 방폐장을 유치하려 하였던 이전의 경험은 10차 추진에서 군산시가 방폐장의 유치 경쟁에 다시 뛰어들 수 있는 밑거름이 되었다고 볼 수 있다. 영덕군은 1차 추진부터 방폐장의 적합부지로 거론되었지만 7차 추진에 오기까지 지역사회는 방폐장의 건설을 강력히 반대하였다. 그런데 10차 추진에서는 오히려 방폐장 유치 경쟁에 뛰어드는 모습을 보인다. 이와 같은 입장의 변화 또한 지역사회가 방폐장의 유치라는 정보에 오랫동안 노출된 결과로 볼 수 있다. 반면 지역사회에서 방폐장의 유치 분위기가 형성되었음에도 방폐장의 유치 경쟁에 뛰어들지 않은 여러 지방정부의 사례 또한 지역갈등 사례에 의해 학습된 결과일 것이다. 그러므로 선례나 관행은 방폐장 게임의 문제를 완전히 해소하지 못한다.

지속적 연구를 위한 시사점

그러므로 본 연구의 게임모형이 제안하는 방안은 명확하다.

첫째, 자신이 속한 게임을 특정할 수 없으므로 지방정부는 게임의 구도를 DD균형게임이 아니라 조정게임에 최대한 가깝게 이끌어 갈 필요가 있다. 따라서 정부는 투명한 정책설계를 통해서 지역주민이 방폐장의 안전성에 대한 의심을 가지지 않도록 해야 한다. 또한 적절한 홍보 전략을 통해서 방폐장에 대한 두려움과 공포감을 효과적으로 제거할 수 있어야 한다. 여기에 더하여 경제적 보상의 효과를 부각해야만 한다. 그리고 일방적인 교육 또는 홍보전략 등은 게임의 구도를 DD균형게임에서 조정게임으로 변화시킨다는 점에서는 필요하지만 효율적 균형 도출을 위한 명확한 해법으로는 충분하지 않다는 점 또한 인식해야만 한다.

둘째, 앞서 언급한 바와 같이 게임에서 지역주민에 대한 충분한 홍보 및 교육이 이루어졌다고 전제한다면 플레이어는 조정게임에 참여하게 된다. 그러므로 게임에서 도출 가능한 두 가지 균형 중 가장 효율적 균형인 AA균형이 형성될 수 있도록 정부는 지역주민의 기대에 영향을 주기 위해 노력 해야만 한다. 전략적 커뮤니케이션의 관점에서 조정게임은 두 플레이어가 상대방의 의사결정과 동일한 선택을 해야만 둘 다 보수를 얻을 수 있는 게임이다. 그리고 상대방의 의사결정에 영향을 줄 수 있는 방안 중 가장 유력한 한 가지는 자신의 의사를 사전에 상대방에서 명확하게 통보하는 것이다. 다시 말해 지방정부는 지역주민에게 사전적으로 자신이 A전략을 드러낼 필요가 있다. 이런 점에서 협상론적 접근이 필요하다[111].

---

111 중앙정부가 방폐장의 건설을 최초 계획하였던 1차 추진부터 성공적으로 계획이 마무리된 10차 추진까지

이제 6장에서는 이 전략적 협상론의 관점을 더 자세히 설명하려 한다.

정부는 방폐장 건설이 좌절되는 이유를 핵에너지의 안전성에 대한 지역주민의 인식부족 또는 지역이기주의에서 찾았다. 그러므로 정부는 지역주민을 교육의 대상으로 파악할 뿐 전략적 협상의 대상으로는 파악하지 못하였다고 볼 수 있다. 그렇지만 본 연구가 제안하듯 DD균형게임에서 지역주민의 인식이 개선된다고 하더라도 게임이 종료되는 것이 아니다. 따라서 지방정부가 오히려 갈등을 증폭시키는 당사자가 되기도 하였다. 부안군 사례에 대해 생각해 볼 때 지역주민은 부안군수가 방폐장 유치를 선언하기 직전까지 그가 D전략을 선택할 것이라 예측하였을 것이다. 유치선언 하루 전까지도 부안군수는 스스로 방폐장 유치에 관심이 없다고 말했기 때문이다. 사례에서 부안군민이 조정게임 또는 DD균형게임 중 어떠한 게임에 속해 있었는지는 명확히 알 수 없다. 그렇지만 분명한 것은 지역주민이 조정게임 안에 있었다면 부안군수를 따라 D전략을 선택하려 했을 것이고 DD균형의 게임 안에 있었다면 절대우위전략인 D전략을 선택하려 했을 것이라는 사실이다. 따라서 부안군 사례는 부안군수와 지역주민의 의사결정이 어긋나는 극단적인 갈등상태에 다다를 수밖에 없었다. 물론 정치적인 어떠한 이유로 인하여 부안군수가 함부로 자신의 의견을 표출할 수 없었더라 하더라도 그는 자신의 진정한 의사를 알리는 어떠한 암묵적 커뮤니케이션이라도 시도 했어야 했다. 반면 경주시장은 사업의 초기부터 자신의 의도를 알리는데 집중하였다. 다시 말해 그는 자신의 선택할 전략이 A전략이라는 사실을 사전에 알리고 조정게임에서 AA균형이 나타날 수 있도록 지역주민과 적절한 협상을 진행하였다. 그의 노력에 따라 지역주민은 경주시장의 최종 의사결정을 사전에 정확히 예측할 수 있었고 충분한 고민을 할 수 있었다. 물론 경주시장은 또한 적절한 홍보 전략을 통해 지역사회가 DD균형게임이 되지 않도록 노력하였다. 그 결과 경주사회에 크나큰 갈등 없이 방폐장의 유치를 성공적으로 이끌 수 있었다.

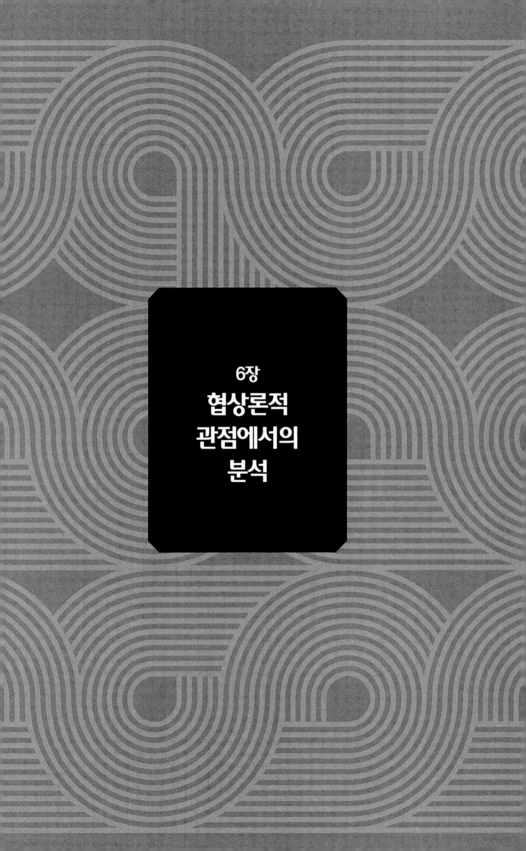

6장
협상론적
관점에서의
분석

우리는 5장의 분석을 통해 지방정부와 지역주민이 서로 방폐장 건설에 찬성하는 균형에 이르기 위해서는, 즉 지방정부와 지역주민이 조정게임에서 서로 유익한 균형에 도달하기 위해서는 협상론적 관점이 필요함을 지적하였다. 6장에서는 이런 관점에서 지방정부와 지역주민의 의사결정 과정, 그리고 사전적으로 혹은 동시적으로 이루어지는 중앙정부, 지방정부, 지역주민의 의사결정과 방폐장 유치 과정을 협상론적인 관점에서 분석할 것이다.

가장 중요한 질문은 다음과 같다: 모든 호의적인 여건에도 불구하고 제8차 추진의 부안에는 왜 방폐장이 건립되지 않았을까? 또한 부안에 비해 상대적으로 불리한 조건을 가졌던 10차 추진의 경주에 방폐장을 건립할 수 있었던 이유는 무엇일까?

우리의 분석은 두 가지 측면에 집중될 것이다: 첫째, 제8차와 제10차의 사례에서 정부가 방폐장 입지 선정을 위해 제시한 제반 조건과 여건들이 어떻게 다른가? 둘째, 그런 조건과 여건들이 주어진 상태에서 지방정부와 지역주민의 상호작용은 어떻게 이루어졌는가? 본문에서 자세히 설명하겠지만 첫 번째 질문은 협상의 구조와 관련된 것이고, 두 번째 질문은 협상력과 관련된 것이다. 그러므로 어떤 협상구조에서 협상력이 어떻게 작용하여 DD 균형게임을 피하고 서로 win-win 할 수 있었는지 그 과정을 자세히 설명하고자 한다.

편의를 위하여 협상을 사전협상 단계와 본협상 단계로 나누어 설명하기로 한다. 사전협상 단계는 지방정부가 방폐장 유치를 신청하기 전까지의 기간을 말하고, 본협상 단계는 방폐장 유치를 신청한 뒤 실제 방폐장 유치가 결정되기까지의 기간을 의미한다[112].

---

112 3장에서 설명한 사전협상 단계와 본협상 단계라는 개념은 국가간 협상단계에서 제시한 것으로 본 연구 대상인 방폐장 입지 선정과정에 기계적으로 적용하기에는 다소 무리가 있다. 가장 근본적인 이유는 방폐장 입지 선정과정은 두 개의 단계로 나누기 어려울 정도로 복합적인 협상으로 사실상 하나의 본협상으로 파악하는 것이 바람직할수도 있기 때문이다. 즉, 사전협상 단계라는 개념이 협상을 할 것인가 말 것인가의 결정도 포함하기 때문에 기계적으로 양자를 구분하는 것은 적절하지 않기 때문이다. 그래서 사전협상 단계 대신 협상의 제1단계, 본협상 단계 대신 협상의 제2단계라는 표현을 사용하더라도 아무런 문제가 없다.

1. 사전협상 단계

본 절에서는 사전협상 단계에서 협상구조와 과정이 부안군과 경주시의 협상력에 어떠한 영향을 끼쳤는지를 살피고자 한다.

[표 15]는 본 절에서 전개할 내용의 세부적인 분석기준과 함께 해당 결과를 요약한 것이다. 협상의 구조설정이라는 측면에서 비교해 볼 때 부안군과 경주시 사례는 협상여부, 프레임워크의 측면에서는 비슷한 양상을 나타내지만 그 외의 항목인 협상의제, 참여자, 협상전략 등에서는 완전히 다른 양상을 보였다. 특히 각 사례의 구조설정에서 드러나는 중앙정부의 입장과 전략의 차이는 당시 부안군과 경주시의 협상력에 강한 영향을 주었는데 본 절에서는 이점에 대해서 상세히 설명하고자 한다.

이 표가 의미하는 바는 비교적 명확하다. 결과적으로 볼 때 부안군은 지역 내부의 갈등이 심화될 수밖에 없는 환경에서 유치신청이 이루어진 반면 경주시는 지역 내부의 갈등이 유발될 수 있는 요소를 최대한 제거해 나가면서 안정적인 유치신청을 이루었다. 그런데 협상 구조적인 측면에서 두 지방정부의

| 표 15 | 방폐장 유치 협상 분석 (사전협상 단계)

사전협상 단계			8차 추진 (부안군)	10차 추진 (경주시)
구조설정 (Structure)	협상 여부	결정	지역주민의 유치 청원으로 시작됨	
			설치지역 주민 중심1)	유치지역 주민 중심
		목표 및 명분	경제적 보상(현금 보상)	경제적 보상 고준위 폐기물 문제 해결 주변지역과의 경쟁체제
	프레임워크 (연계전략)		한수원 본사이전+양성자가속기+지역개발금(3천억 원)+α	
	관련법규정		발전소 주변지역 개발법	방폐물유치지역법
	협상의제		중·저준위 영구처리시설과 고준위2) 임시저장 일괄타결	중·저준위 영구처리시설
	협상 참여자		단일 후보	경쟁적인 다수 후보
	주요 협상전략		전통적 협상방식	주민투표에 의한 경합
협상과정 (Process)	내부협상과 외부협상		외부협상 위주	내부협상 위주
결과(Result)			지역내부 갈등 심화	지역내부 갈등 약화

주: 1) 설치지역은 방폐장이 건설되는 면, 읍, 동 단위를 말하고 유치지역은 설치지역을 관할하는 군, 시 단위의 행정구역을 의미한다.
　　2) 고준위는 사용 후 핵연료를 의미한다.
　　자료 : 김기홍(2012), 본 책 2장을 토대로 정리

협상력을 파악할 때 부안군이 경주시보다 훨씬 유리한 위치에 있었다고 볼수 있다. 다시 말해 경주시에 비해 부안군은 경제적 보상의 측면에서 정부에 더욱 많은 것을 요구하고 받아낼 수 있는 환경에 있었다. 그리고 부안군수 또한 이러한 점을 활용하기 위해 중앙정부와 협상을 시도하였다. 그렇지만 협상의 과정이라는 측면에서 볼 때 중앙정부에 대한 부안군수의 협상은 지역주민의 지지를 기반으로 하지 않았다. 지역주민과의 내부협상에 대해서는 무관심한 상태에서 중앙정부와의 협상에 몰두하였던 것이다. 즉, 부안군수는 중

앙정부와 지역주민을 중재함과 동시에 자신의 협상력을 강화 할 기회를 가지지 못한 것이다. 그 결과는 오히려 지역 내 갈등의 심화였다. 이와 달리, 경주 시장은 지역주민과의 내부협상에 집중하여 방폐장 유치 신청을 할 경우 발생할지도 모르는 지역 내 갈등을 최소화하기 위해 노력하였다.

협상구조 설정에 대한 분석

사전협상 단계에서는 협상의 가능여부가 형성된다. 중앙정부의 내부에서는 방폐장의 건설을 위해 지역주민에게 제공할 보상 수준에 대한 논의가 관계부처를 중심으로 일어난다. 지방정부는 관할 지역 내에 방폐장을 수용하였을 경우 나타날 효과에 대해 생각한다. 물론 지방정부는 지역주민의 대리인이라는 성격이 강하다. 그러므로 지방정부가 방폐장 유치에 대한 의사결정을 하고자 할 때 그는 해당 사안을 받아들이는 지역주민의 인식을 우선적으로 살피게 될 것이다. 마찬가지로 중앙정부 또한 자신의 정책적 행동에 따라 지방정부와 지역주민이 보일 수 있는 반응이 무엇인지를 사전에 예측한 후 방폐장 협상의 구조를 설계하기 시작한다.

사전협상 단계의 협상구조설정이라는 측면에서 볼 때, 부안군 사례와 경주시 사례는 공통점보다는 차이점이 더욱 부각된다. 두 사례의 구조설정에 차이가 나타나는 이유는 플레이어의 상황이 각기 달랐기 때문이다. 지금부터 협상의 구조적 구성 면에서 드러나는 공통점과 차이점을 구분하면서 자세히 논의해보기로 한다. 논의는 우선 방폐장 협상여부의 결정은 어디서 시작되었는가?(협상여부), 각 협상에서 제기된 의제의 특징은 무엇인가?(협상의제), 그리고 연계전략의 활용은 지역주민의 수용성에 어떠한 영향을 끼쳤는가?(협상 프레임워크)의 순으로 이어가고자 한다.

(1) 협상구조의 3요소 1: 누가 유치 신청을 할 것인가 (협상여부)

부안군과 경주시 두 사례에서 방폐장의 지역 내 유치 분위기가 형성된 것은 지역주민의 자발적 움직임에 의해서이다. 두 사례 모두 지역주민이 방폐장의 지역 내 유치를 중앙정부 또는 지방정부에 먼저 건의함으로써 사전협상 과정이 시작되었다.

부안군의 경우 위도 주민을 통해서 지역사회가 방폐장의 지역 내 유치에 관심을 가질 수 있었으며 이후 위도 주민이 중심이 된 '방폐장 유치 위원회(이하 위도 유치위)'가 구성되면서 방폐장 유치와 관련된 일련의 과정이 시작되었다. 초기에 위도 유치위는 방폐장 건설에 대한 지역주민의 인식을 변화시키기 위해 적극적인 활동을 전개했다. 그러한 노력에 의해 부안군에도 방폐장유치위원회가 결성되었다. 그러므로 부안군에서는 위도를 중심으로 방폐장의 유치에 대한 호의적인 분위기가 주변지역으로 확산되고 있었다고 말할 수 있다.

경주시의 경우 최초에 '경주핵대책시민연대(이하 시민연대)'에 의해 적극적인 방폐장 유치 활동이 전개되었다. 물론 위도 유치위와 경주 시민연대는 집단의 성격이 다르다. 특히 방폐장 유치에 대한 정당성의 확보라는 측면에서 두 집단은 강한 차이를 나타낸다. 위도 유치위의 주된 관심사는 주로 현금보상과 더불어 지역사회발전과 같은 경제적 보상이었다. 반면 시민연대의 관심사는 지역사회가 이미 보유중인 고준위 방사성 폐기물의 처분과 정부가 새롭게 추진하고 있었던 신월성 원전 1, 2호기의 건설 중단 문제였다.

시민연대는 중·저준위 방폐장을 유치하면 월성 원자력 발전소 내에 임시 저장 중이던 고준위 방폐물의 처분 문제가 미래에 자연스레 해결되리라 전망하였다. 방폐장유치지역법에 의하면 중·저준위 방폐장이 입지한 지역에는 고준위 폐기물 처리장을 건설할 수 없기 때문이다. 차후에 국내 어딘가에는 고준위 방폐장이 결국 건설될 것이지만 경주시는 대상지역에서 제외될 것이다. 그러므로 고준위 폐기물의 문제를 해결할 수 있으면서 경제적 보상까지 얻을 수 있는 중·저준위 방폐장의 유치는 시민연대 뿐만 아니라 경주시의 절대우위전략이었다. 나아가 시민연대는 중·저준위 방폐장의 유치와 신월성 1, 2호기의 건설 중단의 연계 타결을 최선의 방안으로 고려하였다. 목표달성을 위해 시민연대가 택한 방법은 지방정부와의 협조적 관계 형성이었다. 시민연대가 월성 원전 정문에서 핵발전소 반대 집회를 가지면서 지방의원들의 참여를 독려하고 지방의회에서는 시민연대의 참여요구를 놓고 격론이 있었다는 사실[113]은 이 같은 추론이 근거가 있다는 것을 의미한다.

또한 지역사회의 구성적인 면에서도 방폐장 유치에 대한 논의의 시작이 달랐다. 방폐장의 입지에 따른 지역주민의 구성을 설치지역과 유치지역으로 나누어 보면[114], 부안군에서는 최초에 설치지역 주민(위도)이 주축이 되어 방폐장을 지역 내에 입지시키자는 주장이 제기된 반면, 경주시의 경우에는 유치지역 주민(경주시)을 중심으로 동일한 논의가 전개되었다.

지금까지 살펴본 바와 같이 비록 위도 방폐장 유치위원회와 경주핵대책시민연대로 대변되는 두 유치단체의 입장과 방폐장 건설에 대한 관점은 달랐지만 분명한 것은 이들의 활동이 지방정부가 방폐장의 지역 내 유치를 고려하

---

113 "고준위 핵폐기물 대책마련을", (2005. 04. 08), 경주신문.

114 방폐물유치지역법 제2조 3항과 제3조 1항에 따라 방폐장이 건설되는 지역은 설치지역, 설치지역을 관할하는 시군 또는 자치구는 유치지역이다. 그러므로 개념의 위계상 유치지역은 설치지역을 포함한다. 그럼에도 논의에서는 편의상 유치지역과 설치지역을 임의로 분리하여 부르고자 한다. 예컨대, 부안군에서 위도는 설치지역이고, 위도를 제외한 지역은 유치지역이다. 같은 논리로 경주시의 경우 양북면은 설치지역이고, 양북면을 제외한 지역은 유치지역이다.

는 첫 번째 단추가 되었다는 사실이다.

(2) 협상구조의 3요소 2: 고준위 영구처리 시설 제외 여부 (협상의제의 특징)

중앙정부와 지방정부가 특정 사항에 대해 협상을 할 경우 지방정부에 비해 중앙정부가 더 큰 협상력을 가지는 것으로 간주된다. 중앙정부가 예산권 등 협상에 영향을 미칠 실제적인 도구를 더 많이 가지기 때문이다. 이런 사실은 중앙정부의 '힘'으로 인식되기도 한다. 그런 의미에서 방폐장 건설에 대한 협상구조는 전적으로 중앙정부에 의해서 결정될 것으로 보는 것이 타당해 보인다.

그런데 협상구조를 임의로 선정할 힘을 보유한 것이 사실이라 할지라도 중앙정부는 무턱대고 자신의 입장만을 고집할 수는 없다. 특히 민주화와 분권화가 진행될수록 정책결정에 대해 두 플레이어가 가진 상호의존적 관계는 부각될 것이다. 다시 말해, 사전협상 단계에서 협상구조의 설정은 전적으로 중앙정부의 몫이라 할지라도 중앙정부는 방폐장 건설계획에 대한 지방정부와 지역주민의 시각을 고려하여 계획을 세울 수밖에 없다. 방폐장의 경우에는 이런 성격이 더욱 두드러진다.

정부가 울진·영덕·영일 등지에 방폐장을 건설하기 위해 계획을 수립하였던 1980년대부터 8차 추진 부안군 사례까지 방폐장 건설의 의미는 줄곧 중·저준위 영구처분시설과 사용 후 핵연료 임시저장시설의 입지 모두를 고려하는 것이었다. 부지 선정의 경우 사업 초기의 동일부지 건설 개념이 5차 추진 이후부터 동일지역단위까지 고려하는 개념으로 그 범위가 넓어지기는 하였으나 두 시설을 인근지역에 위치시켜 동시에 건설한다는 로드맵은 변함이 없었다. 그리고 이러한 원칙은 부안군 사례에도 그대로 적용되었다. 하지만 2장에서 자세히 분석한 바와 같이 경주시의 경우에는 중·저준위 방폐장의 입지

지역에 고준위 방폐물 임시저장시설을 건설치 않기로 '방폐물유치지역법'에 명시[115]함으로써 지역주민의 위험인식을 명확히 낮추었다.

이것은 정부가 비록 두 시설을 한 지역에 설치하는 것을 효율적인 것으로 생각했으나 사업의 추진과정에서 기존의 로드맵을 고수할 경우 어느 시설의 건설도 가능하지 않으리라고 생각하게 되었다는 것이다. 서두의 표현을 빌리면 중앙정부는 사업추진과정에서의 상호의존적 과정을 통하여 두 시설을 분리하는 것으로 입장을 변경하였다는 것이다. 이것은 한 국가가 민주화 분권화될수록 더 자주 나타나는 현상이다. 다시 말해, 정부는 이 두 시설을 한 지역에 설치해야 한다는 입장을 취함으로써 부안군에 방폐장을 건설하는 데 실패하고 말았다는 것이다.

지역주민의 위험인식이라는 주관적 측면에서 볼 때 부안군이 경주시에 비해 조금 더 부담스러운 구조였던 것은 분명하다. 고준위 방폐물 임시저장시설이 고착화되어 나중에서는 결국 고준위 영구처분시설로 바뀌는 것이 아닌가하는 불안감을 가질 수도 있었기 때문이다. 그렇지만 8차 추진 당시 부안군이 협상의 단일 후보자였다는 강점이 잘 활용되었더라면 지역주민의 염려를 줄이면서 성공적인 유치가 가능했을지도 모른다. 예컨대, 부안군수가 중앙정부에 요구한 것이 지역개발금의 200% 증액이 아니라 지역 내에 고준위 폐기물 반입금지 또는 방폐장과 관련된 피해가 발생할 시 적절한 정부보상의 명문화 등이었다면 주민수용성에 변화가 있었을지도 모른다.

(3) 협상구조의 3요소 3 : 양성자 가속기 사업의 연계 (협상의 프레임워크 설정)

방폐장 선정과 관련한 협상 프레임워크 중 가장 중요한 것은 초기에는 단

---

115 방폐물유치지역법(법률 제7444호) 제 18조.

지 방폐장을 건설하려던 것이었지만 시간이 경과함에 따라 방폐장 건설에 양성자 가속기 사업을 연계하는 방향으로 변모하였다는 것이다.

초기 정부는 오로지 방폐장 입지의 과학적 타당성에 관심을 가질 뿐 주민의 수용성에는 무심했다. 그러던 것이 방폐장 건설 계획이 연속적으로 실패함에 따라 지역주민의 위험인식을 낮추고 경제적 보상을 증가시키는 방향으로 정부정책이 점진적으로 변화했다. 이런 사실은 2장의 [표 1]을 통해 확인할 수 있다. 정부가 방폐장 건설과 연계하여 지역주민에 대해 경제적 보상을 구상하기 시작한 것은 제3차 추진부터였다. 아이러니한 것은 이 시기부터 정부의 경제적 보상에 동조하여 방폐장의 유치를 찬성하는 지역주민이 나타나기 시작했다는 점이다.

하지만 진정한 의미의 연계전략을 통한 프레임워크 설정은 8차 추진인 부안군 사례에서부터이다. 정부가 당시 방폐장 건설계획과는 무관하게 별도로 진행되던 양성자 가속기 사업을 방폐장 건설에 연계시켜 일괄타결하기로 결정한 것이 바로 그것이다. 당시 정부는 NIMBY현상을 불러오는 대표적 혐오시설인 방폐장의 건설계획과 PIMFY현상을 불러와 유치경쟁이 일어났던 선호시설의 건설계획을 일괄타결방식으로 묶는 연계전략을 구사했다. 부안군 사례를 기점으로 기존에 지역주민에게 제시하던 보상방식과는 확실한 전략적 차별화를 이룩한 것이다[116].

---

116 개별 사안을 하나로 묶는 연계전략은 제로섬 상태에 빠진 두 플레이어에게 새로운 차원의 논의를 제공한다. 예컨대, Putnam(1988)은 제로섬게임이 선의 형태라면 연계전략을 통해 게임은 면 혹은 입체적인 형태가 된다고 보았다. Putnam(1988:446-448)은 협상에서 다양한 안건(multi-issue)을 하나로 연결하는 작업은 개별 사안에 대한 플레이어의 선호를 변경하는 것이 아니라 새로운 가치를 창출하는 작업임을 강조한다. 개별적인 두 사안에 대해 플레이어가 가진 선호도가 다르기 때문에 연계전략을 통해 가치의 교환을 이루어 협상이 타결 될 수 있는 것이다. 예컨대, 어떠한 주민이 방폐장의 건설에는 반대하지만 양성자 가속기 사업의 유치에는 찬성할 수 있다. 그리고 개별적이던 두 가지 사안이 일괄타결로 연계된다면 최초에 방폐장의 건설을 반대하였던 지역주민의 입장의 변화 할 수 있다. 만약 그가 방폐장의 위험성을 감수하면서까지 양성자 가속기를 유치하고자 한다면 비록 그가 방폐장의 유치에는 여전히 부정적이지만 찬성표를 던지

방폐장 유치에 대한 지방정부의 태도 또한 정부가 양성자 가속기 연계전략을 확정한 8차 추진을 기점으로 변화했다. 사회갈등연구소(2010:58)에 의하면 8차 추진 당시 유치에 관심을 보였던 지역은 고창, 부안, 봉화, 보령 등 총 9개 지역이었다. 이중 특히 고창은 비록 당시에 부지적합성에서 탈락을 하여 후보지의 자격을 상실하긴 했지만 지방정부가 방폐장의 유치를 의결하고 적극적으로 주민 설득작업과 홍보에 들어갔던 최초의 사례라는 점에서 상당히 의미가 깊다.

부안군과 경주시 사례에서 드러나는 연계전략은 거의 동일하다. 그렇지만 많은 연구에서 지적하듯 경주시 사례에서 방폐물 유치지역법의 존재는 방폐장 건설에 대한 지역주민의 수용성을 높이는 데 커다란 영향을 주었다. 비록 부안군의 경우 발전소주변지역법이 실효 중에 있었지만 당시에도 특별법의 필요성에 대한 논의는 계속되었다. 그 주요 이유는 정부가 제시하는 3천억 원의 특별지원금 및 기타 지원 사업에 대한 명문화의 필요성이 대두되었기 때문이다.

다만 방폐물 유치지역법의 존재는 보는 관점에 따라 의미가 다를 수 있다. 부안군의 경우 특별법의 부재는 부안군수가 정부를 상대로 하는 보상협상에서 지역주민이 더욱 많은 것을 가져갈 수 있는 기회를 만들어 주었을지도 모른다. 예컨대, 부안군수가 제시한 6천억 원의 보상금이 방폐장의 건설과 같이 타결된 후 특별법이 제정되었다면 경주시의 사례보다 부안군의 보상이 더욱 컸을 것이다.

반면 지역주민의 수용성을 높이는 경우에는 명문화된 보상방침이 사전에 존재하는 것이 더욱 유리할지도 모른다. 왜냐하면 정권의 교체에 따라 정부

게 될 것이기 때문이다.

의 정책방향이 변화하기 쉽고 이러한 변화에 따라 예산의 편성 및 집행 또한 바뀔 여지가 존재하기 때문이다. 그런데 특별법의 존재는 이러한 변화의 여지를 사전에 차단하는 힘을 가지므로 지역주민은 정부의 약속을 더욱 신뢰할 수 있다. 중앙정부의 입장에서도 특별법의 존재는 지역주민의 수용성을 높이는 단초가 됨과 동시에 지역주민의 과도한 요구를 거부할 근거가 된다. 부안군 사례처럼 지방정부가 중앙정부의 보상안보다 더 많은 것을 요구하려 할 때 특별법의 존재는 그러한 논의의 기회나 동기를 사전에 제거할 수 있다. 이처럼 특별법은 중앙정부와 지역주민의 상호배반을 막을 수 있는 하나의 자기 구속적(self-enforcing)인 확약(commitment)으로서 상호 간의 신뢰와 기대에 영향력을 행사한다[117].

협상구조 설정에 영향을 끼치는 요인[118]

지금까지 사전협상 단계의 협상구조형성에 있어 부안군과 경주시 사례의 유사점과 차이점에 대해 논의했다. 지금부터는 협상구조에 영향을 끼치는 요인에 대해서 살펴보고자 한다. 다시 말해 이번 항의 주요내용은 사전협상 단계에서 협상에 참여한 후보의 수와 협상구조에 의해 제한되는 협상전략의 가용여부(可用與否)이다.

---

117 수인의 딜레마의 대표적 해법 중 하나는 구속력 있는 계약을 만드는 것이다. 특별법의 존재는 지방정부(지역주민)와 중앙정부가 협상타결안에 대하여 상호배반에 빠지지 않도록 해준다. 수인의 딜레마와 구속적 계약에 대한 개괄적인 논의는 (Miller, 2003:115-158 ; Poundstone, 2004:159-196 ; Rapport & Chammah, 1970:3-32)을 참고하기 바란다.

118 본 절의 논의방향은 김기홍(2012:142)에서 언급한 바와 같이 Zartman(2002)의 관점에 따라 앞 절에서 논의한 협상구조설정에 포함시켜도 된다.

협상의 진행방식이나 참여자의 수 측면에서 부안군과 경주시는 완전히 다른 성격의 게임이다. 두 사례 모두 방폐장 유치에 대한 지역주민의 염원이 촉매가 되어 지자체장이 자발적으로 유치신청을 하였다는 외형은 동일하다. 그렇지만 8차 추진의 부안군은 단일 후보였고 10차 추진의 경주시는 복수의 후보지 중 하나였다. 제2장에서 자세히 설명하였지만 8차 추진 당시 유치를 고려하던 다른 지방자치단체가 최종적으로 유치의사를 포기하거나 부지 부적합으로 신청자격이 박탈되면서 부안군은 단일 후보지가 되었다.

그런데 방폐장의 유치 후보지가 단일지역인가 아니면 복수지역인가의 차이는 결국 정부의 협상의 과정에 대안적 후보가 존재하는가의 문제로 귀결될 수 있다. 단일 후보인 상대방을 설득하기 위한 협상과, 유치를 희망하는 다수의 후보 중 하나를 설득하기 위한 협상은 협상력의 관점에서 볼 때 동일하지 않다. 정부의 협상력은 당연히 전자의 경우가 후자의 것에 비해 약하고 상대적으로 지방정부와 지역주민의 협상력은 전자의 경우에 더욱 잘 발휘될 것이다. 즉 보상 문제에 있어 중앙정부는 지방정부(또는 지역주민)에게 끌려 다닐 수밖에 없다. 그러므로 중앙정부의 입장에서 단일후보지보다는 복수후보지가 더욱 선호되고 나아가 복수후보지가 상호 경쟁적일 경우가 더욱 선호된다.

방폐장 부지선정에 지방정부 간의 경쟁적 구도를 도입하겠다는 정부의 생각은 2005년 6월 16일에 발표된 '중·저준위 방사성폐기물 처분시설 후보부지 선정 등에 관한 공고'에서 엿볼 수 있다. 공고에서 중앙정부는 만약 유치신청지역이 없거나 유치를 원하는 지역이 오직 한 곳만 나올 경우 강제적으로 추가적인 후보지를 선정하도록 명문화하였다[119]. 이런 조치로 인해 방폐장

---

119 중·저준위 방사성폐기물 처분시설 후보부지 선정 등에 관한 공고의 3-(나)항.

후보 선정과정은 지방정부 간의 경쟁으로 자연스럽게 유도될 수 있었다[120].

부지 선정 공고에 담은 경쟁적 요소는 1차 추진부터 9차 추진까지의 경험에 의해 학습된 결과겠지만 그 중 특히 8차 추진과 9차 추진의 영향을 강하게 받은 것으로 보인다. 방폐장 건설을 위해 지방정부의 유치신청이 필요하다는 조건은 중앙정부가 방폐장을 강제로 건설하려한다는 비난이나 의혹을 피하게 해준다. 그런데 지역주민이 방폐장 유치를 청원해도 지방정부가 유치 신청을 하지 않아 사업이 추진되지 않는 경우가 종종 발생했던 것이다. 또한 경쟁을 도입하면 부안군의 사례처럼 단일 후보지를 상대할 때 발생할지도 모르는 각종 부담감을 줄일 수 있었다.

나아가 경쟁의 도입은 방폐장의 국내 건설을 반대하는 반대시민단체의 개입과 활동을 분산시킬 수 있다. 주민투표에 의해 주민수용성이 확인 된 두 곳 이상의 후보지역에서 유치전이 발생할 경우 시민단체의 영향력은 더욱 축소될 수밖에 없다. 물론 그 동안의 사례에 비추어 전국적으로 2곳 이상의 지역에서 동시 다발적인 반대운동이 전개된 경우가 있기는 하다. 하지만 그들의 특징은 방폐장에 대한 지역주민의 수용성이 매우 떨어진 상태에서 반정부적 시위의 형태로 지역주민의 의사가 표출되었다는 점이다. 이때 반대시민단체는 반핵을 지지하는 지역주민들에게 자신들의 선택이 옳았음을 확신시켜줄 수 있는 정보를 제공하는 데 주안점을 두었다. 반면 방폐장에 대한 수용성이 높은 지역주민이 상호간에 유치 경쟁관계를 형성하는 경우 반대단체는 유치를 찬성하는 지역주민이 생각을 바꾸는 반핵의 편에 설 수 있도록 설득작업을 시행해야 했다. 따라서 후자의 경우 전자에 비해 반대단체의 활동이 위축

---

120 추가적인 후보지역은 사전에 실시했던 여론조사에 근거하는데 그 중 지역주민의 호응이 좋았던 지역의 지방정부는 중앙정부의 요청에 의해서 주민투표를 시행해야만 한다.

될 수밖에 없으며 그러한 후보지가 여러 곳에서 동시에 나타날 경우 반대단체의 활동은 더욱 분산될 수밖에 없다.

협상과정 분석 : 입장을 중심으로

협상과정은 지방정부가 처한 이중구조게임의 성격에 기인하여 내부협상과정과 외부협상과정으로 구분 할 수 있다. 사전협상 단계는 지방정부가 방폐장 유치 신청을 할 수 있도록 중앙정부와 함께 분위기를 만들어가는 과정이다. 따라서 지방정부와 중앙정부 간의 외부협상은 주로 보상수준에 대한 부드러운 대화로 이어진다. 다시 말해 사전협상 단계는 협상이 아직 구체화되기보다는 협상이 가능한 것인가를 타진하는 단계이기 때문에 보상수준에 대한 엄밀한 논의보다는 자신의 대략적인 의사를 상대방에게 전달하는 방식과 같은 형태를 띤다.

물론 협상의 구조는 지금까지 논의한 바와 같이 중앙정부가 구성하는 것이기 때문에 지방정부가 협상구조에 직접적인 영향을 끼치는 것은 매우 힘들다. 더구나 정부가 보상계획을 미리 발표하고 공모를 통해 후보지 신청을 받는 형식을 설정하는 경우, 지방정부는 단순히 정부의 보상안을 수용하여 후보지 등록을 할 것인가의 여부만을 고려하는 것으로 보일 수 있다. 그런데 중앙정부의·입장에서는 후보지를 하나라도 더 선정하는 것이 급선무였으며 또한 오랫동안 미뤄진 방폐장 건설사업을 이번에는 끝내야겠다는 의지가 있었기 때문에 세부적인 추가보상안에 대해서는 협상이 가능한 것으로 이해할 수 있다.

〈부안군의 사례〉

부안군과 경주시가 사전협상과정에서 사용한 행동전략의 차이는 확연하다. 8차 추진에서 당시 전북지사는 2003년 5월 26일 방폐장의 전북 내 유치 희망을 공개 천명하면서 정부에 개발지원금 6천억 원 증액 등을 포함해 5가지 추가사항을 제안하였다(사회갈등연구소, 2010:58). 여기에 산자부는 6월 4일과 6월 9일 두 차례의 사업설명회에서 주민지원금 3천억 원을 포함하는 총 2조 1천억 원 규모의 지역발전 장기구상121을 구체적으로 제시하였다. 그런데 부안군수는 7월 11일 추가적인 지원사업 7가지 조항 67개 항목과 함께 특별 지원금을 6천억 원으로 상향조정하겠다는 정부의 확답을 7월 15일까지 요구하며 방폐장 유치신청을 선언한다.

부안군수의 유치신청 선언 전날인 7월 10일, 유치 경쟁을 벌이던 군산시의 후보지가 부지 부적합 판정으로 탈락하였기 때문에 부안군의 단독신청이 확실시 되는 상황이었다. 따라서 전략적 관점에서 부안군수의 역제안은 나름의 의미가 있어 보인다. 협상구조에 의해서 형성된 자신의 협상력을 활용해 중앙정부와의 힘(power)의 상대적 위상차를 극복하려 한 것이라 볼 수 있기 때문이다. 그렇지만 역제안 이후 부안군수의 행동은 역제안의 의미와 가치를 떨어뜨리기에 충분했다. 나아가 그의 전략적 판단이 단지 유치신청을 위한 구실로 보이기까지 한다[122].

---

121 2장의 8차 추진 사례 중 사전협상 단계를 참고하기 바란다.

122 부안군수의 역제안을 단순화하면 "6천억 원의 지원금을 약속한다면 방폐장 유치를 하겠다"라는 조건적 확약(commitment)이었다. 따라서 부안군수가 역제안을 통해 협상게임에 참여하면서 우선적으로 고려했어야만 하는 사안은 자신의 역제안을 믿을 수 있는 확약(credible commitment)으로 만들 방안이었다. 확약은 내가 제안하는 상대방의 기대를 움직일 수 있는 가장 강력한 방안 중 하나일 테지만 신중하게 사용되어야 한다. 왜냐하면 자신의 선언이 믿을 수 없는 확약(incredible commitment)이 되는 경우 그가 확약을 하였다는 사실만으로 향후 약속이행에 대한 신뢰성이 현저하게 약화되기 때문이다. 특히 그의 역제안에 대해 중앙정부가 대답을 회피하거나 즉시 수용의사를 밝히지 않는 경우 부안군수에 대한 지역주민의 지지도는 심각한 타격을 받을 수밖에 없다.

| 표 16 | 사전협상단계의 주요사건 일자(부안군 사례)

주체	일자	주요사건 및 제안
중앙정부 (재정경제부 외)	03. 4. 21. ~ 03. 5. 01.	-방폐장과 양성자 가속기의 연계 등 지역발전 지원 구상 발표 (특별지원금 3천억 원, 한수원 본사 이전, 지역숙원사업 지원, 양성자가속기 연계 등)
전북지사	03. 5. 26.	- 전북 내 유치희망 공개천명 및 추가 보상 요구 (개발지원금 6천억 원 증액 외 추가 5개 사항)
중앙정부 (산업자원부)	03. 6. 4. ~ 03. 6. 9.	- 지역발전지원 규모 및 기간을 구체적 제시 (20년간 약 2초 1천억 원 규모 예상)
부안군수	03. 7. 11.	- 방폐장 유치신청 선언 (특별지원금 6천억 원 증액 및 추가적인 지원사업 7가지 조 항 67개 항목) - 7월 15일까지 정부의 확답요구
부안군의회		-위도주민의 방폐장 유치청원 부결
부안군수 부안군의회 의장	03. 7. 14.	- (군의회의 부결에도 불구하고) 방폐장 유치 신청
	03. 7. 15.	- 유치공모 마감으로 부안군은 단일후보지 확정 (중앙정부는 부안군수의 제안에 확답을 못함)

부안군수가 7월 15일까지 중앙정부의 확답을 요구하였는데 중앙정부는 15일에 확답을 주지 못했다. 사실 단 4일 만에 그가 제안한 안건이 모두 신중하게 검토되는 것은 불가능한 일이었다. 상대방에게 불가능한 일을 요구하면서 확약(commitment)을 거는 부안군수의 전략은 약속을 스스로 깨버리겠다는 선언과도 같았다. 겉으로 보기에 부안군수의 유치선언은 우발적 행동으로 보이기까지 한다. 부안군수의 유치선언은 그 전날인 7월 10일까지 방폐장 유치 반대를 말하던 그의 공개적 입장과는 배치되는 결정이었기 때문이다[123]. 비

---

123 부안군수의 갑작스러운 입장변경에 의문을 품은 몇몇 연구(사회갈등연구소, 2010:77-79; 김길수,

록 지금까지의 논의를 통해서 부안군수의 입장표명이 우발적이었다고 단정할 수는 없겠으나 최소한 부안군수의 유치 선언을 위한 계획이나 전략이 그리 효과적이지 않았다는 점은 유추할 수 있다.

그리고 그의 의도가 유치 선언이 아니라 중앙정부에 대한 역제안이었다고 할지라도 이후 부안군의회와 부안군민의 반응을 더욱 악화시킨 역할을 한 것은 분명하다. 당시 부안군 공무원은 방폐장 유치에 대한 위도 주민의 행동에 상당히 비협조적이었다. 부안군은 정부의 사전 부지조사와 굴착신고를 2차례나 반려하였는데 이는 부안군 내에 방폐장 유치에 대한 여론이 그리 호의적이지 않았다는 것을 암시한다. 결국 위도의 지질조사는 한수원이 민간자격으로 실시하였고 이후 행정심판의 단계까지 이르게 되었다. 다시 말해 부안군수를 비롯한 부안군은 지역주민과의 사전 협상에 대해 아무런 의사도 가지지 않은 것이라 볼 수 있다.

부안군 방폐장 건설과 관련하여 살펴보아야 할 중요한 요인 하나는 부안군민을 대표하는 부안군의회의 의사결정 과정이다. 부안군의회에서는 상당기간 동안 방폐장 유치에 대해 합의하지 못하였으며, 이에 따라 7월 11일 부안군수의 유치선언 이후 같은 날 오후에 실시된 유치 청원결정은 찬성 5표, 반대 7표, 기권 1표로 부결되었다. 하지만 부안군수와 부안군의회의장은 이 결정을 무시한 채 7월 14일 중앙정부에 방폐장 유치 신청을 한다.

부안군수가 방폐장 유치 신청을 염두에 둔 상태에서 지방의회의 유치 동의안 결정 이전에 먼저 입장을 표명하였다는 사실은, 그가 지방의원들과 사

2004:161)는 당시 군산의 유치포기선언과 함께 갑작스럽게 부안을 방문한 전북도지사를 비롯해 임실군수, 전북대 교수, 그리고 경제통상실장이 부안군수에게 강한 영향을 준 것으로 파악하였다. 나아가 부안군수가 유치 선언 당시 제시한 새만금 친환경 미래에너지 산업단지 조성, 국립공원 해제 등의 조건은 전북도지사의 영향에 의해 결정된 것으로 파악되었다(사회갈등연구소, 2010:77-79).

전적 의견조율이 없었다고 전제할 때, 조정게임에서 지방의회의 표결을 찬성 쪽으로 유도하려는 신호(signal)로 볼 수 있다. 더구나 사전에 부안군수가 유치를 반대할 것이라고 알려진 상황이고 이에 따라 지방의회의 결정 또한 부결로 예상되는 상황이었다면 부안군수의 사전적 행동을 통해 지방의원들이 찬성표를 던질 수 있는 분위기를 조성해 볼 수도 있었을 것이다. 나아가 지방의회에서 유치신청이 부결되었지만 유치를 찬성하였던 의원이 5명이나 된다는 점은 상당히 흥미롭다. 찬성 의원들이 처음부터 방폐장의 유치를 찬성하는 입장이었는지 또는 부안군수의 행동에 영향을 받아서 찬성을 나타낸 것인지는 알 수 없으나 5명의 찬성표는 부안군수가 사전에 내부협상을 진행하였다면 지방의회의 찬성을 얻을 수 있을지도 모른다는 추측의 근거가 된다. 물론 지역주민과 의사소통이 전혀 이루어지지 않은 상태에서 지방의회가 방폐장의 유치를 가결할 경우 부안군의 분위기 어떻게 흘러갔을지는 전혀 예측할 수 없지만 부안군민과 아무런 내부협상이 진행되지 않은 상태에서 이루어지는 유치신청이 지역사회에 심각한 혼란을 초래할 것이라는 사실에는 변함이 없을 것으로 보인다.

〈경주시의 사례〉

경주시의 경우를 살펴보자. 2005년 3월 23일, 경주 핵대책시민연대의 방폐장 유치 움직임에 대한 경주시의회의 대응은 신중하면서도 재빨랐다. 경주시의회는 2005년 3월 28일 방폐장 유치를 놓고 2차례의 토론을 진행했다. 비록 의원들 간의 의견충돌이 있었지만 부안군과 달리 격렬한 갈등상태로 번지지는 않았다. 토론 결과 경주시의회는 찬성 15, 반대 4, 기권1 표로 시민연대의 유치청원을 가결하였다. 이러한 경주시의회의 모습은 부안군 사례와 대비되는 것으로 부안군의회의 의사결정이 유치신청 마감일을 4일 앞두고 이루어진 반면 경주시의 의사결정은 정부의 방폐장 부지공고 마감일을 약 5개월 앞두고 선행된 것이다. 특히 정부의 부지공고를 약 3개월 앞두고 경주시의 입장이 정해졌다는 점은, 비록 시의회가 중립적이지 않다는 반핵단체의 비판에도 불구하고, 내부협상의 측면에서는 지역사회에서 발생할 수 있는 갈등을 사전적으로 다루기 위한 시도였다는 점에서 상당히 고무적이었다.

그런데 경주 핵대책시민연대와 경주 시의회의가 방폐장 유치를 통해 얻어가려는 최종목표가 동일하지 않았기 때문에 갈등적 요소는 분명히 있었다. 특히 경주시에 건설 중인 신월성원자력발전소의 문제에 대해서 시민연대는 반대입장을 분명히 하였지만 경주시의회는 중립적 입장을 지키기를 원했다. 그럼에도 두 단체는 경제적 보상과 고준위 방폐물 문제의 해소라는 측면에서는 입장을 같이할 수 있었다. 나아가 갈등의 여지가 보이자 시민연대는 임시적으로 활동을 중단하기에 이른다.

이렇듯 경주시의 빠른 의사결정과 시민연대의 도움은 경주 사회에 방폐장에 대한 시민의 관심을 끌기에 충분했다. 특히 방폐장을 유치할 경우 지역사회가 안고 있는 고준위 폐기물의 처분 문제를 해결할 수 있다는 희망과 함께 신라문화의 고도라는 경주의 관광지적 특성 때문에 경북지역 내에서 상대적으로 발전이 지체되고 뒤떨어져있다는 지역주민들의 불만을 해소할 수 있다는 논리는 지역사회의 빠른 호응을 얻어갔다. 따라서 비록 환경단체를 중심으로 핵폐기장반대 범시민대책위원회가 발족하여 방폐장 반대 건설운동에 들어갔음에도 부안군의 경우의 그것처럼 격렬하거나 투쟁적인 모습을 보이지는 못하였다.

경주시는 유치신청에 있어서도 신중한 모습을 보였다. 경주시장은 비록 경주시의회가 유치찬성에 동의하였음에도 주민 여론 조사의 결과를 통해서 유치신청의 가부를 결정하게 될 것을 이야기했다. 다시 말해 지역주민의 대리인으로서의 역할을 충실하게 수행하며 내부협상의 결과에 순응하기로 한 것이다. 그리고 8월 초에 진행된 여론조사의 결과 찬성이 55.4%로 나타나자 8월 16일에 방폐장 유치신청을 하였다.

물론, 방폐장에 대한 경주시의 입장은 부안군의 그것과는 분명히 다르다. 경주시는 이미 고준위 폐기물을 지역 내의 원전에 임시저장하고 있었기 때문이다. 그렇다 하더라도 이러한 사실이 경주시가 안정적으로 방폐장 후보지가 될 수 있었던 충분조건은 되지 못한다. 예컨대, 원자력 발전소가 입지해 있어 경주와 비슷한 조건을 갖춘 울진의 경우 울진발전포럼을 중심으로 방폐장 유치운동이 같은 시기에 전개되었다[124]. 더구나 울진은 정부가 실시한 방폐장 유치 주민여론조사 유치 찬성 61.7%를 얻어 전국에서 수용성이 가장 높은 지역이었다[125]. 그럼에도 지방의회는 한울원전 추가 4기를 건설할 당시 중앙정부가 더 이상 울진지역에 방폐장이나 원전을 짓지 않기로 약속했다며 행정소송에 들어갔고 결과적으로 방폐장 유치 신청이 무산되었다. 그러므로 경주시의 안정적인 유치신청은 경주시장과 시의회의 단합과 함께 지역 내 사용 후 핵연료 임시저장 문제에 대한 적절한 내부협상과 토론의 성과라고 말할 수 있다.

결과 분석

지금까지 논의한 바와 같이 비록 위도 방폐장 유치위원회와 경주 핵대책시

---

124 울진군의 당시 분위기에 대한 조금 더 자세한 내용은 pp. 69~70을 참고하기 바란다.

125 "울진 '방폐장 유치' 61% 찬성", (2005. 03. 06), 경북일보.

민연대로 대변되는 두 유치단체의 구성적 성격과 방폐장 건설에 대한 관점은 달랐지만 분명한 것은 이들의 활동이 지방정부가 방폐장의 지역 내 유치를 고려하는 첫 번째 단추가 되었다는 사실이다.

부안군을 포함하여 이전까지 협상의제는 중·저준위 방폐장과 고준위 임시 저장시설을 연계하는 포괄적 의제의 일괄타결 방식이었기 때문에 경주시에 비하여 지역주민의 위험인식이 더 강하였다. 반면 경주시의 사례에서 정부는 포괄의제를 분할하여 중·저준위 방폐장만을 건설하는 단일의제로 논의 범위를 축소하였다. 뿐만 아니라 유치지역에 사용 후 핵연료 임시저장을 포함한 고준위 방폐장을 건설할 수 없도록 법률로서 정함으로써 주민의 수용성을 높였다. 프레임워크의 관점에서 중앙정부는 지속된 사업계획 좌절에 기인하여 지역주민에 대한 보상을 점진적으로 증가시켜 왔을 뿐만 아니라 부안군 사례를 기점으로 선호시설인 양성자 가속기 사업과 비선호시설인 방폐장 건설사업을 연계하여 일괄 타결하는 방식을 채택함으로써 주민의 수용성을 높였다. 또한 방폐물 유치지역법의 존재는 상호배반에 대한 구속력 있는 계약으로 중앙정부가 지역주민과의 약속을 이행할 것이라는 명문화된 공언(commitment)이다. 따라서 관련법의 존재는 지역주민을 안심시키고 방폐장 유치에 대한 수용력을 높일 수 있다.

두 사례의 협상의 구조에 영향을 끼친 요인은 성격과 특징이 너무 다르기 때문에 부안군 사례와 경주시 사례는 완전히 개별적인 협상과정으로 볼 수 있다. 부안군은 단독 후보지로서 정부가 방폐장 후보 부지를 지정하면 해당 지역주민과의 보상에 대해 협상이 일어나는 전통적인 협상구도를 보인다. 그리고 최대한 빨리 방폐장을 건설하려는 정부의 의지에 의해 부안군의 협상력은 상당히 올라갔다. 따라서 부안군수는 방폐장의 유치를 순순히 따르지 않고 역제안을 통해 협상의 구조에 영향을 가하고자 하였다. 반면, 경주시 사례에서는 방폐장 유치 경쟁의 구도가 형성되었다. 유치 경쟁에 따라 정부의 입장에서는 대안이 형성된 것과 같으므로 경주시의 협상력은 부안군에 비해 떨어졌다고 말할 수 있다. 그럼에도 부안군은 자신의 협상력을 잘 살리지 못하였다. 그 근본 이유는 바로 내부협상에 대한 고려가 전혀 없었기 때문이다. 부안군수는 외부협상을 통해서 최대한 많은 성과를 얻어낸다면 그 성과를 기반으로 지역주민을 설득할 수 있을 것이라 판단했던 것으로 보인다. 그렇지만 아무리 훌륭하고 뛰어난 보상을 중앙정부로부터 약속받는다 하더라도 지역주민과의 의견조율이 없다면 방폐장은 건설할 수 없는 것이다.

2. 본협상 단계

우리는 본 장의 서두에서 사전협상 단계를 지방정부가 방폐장 유치를 신청하기 전까지의 기간, 본협상 단계를 방폐장 유치를 신청한 뒤 실제 방폐장 유치가 결정되기까지의 기간으로 두는 것을 설명하였다.

그러면 구체적으로 이 본협상 단계는 언제쯤 종료된 것으로 간주될 수 있을까? 여러 가지 기준[126]이 있을 수 있으나 우리는 부안군이 방폐장 후보지의 자격을 공식적으로 상실하는 2004년 12월 1일을 부안군 본협상의 종료일로 정하고자 한다. 따라서 9차 추진은 8차 추진 과정 가운데 발생한 것으로 파악

---

[126] 본협상 단계를 분석함에 있어서 종료시점에 대한 판단은 연구자의 시각에 따라 다를 수 있다. 상황의 완벽한 종료를 고려한다면 부안군수가 방폐장 유치와 관련된 일체의 행동 중단을 선언한 2005년 9월 6일이 종료시점이 될 것이다(사회갈등연구소, 2010:207). 만약 방폐장 건설 반대와 관련된 반핵운동이 부안군 내에서 종료되는 시점을 생각한다면 부안대책위의 공식 해산일인 2005년 2월 4일이 본협상 종료시점이다. 그렇지만 협상 절차를 기준으로 삼아 공식적인 종료를 생각한다면 중앙정부가 공적 주민투표 마감일로 지정하였으나 신청하는 지자체가 없어 사실상 유치 실패가 확정된 2004년 12월 1일이 될 것이다. 물론 정부의 부지선정 방침(부지선정 보안지침) 발표 이전까지를 부안군 사례로 파악할 수도 있다. 그 이후부터는 협상의 구조가 달라졌기 때문이다.

할 수 있다. 경주시의 경우에도 다양한 기준이 가능하나[127] 여기서는 산업부장관이 방폐장의 경주 유치를 공식 확정한 2006년 11월 3일로 하기로 한다.

본협상 단계의 분석 역시 3장에서 소개된 다양한 협상이론과 협상력, 그리고 이중게임구조을 활용할 것이다. 하지만 구체적인 분석은 다음과 같은 기준 혹은 질문을 중심으로 진행된다.

첫 번째 질문은 다음과 같다: 본협상 단계에서 협상에 참여하는 플레이어들이 설정한 협상 목표는 무엇이었는가? 그러한 목표는 협상의 구조에 비추어 볼 때 효과적이었는가? 협상의 목표가 제대로 설정되었다면 대개의 경우 협상은 플레이어들이 만족할 수 있는 결과를 가져온다. 다만 협상의 목표가 제대로 설정되기 위해서는 사전협상 단계에서 제시된 협상구조와 유기적 관련성을 가져야 한다. 다시 말해 협상구조와 동떨어진 협상목표는 소기의 성과를 가져오기 어렵다는 것이다.

두 번째 질문은 이 협상에 참여한 플레이어들의 역할에 관한 것이다. 5장에서 제시한 바와 같이 지방정부와 지역주민은 조정게임에서 서로 win-win할 수 있는 균형을 찾을 수 있어야 한다. 방폐장 건설지로 선정되기 위해서 중앙정부와 지방정부는 최소한 지역주민이 반대하지 않을 수 있는 조건이나, 지역주민을 실질적으로 설득할 수 있는 방안을 강구해야 한다. 이 말은 5장의 시사점에서 본 바와 같이 방폐장 건설에 대한 지역주민의 보수가 아주 낮지 않아야 한다는 것을 의미한다. 그런 점에서 방폐장 건설의 실질적 추인자는 지역주민이라 할 수 있고 협상의 과정에서 지역주민이 어떤 역할을 하는가는

---

127 경주시 사례의 경우에도 방폐장 유치와 연계된 양성자가속기, 한수원 본사이전, 그리고 3천억 원의 지역개발금 지급이 모두 완료되는 시기로 정한다면 협상의 종료일은 2016년 4월 27일이 된다. 방폐장을 유치하기 위한 지역 구성원들의 협력이 종료된 이후 경주사회는 협상의 몫을 나누는 과정에서 필연적으로 뒤 따를 수 없는 지역 사회 내부의 갈등상태를 경험하였지만 본 연구에서는 이 시점까지 논의를 확대하지 않는다.

매우 중요한 분석요인으로 등장한다.

세 번째는 4장에서 제시한 지방정부의 역할, 그리고 거기에 따른 협상과정에 관한 것이다. 지방정부는 협상가이자 중재자이다. 따라서 최소한 중앙정부와 지역주민 사이에서 상호 배치될 수 있는 이해관계를 조정할 수 있어야 하며, 경우에 따라서는 지역주민의 지지와 교감을 바탕으로 방폐장 유치에 따른 혜택을 극대화할 수 있는 협상가의 역할을 해야 한다. 특히, 지역주민의 지지와 교감을 바탕으로 중앙정부와 협상을 하기 위해서는 지역주민과의 내부협상이 매우 중요한 요인으로 등장한다.

이상 제시된 분석 요인과 그 분석결과를 간략히 정리하면 [표 17]로 요약할 수 있다. 자세한 것은 아래에서 설명할 것이지만 이 표는 부안군의 방폐장 유

| 표 17 | 방폐장 유치 협상 분석 (본협상 단계)

본협상 단계		8차 추진 (부안군)	10차 추진 (경주시)
협상목표	중앙정부	절차적 정당성 〉 주민수용성	절차적 정당성과 주민수용성 동시 고려함
	지방정부	경제적 보상 내용에 집중함	주민수용성에 집중함
	지역주민	경제적 보상(현금 보상설)	경제적 보상 고준위 폐기물 문제 해결 주변지역과의 경쟁체제
협상 플레이어들의 역할	중앙정부	유치 협상의 당사자	유치 협상(경쟁)의 설계자
	지방정부	유치 협상의 당사자	유치 협상(경쟁)의 대리인
	지역주민	협상과정에서 소외됨	유치 여부의 결정권자
지방정부의 역할과 협상과정 (Process)	외부협상	역제안 전면 수용 요구	주로 경북도 차원에서 추가지원논의
	내부협상	진행하지 않음	체계적인 주민수용성 관리
결과 (Result)		방폐장 유치 실패	방폐장 유치 성공

치 실패와 경주시의 방폐장 유치 성공을 협상의 관점에서 잘 설명하고 있다.

협상목표

이미 사전협상 단계에서 협상 참여를 요구하였던 지역사회의 구성과 참여 명분이 부안군과 경주시 사례에서 다르게 나타난다는 점에 대해서 언급하였 다. 여기서 이 점에 대해서 조금 더 구체적으로 살펴보고자 한다.

지역사회에 방폐장이 건설된다면 중앙정부는 약 17년이나 갈등을 발생시 켜온 숙원(宿願)을 해결할 수 있고 지방정부와 지역주민은 방폐장에 연계된 경제적 보상에 의해 지역개발에 대한 희망을 가질 수 있다. 더구나 지방정부 는 성공적인 방폐장 유치를 통해 지역사회에서 자신의 정치적 입지를 강화할 수단을 모색할 기회를 얻을 수 있다. 그리고 이와 같은 시각은 부안군과 경주 시 사례에서도 그대로 적용된다.

원자력 발전은 그 동안 중앙정부가 채택해오던 에너지 수급정책의 중심에 있었다. 그렇기 때문에 방폐장의 부재(不在)는 중앙정부가 안정적인 전력 공 급에 대해 항상 위기의식을 가지도록 만들었다. 그렇지만 그 동안의 방폐장 건설 계획은 추진과정에서 언제나 사회적 갈등 비용만을 발생시킨 채 종료되 었다. 이러한 배경에서 8차 추진 초기 사전협상 단계에서 형성되었던 지자체 간의 유치경쟁 분위기는 중앙정부에게 상당히 고무적으로 다가 왔음에 틀림 없다. 더구나 중앙정부에게 있어 부안군은 부지적합성, 지역주민의 청원, 그 리고 지자체장의 유치신청 등 방폐장 건설을 위한 형식적인 필요조건을 모두 충족한 매력적인 후보지였다. 비록 부안군 지방의회가 방폐장의 유치 반대를 결정하였다고는 하지만 그 동안의 방폐장 건설사업 추진 사례를 통틀어 부안군과 같이 형식을 충족한 후보지가 없었다는 점은 당시 정부에게 8차 추진이 처음이자 마지막이 될지도 모르는 절호의 기회로 보였다고 할 수 있을 것이다. 그렇지만 이러한 사실은 중앙정부가 사안에 너무 매달려 사건의 본질을 정확하게 파악하는 시각을 흐리게 만들었다는 논거가 되기도 한다.

〈부안군민의 협상목표〉

부안군민과 경주시민의 경우 방폐장의 유치를 통해 얻고자 하였던 경제적 보상에 대한 목표는 동일할지 모르겠으나 방폐장의 건설을 위한 명분은 확연한 차이를 보였다. 부안군 위도의 경우 주민들의 유치의사에 강하게 영향을 준 것은 방폐장의 국가적 필요성, 지역 개발 사업에 대한 심도 있는 토론과 같은 이성적이거나 합리적인 고민 혹은 그로부터 도출되는 명분이 아니라 현금보상설과 같은 근거 없는 기대 심리였다. 현금보상설이란 지역지원금 3천억 원을 위도 주민 600가구로 나누면 1인당 5억 원씩 돌아가는데 부안군에 2억 원을 주더라도 3억 원은 받을 수 있을 것(김길수 2004:174-176)이라는 소문을 말한다.

현금보상설에 대한 논란은 위도주민이 대덕연구단지를 견학하던 시점(2003년 5월 9일)을 전후로 하여 발생된 것으로 보이며 사실 여부를 떠나 현금보상설이 지역사회로 확산되는 과정에서 경제적으로 어려운 실정이던 다수의 위도주민들을 강력한 지지층으로 결집시키는 동인이 되었던 것은 분명하다(김길수 2004:174-176; 사회갈등연구소, 2010:108,214). 극단적으로 말하면 현금보상에 대한 우발적 언급에 의해 중앙정부가 일사불란하게 움직이는 일련의 상황이 연출되었다고 볼 수 있다.

현금보상설 자체가 단지 헛된 소문에 지나지 않는다면 중앙정부는 현금보상설의 존재를 인지하는 즉시 적극적인 자세로 정정 혹은 해명을 했어야 했다. 그래야만 향후 발생할 갈등적 상황을 최소한 줄일 수 있는 것이다. 그렇지만 현금보상설에 대한 정부의 대처는 2003년 7월 29일 현금보상불가방침을 발표하기 전까지 굉장히 소극적이었다. 그 뿐만 아니라 방침의 발표 이후에도 눈에 띄게 달라지지 않았다. 이러한 사실은 본협상 단계에서 부안군이 소요 사태까지 이르게 된 배경 및 책임에서 중앙정부가 자유로울 수 없는 부분이다. 지역주민의 유치 청원의 근본적 이유가 현금보상에 있었다고 한다면 중앙정부가 현금보상이 불가하다는 방침이 내린 이후에라도 방폐장 건설에 대한 지역주민의 의사를 다시 살펴보았어야 했다.

중앙정부가 이점을 신중하게 생각하지 않았다는 것은 당시 정부가 가졌던 방폐장 건설에 대한 목표가 주민수용성을 진지하게 살피는 것에 있지 않았다는 것을 나타낸다. 그것보다는 절차적인 정당성 확보에 치중되어 절차만 맞으면 어떠한 방식으로든 밀어붙여보겠다는 비합리적인 시각과 태도를 가졌음을 나타낸다. 이후 직접적인 현금보상이 어렵다는 사실이 밝혀졌을 때 위도 주민들 사이에서는 방폐장 유치 신청을 반납하겠다는 주장이 오고 갔으며 이후 현금보상에 대한 강력한 의지는 소위 '위도 주식회사'를 정부가 합의했다는 허위사실까지 만들게 된다.

〈경주시(민)의 협상 목표〉

반면 9차 추진을 넘어 10차 추진에 접어들면서 중앙정부는 부안군의 실패를 경험삼아 처음부터 철저한 계획 아래 사업추진을 진행한 것으로 보인다. 특히 정부지원 내용과 주민투표를 특별법을 통해 확약(commitment)함으로써 정부에 대한 지역주민의 신뢰도를 높이는 기능을 하였다.

경주시민의 경우 경주 핵대책시민연대를 중심으로 고준위 폐기물의 처우 문제를 해소할 수 있는 방안으로 방폐장 유치가 최초 거론되었다. 물론 경주시민이 경제적 보상 문제에 민감하지 않았다고 말할 수는 없다. 부안군민과 마찬가지로 경주시민 역시 방폐장의 유치를 통해 지역경제 활성화에 희망을 걸었기 때문이다. 특히 경주시는 고고학적으로 가치가 높은 지역이라는 이유로 문화재 보호법에 의해 지역개발이 규제되었을 뿐만 아니라 낮은 경제 자립도와 관광 수입의 감소로 인해 인근 지자체에 대하여 상대적 박탈감을 가지고 있었다. 2008년 12월, 임의의 경주시민 450명을 대상으로 방폐장 유치 설문연구를 실시한 황의서(2013)에 따르면 경주시민이 방폐장 유치를 찬성한 가장 큰 이유가 경제적 지원에 대한 기대로 나타났다.

그럼에도 방폐장 유치에 대한 경주시민의 입장은 현금보상을 끊임없이 주장하던 위도주민의 것과는 달랐다. 방폐장의 유치는 경제적 부흥과 더불어 지역 사회가 가지고 있는 고준위 폐기물이 언젠가는 사라진다는 희망으로 연결되었으며, 주변지역이라 할 수 있는 포항이나 울진에서 방폐장을 유치할 경우, 결과적으로 방폐장이 경주의 인근지역 위치하는 것이지만 돌아올 경제적 보상은 없다는 예측은 고준위 문제 해결과 더불어 방폐장 유치가 절대우위전략이 되는 또 하나의 논리를 형성했다.

부안군과는 다르게 경주시에서는 지역인구분포의 다수를 차지하는 유치지역 주민을 중심으로 방폐장 유치운동이 전개되었으므로 본 협상 단계에서 경주시장은 방폐장 유치에 거부감을 가진 설치지역 주민을 찾아가 설득하기 시작했다. 주민투표에서 최고의 득표율을 올리는 것이 경주시장의 유일한 목표였던 만큼 그에게 지역주민의 단합은 무엇보다 중요했다. 나아가 유치경쟁 막바지에 드러났던 지역 대결의 구도를 적절히 활용하면서 내부집단의 결속을 유도했다.

협상 플레이어들의 역할과 지방정부의 협상과정

비록 부안군수가 내부협상을 전혀 거치지 않아 지역사회의 지지를 전혀 받지 못했다하더라도 부안군은 유치조건에 부합되는 최초의 단독후보지라는 위상을 가지고 있었다. 그리고 이러한 위상에서 오는 힘은 부안군이 중앙정부에 협상구조의 재설정을 요구할 만큼 강력했다. 더구나 이번에는 반드시 방폐장을 건설하고 말겠다는 중앙정부의 강력한 의지는 부안군을 더 좋은 협상위치에 올려놓았다. 결과적으로 정부는 비록 사전공고를 통해 보상수준을 확정하였음에도 협상구조를 변화시키려는 부안군수의 역제안에 응답하기 위해 굉장히 심도 있는 내부협의를 진행한다. 7월부터 8월까지 중앙정부 내 관계부처는 부안군수의 요구사항을 포함하여 각종 지원사업에 대한 계획을 수립하기 위해 급박하게 움직였다. 정부는 부안군 종합개발계획을 비롯한 각종 추가 지원 사업을 위해 부안군 지원대책위원회를 두 차례 개최하여 관계부처 간에 심도 있는 논의를 진행하였다. 그 결과 부안군수가 제안한 67개 사업안 중 2003년 8월 당시 정부가 수용 가능하다고 밝힌 사안은 38개, 부분적 수용 사안은 23개, 수용 불가 사안은 3개, 그리고 미검토 사안은 3개였다[128].

반면 오랜 내부협상을 통해 매우 탄탄한 입장(position)을 확보 했음에도 불구하고 경주시의 위상은 중앙정부를 상대로 협상력을 제대로 발휘하기 힘든 유치경쟁구도 속에서 마련되었다. 즉, 경주시의 위상은 부안군과는 달리 시민투표에 의해 방폐장을 선정하는 경연(contest)의 구조 속에 존재하였다. 특히 주민의 수용여부를 판단하기 위해 때때로 공개되는 지역별 여론조사결과는 경연 프로그램에서 주로 활용되는 중간발표와 매우 비슷한 성격을 띠었

---

128 "[위도-부안문제 집중점검①] 무엇이 문제인가", (2003. 11. 25), 파이낸셜뉴스.

다. 따라서 중앙정부와 지방정부가 제안과 역제안을 통해 이뤄지는 협상과정의 성격은 거의 생략된 채 방폐장유치지역법을 중심으로 정부가 제안한 지역개발사업을 누가 가져갈 것인가가 경주시 사례의 주안점이 되었다.

〈유치 협상 당사자로서의 부안군(수)〉

2003년 7월 11일, 역제안의 형식으로 이루어진 부안군수의 갑작스러운 방폐장 유치선언은 지역사회의 예측을 완전히 뒤집은 사건이었다. 부안군수가 평소에 방폐장 거부의사를 분명히 밝혀왔던 만큼 지역사회에서는 내부협상의 부재에 따른 역효과가 즉각적으로 나타났다. 부안군수의 유치선언 직후 열린 부안군의회가 방폐장 유치안을 부결시킨 시점은 부안군수가 공식적으로 내부협상을 고려할 수 있는 마지막 기회였을지도 모른다. 그렇지만 부안군수와 부안군의회 의장은 지방의회의 의견을 무시한 채 7월 14일 산자부에 유치신청서를 제출하였고 이후부터 부안군은 심각한 갈등사태에 봉착한다.

이후 부안군 일부 의원들은 부안군수의 사퇴권고안을 지방의회에 제출하였고 지역주민들은 각종 반대집회를 열어 군수퇴진운동을 넘어 반정부운동을 전개하였다. 지역주민의 반대집회는 무력시위로 변질되었고 결국에는 소요사태에 이른다. 특히 부안군이 후보지가 된 것에 대한 대통령 보고가 있던 7월 22일에는 경찰청 추산으로 97명의 시민이 부상을 입었다. 물론 그 뒤에도 반대시민과 공권력의 크고 작은 무력충돌이 끊이지 않았다. 더구나 7월 23일 노무현 대통령의 부안군수 격려 전화는 부안군민과 부안군 의원들에게 큰 실망감을 안겨주기에 충분했을 것이다. 부안군의 유치신청에서 민주적인 절차는 없었음에도 적법한 절차를 통한 유치신청임을 대통령이 인정한 형식이 되었기 때문이다. 따라서 이 시점 이후로 민주주의 수호라는 명분하에 반정부투쟁이 전개된다.

이와 같은 지역 사회 내의 갈등 증폭의 배경에는 지역 사회에 대한 중앙정부의 판단착오 혹은 민주적 절차에 대한 간과(看過)가 있었던 것은 분명하다. 사회갈등연구소(2010:151-154)는 부안사태 당시 노무현 대통령의 관련 발언 변화를 통해 중앙정부가 부안사태를 정확하고 구체적으로 인식하는데 오랜 시간이 걸렸음을 지적한다. 그렇지만 부안사태의 더욱 근원적인 발단은 부안군수, 부안군의장, 그리고 전북도지사 등 관료 자신들이 이중구조게임 속에 존재하는 대리인의 성격을 망각하였거나 오인하였던 것과 무관하지 않을 것이다.

내부협상이 부재한 상태에서 부안군수의 역제안은 개인적 구상과 다름없었다. 설령 그의 역제안이 일부 관료와 전문가들의 조언을 통해서 구성되었을지라도 이들의 고민에는 자신들이 이중구조게임 안에 있다는 사실이 빠져 있었다. 만약 부안군수가 지역주민의 대리인으로서 협상에 참여한 것이 아니라 개인적인 협상이나 흥정에 참여한 것이었다면 그가 선택한 방안이 효과를 발휘할 수 있었을지도 모른다.

주인-대리인 관계에 있는 어떠한 협상가가 협상에 참여한다면 대리인으로서 그가 가장 먼저 고려해야할 사안은 협상을 위해 주인으로부터 자신이 위임받은 권한의 범위를 확인하는 작업일 것이다. 권한을 전혀 위임받지 못한 대리인은 단순한 정보 전달자(messenger)에 지나지 않는다. 반면 협상에 대한 모든 권한을 완전히 위임받은 대리인은 주인과 일치된다. 그런데 대리인이 협상에 대한 전권을 위임받기 위해서는 어떠한 방식으로든 주인의 동의를 사전에 얻어야만 한다. 다시 말해 협상의 타결, 교착, 파행 등 모든 경우에서 대리인 책임을 면할 수 있다면 그는 주인의 전폭적이고 맹목적인 지지를 사전에 얻어야만 할 것이다. 일반적으로 발견할 수 있는 대부분의 대리인은 이 두 그룹의 사이에 위치하게 될 것이다. 그는 협상에 대해서 부분적인 권한을 위임받고 협상결과에 대한 책임 또한 져야만 한다. 그리고 일반적인 주인-대리인 관계에서는 상호 인식 가능한 계약조건이 존재할 테지만 공공정책에 대한 지방정부와 지역주민의 관계에서는 그렇지 못하다. 따라서 대리인으로서 지방정부는 항상 내부협상에 임하면서 자신의 위치를 파악해야만 한다.

〈논의과정에서 소외된 위도 주민: 부안군수의 내부협상 과정 실종〉

당시 부안군수와 의견을 같이하는 지역주민은 오직 위도 주민 밖에 없었다고 해도 과언이 아니다. 그럼에도 부안군수와 위도 주민이 심층적인 내부협상을 진행하였다는 기록은 찾아 볼 수 없다. 사실 부안군수는 기습적인 유치 선언을 하였으므로 지역주민과 내부협상을 진행하지 않았다고 보는 것이 정확할 것이다. 결국 부안군수는 잘못된 전략을 선택했다. 부안군수가 사용했던 방법은 협상의 전권을 완벽하게 위임받은 협상가가 사용할 수 있는 방법이었으며 그러한 힘을 얻기 위해서는 강력하고 지속적인 내부협상과정이 반드시 선행되어야만 했기 때문이다. 부적절한 협상전략의 활용은 오히려 부안군수의 입지를 약화시켰고 결과적으로 내부협상력을 완전히 상실하고 말았다. 그리고 내부협상력의 상실은 곧 대표성의 상실과 더불어 외부협상력의 상실로 직결되었다.

만약 부안군수가 사전협상 단계에서부터 차근히 내부협상을 진행해 왔더라면 지역주민의 두려움이나 불만은 실제 사례에서 드러났던 것처럼 극단적으로 표출되지 않았을지도 모른다. 부안군수는 최소한 부안군민 전체의 의견을 수렴하는 형식으로 자신의 입장(position)을 만들어가야만 했다. 특히 부안군수에게 내부협상과정이 매우 중요했다. 그 이유는 바로 소수의 설치지역 주민이 오직 경제적 보상을 기준으로 방폐장을 원했기 때문이었다. 따라서 다수의 유치지역 주민은 위도주민이 경제적 보상을 이유로 자신들을 위험에 빠뜨리고 있다는 불만을 가질 여지가 있었다. 그러므로 부안군수는 위도에서 시작해서 부안군까지 내부협상을 넓혀가는 방안을 고려했어야만 했다.

정부의 양성자 가속기 사업 연계방침이 계기가 되어 여러 지방정부가 방폐장의 유치에 관심을 가지기 시작하였다는 점은 부안군수와 지역주민의 내부협상과정에서 다룰 수 있는 하나의 주제였다. 예컨대, 방폐장을 지역사회에 유치할 경우 어느 정도 수준의 경제적 보상을 요구할 것인가를 토론을 통해 면밀히 조율하는 것은 훌륭한 방법이 될 것이다. 그렇지 못하더라도 부안군 전체 주민이 필요로 하는 정책이 무엇인지를 지역 단위별로 쪼개어 협상목록을 만들었다면 외부협상과정에서 어떠한 동기에 의해 지역 내 갈등이 촉발되었을 때 그 갈등을 잠재우기 위한 방안으로 활용할 수 있었을 것이다. 예컨대, 부안군수가 중앙정부에 제시한 67개의 추가 안건이 모두 내부협상의 결과 지역주민이 각자 내어 놓은 조건이었다면 지역사회의 혼란을 최대한 줄일 수 있었을지도 모른다. 또는 최소한의 준비로서 부안군수는 지역주민과의 의견조정만이라도 했어야 한다. 만약 내부협상의 결과가 유치거부로 나온다면 부안군수는 지역사회에 유치 분위기가 다시 형성되기 이전까지 유치 행보를 잠시 멈춰야만 했다. 또는 방폐장 유치 신청을 포기하고 지역주민을 설득하기 위한 적극적인 내부협상을 진행하는 모습을 중앙정부에 보여줬어야만 했다.

지역주민과 의견을 조율하는 것은 결국 지방정부에게 방폐장 유치를 포기하라는 것과 같다고 생각했을지 모르겠으나 전략적 함의는 매우 다르다. 물론 경주시 사례 이전까지 지방정부가 방폐장의 건설을 논하는 것 자체가 일종의 금기(禁忌)였을지도 모른다. 지역주민과 내부협상을 진행하라는 제언은 지역주민을 설득하고 안심시키라는 말과 같아 보이고 지역 사회 내에 갈등을 만들지 않기 위해 방폐장에 대한 논의를 그만하라는 말과도 같아 보인다.

Poitras와 Renaud(2007:33-35)의 논의처럼 갈등은 미처 인지하지 못했던 숨어있는 문제점을 발견하게 해주며 사회변동이라는 사회의 편익 형성에 기여한다. 내부협상과정은 역설적으로 지역사회에 갈등을 가시적으로 유발하는 과정이다. 이 과정을 통해 평소에는 잘 드러나지 않았던 문제점이 발견될 수 있다. 불만은 항상 한꺼번에 터져 나온다. 이를 통해 지방정부는 자신의 지역사회에 필요한 사안이 무엇인지를 알 수 있다. 지역주민들은 방폐장과 관련된 논의에서 한 목소리를 내면서 강한 거부감을 나타내겠지만 그들의 주장을 자세히 듣는다면 서로 다른 요구를 하고 있는 것을 발견하게 될지도 모른다. 다시 말하면 개별적인 지역 공동체 각자에게 필요한 정책을 연계하여 보상으로 내세운다면 지방정부와 지역주민 사이에는 교환이익이 발생할 수도 있다. 이러한 연계방침을 하나씩 조율해 나가고 있거나 혹은 누군가에게 무엇이 필요한지만 안다고 하더라도 지방정부는 이러한 사안들을 모두 외부 협상의 도구로서 활용할 수 있다.

지금까지 나열한 몇 가지 방안은 모두 내부협상을 통해 입장(position)을 만들어가는 과정(process)이라 할 수 있다. 부안군수가 방폐장 유치를 위해 지역주민과 내부협상을 거치기만 했더라도 부안군수의 협상력은 상당히 강화될 수 있었다. 예컨대 부안군수의 역제안이 정밀한 내부협상의 결과물이었다면 지역사회는 극도로 심각한 갈등에 직면할 필요는 전혀 없었을 것이다.

〈부안군의 후보지 제외 과정 : 부지선정 보완방침〉

2003년 12월 10일, 정부가 발표한 부지선정 보완방침은 부안군을 포기하는 것과 다름없었다. 앞서 언급한 바와 같이 부안군수의 협상력은 지역주민이 아니라 전적으로 방폐장 건설에 대한 중앙정부의 의지에서 발생하였기 때문에 부안군수가 제안한 보상을 중앙정부가 전부 제공하더라도 방폐장 건설의 불확실성은 여전히 남아 있었다.

또한, 공공정책 시행이 지역주민의 반발에 의해 무산되는 경우 중앙정부로서는 나쁜 선례를 의미했다. 심지어 부안군의 반정부 시위는 상당히 격렬하고 파괴적이었기 때문에 중앙정부는 잘못하면 집단행동과 폭력에 의해 정부의 공공정책이 저지될 수 있다는 인식이 발생되는 것을 상당히 우려했다(사회갈등연구소, 2010:152-154).

따라서 부지선정 보안방침이라는 구조변화는 사회갈등연구소(2010:152-154)가 지적한 바와 같이 명분 있는 퇴로(退路)에 대한 고민이었다. 정부의 새로운 보완방침에 따라 부안군수가 그동안 가졌던 영향력이나 협상력은 완전히 소멸했다. 역제안을 고려하거나 추진 중이던 관계부처의 사업계획에 일괄적인 제동이 걸렸기 때문이다. 따라서 보완방침은 새로운 후보지의 출현을 종용하는 동시에 주민투표를 실시하여 공식적인 부안군 방폐장 협상의 결렬을 선언하기 위한 하나의 방안인 것으로 보인다.

그럼에도 부안대책위를 비롯한 시민단체는 완벽하고 철저한 승리를 원했다. 방폐장 반대 운동은 국내 반핵운동의 확산의 중추(윤순진, 2006:284)였기 때문이다. 그러므로 반핵단체의 입장에서는 정부가 부안군 방폐장 건설에서 스스로 물러나 상황이 종료되는 명분을 주기 보다는 물러날 수밖에 없는 상징적 상황을 조성하는 것이 필요했을지도 모른다. 그러므로 정부가 주민투표법을 논의하고 있는 동안 부안대책위는 발 빠르게 대처했다. 그리고 부안대책위가 자체적인 실시한 주민투표에서 투표자의 91.83%가 방폐장 유치를 반대하는 압도적인 기록을 통해 중앙정부에 영향력을 과시했다. 물론 이후에 중앙정부는 계획대로 공적(公的)주민투표를 공고하였으나 부안군에서 투표가 열리지 않음으로서 부안군 계획은 종료되었다,

〈유치협상 대리인으로서의 경주시〉

부지선정보완방침과 부안군의 주민투표는 경주시의 사례에서 협상구조 형성에 강력한 영향을 끼쳤다. 정부는 중·저준위 방사성 폐기물 처리장이 들어서는 부지에 고준위 방폐물의 영구처분 시설이나 재처리 시설의 건설은 고려하지 않겠다는 뜻을 밝혀 그동안 논란거리였던 고준위 방폐장의 향후 입지 의혹을 해소했다. 이러한 방침은 10차 추진으로 가면서 더욱 완화되어 정부는 방폐장에 고준위를 임시저장 못하도록 법제화한다. 또한 방폐장 건설에 공식적인 주민투표가 도입된 것 역시 이 시기이다. 물론 정부가 주민투표를 도입하게 된 배경에는 부안대책위가 2004년 2월 4일 자체적으로 실시한 주민투표가 자리 잡고 있다고 보인다. 따라서 부안군에서 촉발된 갈등과 시민단체가 방폐장 거부를 위해 자체적으로 실시하였던 주민투표는 10차 추진에서 정부가 협상구조를 설정하는데 강력한 영향을 끼쳤다는 점을 부인할 수 없다.

10차 추진의 특징은 사전 여론조사, 경쟁적 관계, 그리고 주민투표제로 대변되는 경연(contest)적 구조이다. 해당 구조 속에서 중앙정부는 협상의 당사자가 아니라 방폐장 유치 경쟁의 설계자이자 심사자가 되었으며 경주시는 경연에 참여한 하나의 후보지로서 지역주민의 유치 수용성을 높이기 위해 노력하였다. 앞서 제2장에서 설명한 바와 같이 경주는 지역주민의 투표에 의해 최종적인 방폐장 건설 후보지로 결정되었다.

〈유치 여부 결정권자로서의 지역주민 그리고 그 수단으로서의 주민투표〉

그런데 당시 방폐장 유치 결정에 핵심적인 기능을 수행했던 주민투표제도의 도입에 대해 비판적인 시각이 있다. 학계에서 방폐장의 입지정책 결정에 주민투표제를 적용하는 것을 올바른 정책설계로 볼 수 있는가에 대한 논의가 있었던 것이다. 일부 연구는 정부가 채택한 주민투표의 방식이 오히려 지역 간의 갈등을 다시 발생시켰다는 점에서 한계를 지적한다(차성수 & 민은주, 2006; 주성수, 2007; 김광구, 오현순, & 김영곤, 2013). 또한 정부가 경쟁을 통한 주민투표의 분위기를 유도하면서 지역주민이 방폐장의 위험성에 대해 정확히 인식하지 못하도록 만들었다는 논의도 있다(최진식, 2008; 이헌석, 2010).

그런데 경주시 사례에서 방폐장의 입지 결정요인을 주민투표의 도입만으로 설명하기에는 다소 무리가 있다. 공공행정에 경쟁적 요소를 도입한 것은 중앙정부로서는 상당히 뛰어난 해결방안이었음에는 틀림없지만 주민투표가 방폐장의 건설을 위한 충분조건은 아니었을 것이다. 더구나 3천억 원의 지역 보상금은 부안사태에서도 거론되었던 사안이었을 뿐만 아니라 경주시 사례에서 주민투표에 참여를 포기한 지방정부도 존재하기 때문이다.

유치 경쟁에 참여한 각 지역은 나름대로의 명분을 가지고 있었는데 경주시민에게 방폐장의 유치는 경제적 부흥과 더불어 지역 사회가 가지고 있는 고준위 폐기물의 처우 문제를 해소할 수 있는 방안이자 주변지역 간 유치경쟁에서 생성된 절대우위전략이었던 것이다. 협상의 관점에서 볼 때 경주시가 방폐장의 유치를 할 수 있었던 가장 근본적인 이유는 경주시장이 대리인의 역할에 매우 충실히 임하면서 내부협상을 차근차근 진행했다는데 있다. 나아가 시민단체의 적절한 유치활동은 지역주민의 방폐장 수용성을 높이는데 도움을 주었다고 할 수 있다. 내부협상을 통해서 경주시민은 방폐장 유치 여부를 결정하는 결정권자의 위상을 차지할 수 있었다고 말할 수 있다.

경주시 사례는 방폐장과 같은 비선호시설의 입지가 적절한 협상전략과 구조설정에 의해 가능하다는 것을 보여주었다는 점에서 향후 국내 공공정책에 가지는 의미는 매우 크다고 말할 수 있다.

3. 소결

　방폐장 입지 선정과 관련된 부안군과 경주시 사례의 협상론적인 분석은 다음과 같이 정리할 수 있다. 그 분석의 요약은 이 장의 첫 머리에 제시한 '왜 부안에서는 실패한 것이 경주에서는 성공했는가?'에 대한 의문에 대한 답이다.

　첫째 협상구조의 측면에서는 다음과 같이 정리할 수 있다. 협상여부, 프레임워크적 측면에서는 두 사례 모두 비슷한 양상을 보이지만, 협상의제, 참여자, 협상전략에서는 서로 다른 양상을 보였다.

　부안에서 실패하고 경주에서 성공할 수 있었던 가장 중요한 요인은 경주시 사례의 협상구조가 부안군 사례의 그것보다 상대적으로 방폐장 건설에 더 유리했다는 것이다. 중·저준위와 고준위 시설의 설치가 분리되었다는 것, 그리고 단일 후보가 아니라 경쟁적인 다수 후보가 존재했다는 사실은 역설적으로 경주시가 방폐장 유치에 성공할 수 있었던 요인으로 작용했다. 부안군의 실패에서 학습한 중앙정부는 방폐장 건설의 성공을 위해 협상의제를 세분화하는 형태로 협상구조를 변경하였고, 이는 경주시가 중·저준위 방폐장 유치를 결정하는 아주 중요한 요인으로 작용하였다. 그리고 단일 후보에서 다수 후보로 선정대상을 변경하는 형태로 협상구조를 변경했다는 사실은, 정부의 방폐장 건설에 대한 인센티브에 대한 지역주민의 인식을 제고하는데 큰 기여를 하였다.

둘째, 협상력의 관점에서는 다음과 같이 요약할 수 있다. 사실 방폐장 건설지로 선정될 수 있는 가능성의 측면에서는 부안군이 경주시보다 더욱 유리했다. 부안군은 정부의 방폐장 건설 계획 역사상 유일하게 지역주민의 유치청원과 지자체장의 유치신청을 얻은 곳이었다. 비록 그 과정에서 지역주민과 지자체장의 긴밀한 논의가 생략되었고, 지역의회의 거부도 따랐지만 그때까지 중앙정부로서는 이러한 조건의 입지를 만나지 못한 상황이었다. 이러한 매력은 중앙정부가 부안군과의 협상타결에 매달리게 하는 동인으로 작용하였다. 그래서 사후적인 처방에 불과하겠지만 부안군수가 방폐장 유치신청의 모든 과정을 지역주민과의 긴밀한 내부협상을 통해 진행하였더라면 그토록 극심한 갈등을 경험할 필요가 없이 방폐장을 유치하였을지도 모른다.

셋째, 협상력의 관점에서 열세에 있었던 경주시가 방폐장 건설지로 선정될 수 있었던 것은 부안군에서는 볼 수 없었던 치열한 내부협상 과정이 있었기 때문이다. 앞서 설명한 바와 같이 내부협상의 올바른 사용은 협상구조 자체를 변경시킬 수 있는 힘이 있다. 물론 경주시 역시 각 주체별로 방폐장 유치 찬성에 대한 입장은 조금씩 달랐지만, 최소한 그 입장 차이는 방폐장을 경주로 유치해야 한다는 더 큰 목표 하에서는 그다지 중요한 요인으로 작용하지 못하였다. 그만큼 서로 협상목표와 경주시의 미래에 대한 활발한 논의가 이루어졌음을 의미한다.

특히 중앙정부가 지역주민을 대상으로 내부협상을 진행할 수 있는 명분적인 측면에서 경주시는 부안군을 압도하였다. 경주시에게 방폐장은 단순한 경제적 보상의 문제가 아니라 지역사회의 문제인 고준위 폐기물을 처리할 수 있는 방안이자 주변지역 간의 유치경쟁에서 생성된 절대우위전략이었다. 더구나 고준위특별법의 존재는 협상의 타결에 긍정적인 영향을 끼치는 적절한 기제(機制)로 작용하였다. 중앙정부의 입장에서는 특별법의 존재가 지역주민의 과도한 보상요구를 거절할 수 있는 근거가 되었고, 지역주민의 입장에서는 경제적보상과 고준위 폐기물 임시저장 및 반입 금지제라는 정부의 약속에 대한 확신을 가질 수 있게 되었다.

경주시의 협상과정에서 보는 바와 같이 내부협상이 항상 순조롭게 진행될 수 있는 것은 아니다. 오히려 그 과정을 통해서 각 경제주체가 가지는 미세한 입장 차이가 드러나고 그것이 내부 갈등으로 작용하기도 한다. 하지만 그 내부갈등을 해소하는 것 역시 내부협상을 통해서 이루어질 수밖에 없다.

7장

맺는 말

1. 연구의 요약

주지하다시피 방폐장은 대표적인 혐오시설이다. 더구나 방폐장은 핵폐기물을 영구 처분하는 시설이라는 점에서 방폐장의 입지는 여타 다른 혐오시설과는 차별화되는 성격을 가지고 있다. 혐오시설과 관련된 입지갈등은 주로 편익과 비용의 분배에 따른 경제적 문제가 대부분을 이루겠지만 방폐장의 입지갈등은 경제적 차원을 넘어 생존권과 같은 기본권에 대한 문제 혹은 위협의 차원으로 전이되거나 인식되기 쉽다. 더구나 중앙정부의 입장에서도 방폐장의 입지가 특정한 지리 환경적 조건을 요구하기 때문에 유치 희망지역이 나온다 하더라도 무턱대고 해당지역에 방폐장을 건설할 수 없다. 그만큼 중앙정부가 가진 부지 선택의 폭은 좁아질 수밖에 없지만 그렇다고 중앙정부가 정부지정방식을 사용하는 경우 해당지역의 지역주민은 자신의 의사결정권이 배제되었다는 이유로 중앙정부의 행동을 기본권의 위협과 동일시하기 쉽다. 그리고 그러한 경우 방폐장의 건설사업은 극단적인 갈등상황을 연출할 여지를 항상 가지고 있다고 할 수 있다. 이와 같은 복합적인 이유로 1980년대부

터 약 20년 동안 9차례(경주시 사례 이전까지)에 걸쳐 정부의 방폐장 건설계획
은 사업의 매 시기마다 크고 작은 사회적 갈등비용을 만들어 왔다.

그런데 이와 같이 다루기가 까다로운 혐오시설을 두고 2005년 10차 추진
당시 경주시, 군산시, 포항시, 그리고 영덕군이 각자 유치경쟁을 벌이는 양상
이 전개되었다는 점은 상당히 흥미롭게 다가온다. 불과 1년 전인 2004년 부
안군에서는 방폐장의 건설은 곧 지역주민과 중앙정부 간의 전면전을 의미할
정도로 극심한 소요사태가 발생하였기 때문이다.

확연히 드러나는 두 사례의 차별적 특징 때문에 방폐장의 유치를 이끈 경
주시와 중앙정부의 방폐장 건설계획을 좌절시킨 부안군의 사례를 비교하고
분석하여 지역주민의 수용성에 영향을 끼치는 갈등변수를 모색하는 관점에
서는 이미 많은 연구가 진행되었다. 반면 지방정부의 독립적 역할에 논의의
초점을 맞춘 연구는 매우 부족한 실정이다. 사실 두 사례는 혐오시설의 건설
에 있어 지방정부의 행동전략이 지역주민의 입지수용성에 결정적인 영향을
끼칠 수 있음을 보여주기에 매우 적절하다고 할 수 있다. 따라서 우리는 부안
군에서는 극심한 거부반응을 일으켰던 방폐장의 입지가 10차 추진에서는 그
토록 환영을 받았던 이유에 대해서 지방정부의 전략적 행동이라는 관점에서
접근하고자 하였다.

전략적 관점의 논의를 위해 이단계적 접근을 실시하였다. 우선 국내 방폐
장 건설 사례를 토대로 게임모형을 구성하였다. 혐오시설과 관련하여 게임이
론적 접근을 실시하는 경우 대부분의 논의는 주로 수인의 딜레마 게임 위주
로 전개되는데 반하여 우리는 이질적 보수구조를 가진 조정게임을 제시하였
다. 이는 방폐장 게임에서 최적의 해를 도출하기 위해서는 협상론적 접근이
필요하다는 논의로 연결되었다.

협상론적 접근을 위해 방폐장 협상의 구도를 지역주민과 주인-대리인 관

계에 있는 지방정부와 중앙정부(관계부처)로 파악하고 국제협상분석에 주로 활용되는 Putnam(1988)의 이중구조게임에 Schelling(1960)의 전략개념을 적절히 적용하였다. 그런데 Putnam(1988)의 이중구조게임은 균형설정의 불확정성을 내재하므로 김기홍(2017)의 입장, 과정, 구조 등의 협상분석 개념으로 불확정성을 보완하여 부안군과 경주시 사례분석을 실시하였다.

협상론적 관점에서 부안군은 구조적으로는 강력한 협상력을 발휘할 수 있는 위치에 있었다. 다시 말해 중앙정부가 제시한 경제적 보상보다 더욱 많은 지원을 약속받을 수 있는 상황을 연출할 수 있었던 것이다. 그럼에도 부안군 사례는 처음부터 실패할 수밖에 없던 계획이었다. 내부협상을 통한 입장 형성이 전혀 고려되지 않았기 때문이다. 사실 부안군 사례가 가지고 있는 다양한 변수(예컨대, 지역자립도, 인구분포, 직업군의 분포, 주변지역과의 관계 등)은 협상론적 관점에서는 부가적인 요인이다. 가장 중요한 것은 부안군수의 요구사항에 대해 중앙정부가 어떻게 반응할 것인가를 예측하는 것이다. 만약 부안군수가 적절한 내부협상의 과정을 거쳐 마련된 입장을 가지고 있었다면 부안군은 심각한 갈등상태에 직면할 이유가 없었다. 예컨대, 6천억 원의 지역개발금을 받는 대신 중앙정부에게 방폐장의 건설을 100% 보장해 준다는 내부적 합의가 사전적으로 이루어졌다면 결정은 중앙정부의 손에 달려 있기 때문이다. 중앙정부의 선택지는 부안군의 요구를 들어주고 방폐장을 건설하거나 요구를 거부하고 방폐장 건설을 포기하는 것인데 20여 년 동안 심각한 갈등만을 유발하였고 미래상황 또한 불확실한 상황에서 부안군의 요구를 중앙정부가 쉽게 거절하지는 못하였을 것이다.

물론 경주시의 성공요인은 부안군 사례 때에는 존재하지 않았던 고준위폐기물 반입금지와 반입수수료가 지역주민의 수용성을 높였기 때문이라는 반론 또한 가능하다. 부안군 사례에 비하여 위험인식과 경제적 보상을 늘린 것

이기 때문이다. 그렇지만 협상론적 관점에서 세부적인 조건의 차이는 협상타
결의 결정적 변수가 되지 못한다. 부안군수가 경주시 사례에 등장하였던 것
과 동일하게 반입수수료와 고준위반입금지를 중앙정부에 제안할 수도 있었
기 때문이다. 그랬다면 부안군에 방폐장을 건설할 수 있었을까? 이와 같이 지
방정부가 내부협상을 통한 입장을 가지는 것은 지역사회의 불필요한 갈등발
생을 제거할 수 있을 뿐만 아니라 협상의 이익 또한 높일 수 있는 하나의 방
안이 될 수 있다. 경주시가 시행했던 내부협상은 매우 신중하고 조심스러웠
다. 비록 방폐장의 유치는 경주시에게 절대우위전략이었지만, 그러한 사실은
내부협상을 원활하게 진행할 수 있는 하나의 명분에 지나지 않았을지도 모
른다. 그보다 더욱 중요한 사실은 경주시의 내부협상과정이 매우 뛰어났다는
점이다.

2. 공공갈등 해결을 위한 방안의 모색

지방정부의 역할

우리는 이 책을 통해 공공갈등의 해결에 있어 지방정부의 역할을 강조하고 있다. 또한 갈등상황을 적절하게 활용하여 지방정부의 협상력을 높일 수 있는 방안에 대해서도 언급하였다. 우리의 논의에서 얻을 수 있는 일반적 사실은 공공갈등은 민주사회를 구성하는 하나의 필요조건이 될 수 있다는 점이다. 갈등의 촉발로 인하여 사회는 정체되지 않고 발전한다. 사실 갈등은 나쁜 것이 아니다. 다만 다루기가 까다로울 뿐이다. 적절하지 않은 갈등관리나 해소는 오히려 갈등을 재점화하는 도구로 작용할 수 있기 때문이다.

공공정책의 시행에 있어 지방정부는 지역주민과 중앙정부를 상대로 동시에 두 개의 협상을 벌이고 있다고 볼 수 있다. 따라서 지방정부의 중재자적 역할과 더불어 지역주민의 대리인적 성격을 잘 활용한다면 공공시설 입지의 실현이 더욱 가능하리라고 본다. 다시 말해 우리의 논의를 통해서 도출되는 사실은 지방정부가 갈등상황을 적절하게 활용할 수 있다면 지역사회가 극단적인 갈등상황으로 치닫는 것을 막으면서도 중앙정부와의 협상에서 우위를 차지할 수 있다는 점이다. 이와 같은 결론은 공공갈등의 적절한 해소를 위해서는 지방정부와 지역주민이 원활한 내부협상을 진행할 수 있는 메커니즘이 필요하다는 논의로 이어진다. 적절한 메커니즘은 공론화, 합의형성(consensus-building), 그리고 로컬 거버넌스(local governance)의 형성 등 다양한 모습으로 나타날 수 있다. 그렇지만 더욱 중요한 사실은 형식이 아니라 지방정부가 지역주민과 직접적인 소통을 하고 있다는 인식을 만들어 지역주민이 지방정부를 신뢰할 수 있는 관계를 형성하는 것이다.

중앙정부의 역할

우리의 주된 분석은 주로 지방정부의 역할과 전략에 주어졌다. 그리고 경주시의 방폐장 유치 성공의 공이 많은 부분 지방정부에 있는 것도 사실이다. 그렇지만 방폐장 입지 선정 같은 비선호시설의 건설에 있어서 중앙정부의 역할에 대해서도 몇 가지 제언이 따라야 한다.

방폐장 입지 선정의 경우 정부는 오랜 시행착오 끝에, 어떤 면으로서는, 실패할 수 없는 협상구조를 만드는데 성공했다. 쉽게 말해, 방폐장 건설과 양성자 가속기 사업을 연계하고, 경쟁적인 다수의 후보가 참여하는 구조를 만들었다는 것이다. 이런 협상구조의 진화 혹은 변화가 단순하게 보일지 모르지만, 그 내용적 측면에서는 방폐장 입지 선정을 '피해야 할 NIMBY'에 '매력적인 PIMFY'적 측면을 첨가한 것으로 평가할 수 있다. 이런 구조를 만드는 과정에서 정부는 지역주민에게 어떤 경제적 인센티브를 제공해야 할지, 사업을 어떻게 연계해야 할지, 보상의 형태를 어떻게 제시해야 할지 수많은 학습을 한 것이다.

모든 사회적 갈등의 해소과정에서 이런 중앙정부의 경험은 활용될 필요가 있다.

사회적 갈등에 대한 인식

한 사회가 발전할수록 그 사회에서 갈등이 발생하는 것은 불가피하다. 이러한 관점에서 최근 우리 사회가 공공갈등의 순기능에 대한 논의와 함께 지역주민이 가진 정치적 또는 행정적 영향력에 대한 고민을 하기 시작하였다는 점은 매우 고무적이다.

최근에는 '소통'을 넘어 '상생', '협치', '거버넌스', 그리고 '숙의민주주의 (deliberative democracy)' 등 다양한 키워드가 사회적 담론의 형태로 빠르게 확대 재생산되고 있으며 공공갈등을 다루기 위한 학계의 연구 또한 탄력을 받고 있다. 이와 같은 사회의 분위기는 우리나라가 그동안 심각한 갈등사회였다는 사실에 대한 증거이기도 하다[129].

그런데 갈등의 해소나 관리가 확산되고 있는 지금의 사회 분위기 속에서 자칫 갈등에 대한 잘못된 인식이 형성될 여지가 있다. 잘못된 인식이란 바로 '갈등은 나쁘고 협력은 좋다'는 주장의 일반화이다. 사실 우리나라가 심각한 갈등 사회인 것은 갈등 자체에 기인한 것이 아니라 갈등의 해결이나 관리에

---

129 현대경제연구원(2016:1)이 2009년부터 2013년까지 우리나라의 사회갈등지수(social conflict index)를 평균하여 OECD 일부 회원국들과 비교한 결과 우리나라의 사회갈등지수는 비교 대상국인 29개국 중 7번째로 높았을 뿐만 아니라 우리나라의 갈등지수 증가세가 향후 가속화 될 것이라 전망하였다. 여기에 더하여 우리나라의 갈등 수준을 OECD 평균 수준으로 개선할 경우 실질 GDP가 0.2% 상승할 것이라는 보고서의 전망은 현재 우리 사회의 모습을 가늠하게 한다. 그러므로 공공갈등의 촉발을 완화하기 위한 하나의 조치로 공공정책 결정과정에 시민의 참여를 사전적으로 유도하려는 논의가 확대되는 지금의 사회 분위기는 경제적 측면에서도 상당히 고무적인 변화라 말할 수 있다.

대한 잘못된 인식, 방향성, 또는 방법이 가져다 준 문제이다. 예컨대 잘못된 갈등관리는 갈등을 확대 재생산할 것이지만 잘 구성된 갈등관리는 갈등이 존재하지 않았더라면 발생하지 않았을 사회적 효용을 가져다준다.

자신의 이익을 극대화하려는 모습은 경제주체의 본성 혹은 정체성이다. 협력의 명분으로 이익추구에 대한 경제주체의 사익추구 경향을 제어하려 한다면 그것은 곧 새로운 갈등의 발생으로 연결된다. 따라서 효율적 갈등관리는 개인의 경제적 합리성을 전제로 한 상태에서 이와 다른 사회적 가치를 양립시킬 수 있는 방안에 대한 모색과 탐구에서 출발하여야 한다[130].

---

130 국내 방사성 폐기물 처리장 입지 갈등 사례를 분석함에 있어 본 연구가 채택한 방법은 질적 사례 연구법 (Qualitative case study)이다. 사례의 사실적 관계를 파악하기 위해 이미 연구를 진행한 다양한 문헌을 토대로 당시에 발간된 다양한 일간지를 열람하였다. 그렇지만 개별적인 자료는 연구자의 체험적 진실을 포함할 수밖에 없다는 단점이 부득이 하게 발생한다. 그러므로 본 연구가 분석의 객관성과 나름의 독립성을 유지하기 위해 최대한 노력하였다 할지라도 자료수집의 한계를 가지고 오는 것 또한 사실이다. 특히 본 연구는 부안군과 경주시 사례를 면밀히 파악하기 위해 각각 사회갈등연구소(2010)와 경주신문의 각호를 주로 참고하여 특정 자료에 편중되어 있는 것처럼 보인다. 비록 객관성의 확보를 위해 비슷한 시기에 보도된 각종 자료와 교차검증을 부분적으로 실시하였음에도 드러난 자료의 편중은 본 연구의 객관성에 의문을 가할 수 있다. 어떠한 사건은 기록하는 사람의 시각에 따라 이해관계가 바뀔 수 있기 때문이다. 다만 본 연구가 사회갈등연구소(2010)의 연구에서 인용한 부분의 대부분은 당시 관련기사를 그대로 옮겨놓은 것임을 밝힌다. 또한 사회갈등연구소(2010)는 부안사태를 정부의 비민주적인 정책집행에 대한 지역주민의 자발적 저항으로 평가하고 부안사태를 부안주민운동 혹은 부안주민항쟁으로 명명하도록 제안하였는데 반하여 본 연구는 부안사태를 지방정부의 협상전략 실패로 인한 결과물로 판단하고 있다는 점에서 견해의 차이를 보인다. 더구나 본 연구는 사회갈등연구소(2010)와는 다르게 지방정부의 협상가적 역할을 상당히 강조하고 있다. 경주시 사례의 경우에도 경주신문 각호를 열람하면서 사실적인 부분만을 활용하기 위해 노력하였다. 그럼에도 당시 관련된 다양한 매체를 모두 면밀하게 검토하지 못했다는 점은 본 연구에서 활용한 자료수집의 한계점으로 남는다. 공공갈등에 참여하는 주체를 중앙정부, 지방정부, 그리고 지역주민으로 구분할 때 공공갈등은 중앙정부와 지방정부 간의 갈등, 지방정부 사이의 갈등, 지방정부와 지역주민 간의 갈등, 지역주민 사이의 갈등 등으로 세분할 수 있다. 본 연구의 논의는 이 중에서 중앙정부와 지역주민 간의 갈등에 맞추어 진행하였다. 해당 구조에서 지방정부는 중앙정부와 지역주민의 매개체적 역할을 수행한 것이다. 지방정부의 역할은 갈등사안의 종류에 따라 달라질 수 있다. 만약 중앙정부의 개입이 아니라 지방자치제도 안에서 지역사회 내부적인 행정적 갈등상황을 고려해 본다면 지방정부의 성격은 본 연구의 시각과 다소 차이가 드러날지도 모르기 때문이다. 따라서 본 연구에서 활용한 논의의 범위를 조금 더 넓혀가기 위해서는 다양한 사회적 갈등사안에 접근할 필요성이 있다. 이 부분에 대한 논의는 차후의 연구를 위해서 남겨두기로 한다.

참고문헌

1. 강남준 (1994), "안면도사태 보도분석: 상호설득적 환경정보교류부재", 『저널리즘 비평』, 제 12권, pp. 13-19.

2. 강성철 외 (2006), 『지방정부간 갈등과 협력-이론과 실제』, 서울 : 한국행정DB센타.

3. 곽상수 (2016), "중·저준위방사성폐기물 처분시설", 『원자력 발전백서』, 산업통산자원부 한국수력원자력, pp. 345-356.

4. 고경민 (2012), "국책사업 갈등에서 지방정부의 역할: 제주해군기지 갈등 사례", 『분쟁해결연구』, 제 10권, 1호, pp. 5-36.

5. 김경동·심익섭 (2016), "공공갈등과 방폐장 입지사례연구-IAD를 통한 경주와 부안의 비교사례분석-", 『한국지방자치학회보』, 제 28권, 4호, pp. 103-127.

6. 김광구·오현순·김영곤 (2013), "갈등해소 기제로서의 주민투표제도 개선방안 연구 : 숙의 민주주의적 요소를 중심으로", 『한국정책과학회보』, 제 17권, 3호, pp. 85-116.

7. 김경신·윤순진 (2014), "중·저준위 방사성 폐기물 처분장 입지선정과정에 나타난 위험이익인식과 입지수용성 분석 부안과 경주의 설치·유치지역을 중심으로", 『한국정책학회보』, 제 23권, 1호, pp. 313-342.

8. 김기홍 (2002), 『한국인은 왜 항상 협상에서 지는가』, 서울: 굿인포메이션.
(2012), "FTA 협상 분석의 이론적 틀 : 협상구조와 과정을 중심으로", 『국제문제연구』, pp. 139-163.
(2017), 『전략적 협상-한국과 한국인의 협상을 위한 조언』, 파주: 법문사.

9. 곽소희·정호진 (2009), "협상과 게임의 관점에서 본 방사성 폐기물 처리장 입지 선정과정 분석", 『협상연구』, 제 13권, 2호, pp. 53-89.

10. 김길수 (1997), "핵폐기물 처분장의 입지선정에 있어서 주민저항의 원인 경북 청하지역 사례를 중심으로-", 『한국정책학회보』, 제 6권, 1호, pp. 174-203.
(2004), "정책집행과정에서 주민저항 사례연구 부안 방폐장 부지선정을 중심으로-", 『한국정책학회보』, 제 13권, 5호, pp. 159-184.

11. 김선아 (2013), "혐오시설 입지정책 갈등관리에서의 지방정부 역할 탐색", 『복지행정연구』, 제 29집, pp. 195-224.

12. 김성배·이은정 (2010), "정보의 연쇄파급현상이 주민의 집단적 선호변화에 미친 영향-방폐장 부지선정 사례의 경우", 『사회과학논총』, 제 12권, pp. 59-90.

13. 김영종 (2008), "지방정부 정책갈등관리전략의 비교분석", 『韓國地方自治研究』, 제 10권, 3호, pp. 1-24.

14. 김용철 (1998), "NIMBY와 PIMFY현상의 정치적 갈등구조 비교: 영광원전 5,6호기 건설사업과 전남도청 이전 사업 사례를 중심으로", 『韓國政治學會報』, 제 32권, 1호, pp. 87-109.

15. 김종석·강은숙 (2008), "비선호시설의 입지에 따른 정부간 갈등의 원인과 해결에 대한 게임이론적 고찰", 『행정논총』, 제 46권, 4호, pp. 351-377.

16. 김현정 (2007), "방사성폐기물처리장 입지 갈등관리의 성패요인에 관한 연구-부안·경주 사례를 중심으로", 서울시립대학교 대학원, 석사학위논문.

17. 김홍식·정형덕 (1993), 『地域利己主義 克服을 위한 政策研究』, 韓國地方行政研究院.

18. 김홍회 (2011), "협력 거버넌스 모형의 구축과 적용: 경주 방폐장 선정 과정의 분석", 『정부학연구』, 제 17권, 2호, pp. 143-182.

19. 나태준·박재희 (2004), 『갈등해결의 제도적 접근 : 현행 갈등관련 제도분석 및 대안』 (KIPA 연구 보고서 04-13), 서울 : 한국행정연구원.

20. 문인수 (2011), "지역이기주의와 K-2 공군기지 이전 갈등에 관한 연구", 『대한부동산학회지』, 제 29권, 2호, pp. 103-127.

21. 박순애·이지한 (2005), "반복된 정책실패: 방사성폐기물 처분장 입지정책의 재조명", 『환경정책』, 제 13권, 2호, pp. 63-98.

22. 박재묵 (1994), "지역 반핵 운동에 있어서 '틀 정렬'의 과정-안면도 반핵 운동의 경우", 『사회와 역사』(구 한국사회사학회논문집), 41권, 0호, pp. 261-305.

23. 배일섭 (2005), "행정중심도시 건설의 정책결정분석-전략적 행동들에 관한 양면게임이론 적용-", 『한국정책학회보』, 제 14권, 4호, pp. 117-395.

24. 배한종 (2016), "방사성폐기물 관리사업", 『원자력 발전백서』, 산업통산자원부·한국수력원자력, pp. 307-344.

25. 사회갈등연구소 (2010), 『부안 방폐장 관련 주민운동 백서』, 서울: 갈등조정아카데미.

26. 산업자원부 (1998), "방사성폐기물관리대책 확정·시행", 산업자원부 원자력발전과 보도자료.
(2001), "방사성폐기물 시설부지 공모결과", 산업자원부 공보관실 보도자료, 2001.07.02.
(2003), "방사성폐기물 관리시설 후보부지 발표", 산업자원부 공보관실 보도자료, 2003.02.04.

27. 서울시정개발연구원 (2003), 『청계천복원 타당성 조사 및 기본 계획』, 서울 : 서울특별시.

28. 손병권 (2008), "양면게임", 『전남대학교 세계한상문화연구단 국내학술회의』, pp. 1098-1111.

29. 윤순진 (2006), "2005년 중·저준위 방사성 폐기물 처분시설 추진과정과 반핵운동: 반핵운동의 환경변화와 반핵담론의 협소화", 『시민사회와 NGO』, 제 4권, 1호, pp. 277-311.

30. 윤종설 (2012), 『사회적 집단갈등의 영향요인 분석과 해결방안에 관한 연구』(KIPA 연구보고서 2012-40), 서울 : 한국행정연구원.

31. 이윤경 (2014), "동남권 신공항의 정책변동에 관한 연구 : 정책옹호연합모형과 양면게임이론의 결합모형을 중심으로", 『행정논총』, 제 52권, 제3호, pp. 59-90.

32. 이은경 (2009). 『시민 사회의 기술 위험 수용과정과 기술 위험 관리정책의 공진화』, 정책자료 2009-12, 서울: 과학기술정책연구원.

33. 이헌석 (2010), 『2005년 방사성폐기물처분장 주민투표를 통해 본 중앙정부 주도형 주민투표의 문제점과 지역 사회의 과제』(2010년 진보신당 연구용역사업 연구 보고서), 에너지정의행동.

34. 인호식 (2005), "방사성폐기물처분장 입지 선정과정의 게임이론적 분석 위도 사례를 중심으로", 서울대학교 대학원, 석사학위논문.

35. 장훈철 ·황경수 (2011), "지방자치단체장의 협상리더십에 관한 연구 : Two-Level 이론을 응용한 제주해군기지 설치 협상 분석을 중심으로", 『濟州島研究』, 35집, pp. 237-278.

36. 정건화 (2007), "사회갈등과 사회과학적 갈등분석", 『동향과 전망』, pp. 11-50.

37. 정정화 (2007), "위험시설 입지정책결정의 합리성-방폐장 입지선정 사례를 중심으로", 『지방정부연구』, 제 11권, 2호, pp. 153-173.

38. 정주용 (2008), "정책수용성 급반전현상에 관한 연구-방사성폐기물처리장 입지정책을 중심으로", 고려대학교 대학원, 박사학위논문.

39. 주성수 (2007), "'주민투표'는 환경갈등 해결의 대안인가? -방사성폐기물처리장 주민투표 평가", 『경제와사회』, 통권 75호, pp. 229-250.

40. 차성수·민은주 (2006), "방폐장 부지선정을 둘러싼 갈등과 민주주의", 『환경사회학연구 ECO』, 제 10권, 1호, pp. 43-70.

41. 채경석 (2004), "방사성폐기물처분장의 입지 수용요인", 『한국사회와 행정연구』, 제 14권, 4호, pp. 291-309.

42. 최진식 (2008), "주민투표 후 방폐장에 대한 위험판단과 위험수용성에 관한 연구", 『한국행정학보』, 제 42권, 2호, pp. 149-168.

43. 현대경제연구원 (2016), "사회적 갈등의 경제적 효과 추정과 시사점 : 사회적 갈등 개선으로 3%대 성장 가능하다!", 『경제주평』, 제 16권, 45호, pp. 1-12.

44. 황의서 (2013), "방폐장 유치 주민투표의 정치·사회적 심리와 향후 정책과제", 『대한정치학회보』, 21집, 1호, pp. 73-90.

45. Aumann, Robert J. (2003), "Presidential address", Games and Economic Behavior, Vol. 45, 2-14.

46. Axelrod, Robert (1984), The Evolution of Cooperation, Basic Books, Kindle Edition.

47. Aydinonat, N. Emrah (2005), "An interview with Thomas C. Schelling: Interpretation of game theory and the checkboard model", Economics Bulletin, Vol. 2, No. 2, 1-7.

48. Bennett, Peter. G. (1977), "Toward a Theory of Hypergames", Omega, Vol. 5, No. 6, 749-751.

49. Colman, Andrew M. (2006), "Thomas C. Schelling's psychological decision theory: introduction to a special issue", Journal of Economic Psychology, Vol. 27, No. 2, 603-608.

50. Crawford, Vincent P. (1991), "Thomas C. Schelling and the Analysis of Strategic Behavior", in Richard J. Zeckhauser(ed), Strategy and Choice(pp. 265-294), Cambridge, MA : MIT Press.

51. Dixit, Avinash K. (2006), "Thomas Schelling's Contributions to Game Theory", The Scandinavian Journal of Economics, Vol. 108, No. 2, 213-229.

52. Fraser, Nill M., Keith W. Hipel, John Jaworsky, & Ralph Zuljan (1990), "A Conflict Analysis of the Armenian-Azerbaijani Dispute", The Journal of Conflict Resolution, vol. 34, no. 4, 652-677.

53. Gibbons, Robert, (1992), Game Theory for Applied Economists, Princeton, NJ: Princeton University Press.

54. Hargreaves-Heap, Shaun P., & Yanis Varoufakis (2004), Game Theory : A Critical Text(2nd ed.), New York, NY: Routledge.

55. Hirschman, Albert O. (1981), Essays in Trespassing: Economics to Politics and Beyond, Cambridge: Cambridge University Press.

56. Kreidler, William J. (1984), Creative Conflict Resolution : More than 200 Activities for Keeping Peace in the Classroom, Arizona : Good year Books.

57. Myerson, Roger B. (2009), "Learning form Schelling's Strategy of Conflict", Journal of Economic Literature, Vol. 47, No. 4, 1109-1125.

58. McCain, Roger. A. (2014), Game Theory: A Nontechnical Introduction to the Analysis of Strategy(3rd ed.), World Scientific, Kindle Edition.

59. McMillan, John (1992), Games, Strategies, & Managers : How managers can use game theory to make better business decisions, New York, NY: Oxford University Press.

60. Miller, James D.(2003), Game theory at work : how to use game theory to outthink and outmaneuver your competition, New York: McGraw-Hill.

61. Ostrom, Elinor (2005), Understanding Institutional Diversity, Princeton, NJ: Princeton University Press.

62. Poitras, Jean, & Pierre Renaud (2007), Mediation and Reconciliation of Interests in Public disputes, 박진·강버들(역), 『갈등조정의 ABC』, 서울: 굿인포메이션(원전은 1997에 출판).

63. Poundstone, William (2004), Prisoner's Dilemma, 박우석(역), 『수인의 딜레마』, 서울: 양문(원전은 1992에 출판).

64. Powell, J. H. (2003), "Game Theory in Strategy", In David O. Faulkner & Andrew Campbell (Eds.), The Oxford Handbook of Strategy, Volume II : Corporate Strategy(pp. 383-415), New York, NY: Oxford University Press.

65. Putnam, Robert D. (1988), "Diplomacy and Domestic Politics: The Logic of Two-Level Games", International Organization, Vol. 42, No. 3 (Summer), pp. 427-460.

66. Schelling, Thomas. C. (1960), The Strategy of Conflict, Cambridge, MA: Harvard University Press.

67. von Neumann, John, & Oskar Morgenstern (1953), Theory of games and Economic behavior(3rd ed.), Princeton, NJ: Princeton University Press.

68. Watson, Joel (2002), Strategy : an Introduction to Game Theory(3rd ed.), New York, NY: W.W.Norton & Comapany.

69. Walton, Richard E., & Robert B. McKersie (1965), A Behavioral Theory of Labor Negotiations: An Analysis of a Social Interaction System, New York : McGraw-Hill.

70. Zartman, I. William (2002), "The Structure of Negotiation", in international Negotiation edited by Victor A. Kremenyuk, Sanfrancisco, CA : Jossey-Bass, pp. 71~84.

〈부록1〉

8차 추진일지 (전북지역을 중심으로)

일시	전북 고창군	전북 군산시	전북 부안군 (위도)	
2003. 02. 05.	4대 후보지역으로 선정			
2003. 04. 30.			마을이장 회의에서 공식 거론	
2003. 05. 01.	정부 양성자가속기 사업과 방폐장 사업 연계 추진 발표, 전북 과학기술 자문단 방폐장 유치 적극 지지 입장 표명			
2003. 05. 03.			방폐장유치추진위원회 구성	
2003. 05. 06.	전북 방폐장 유치 희망 표명			
2003. 05. 09.			주민 85명 1박 2일 대덕 연구단지 시설 견학	
2003. 05. 12.			서명 작업 착수	
2003. 05. 16.		비안도 주민 유치 희망 표명		
2003. 05. 20.			핵폐기장 백지화 범부안군민대책 준비위원회 구성	
2003. 05. 23.	고창군의회 공식 반대 입장 표명		주민 1,600여명 중 1,100 여명 유치 서명완료	
2003. 05. 27.	정부 4대 지역 외 유치활동 사업자 공모			
2003. 05. 29.	해리면 주민 유치 성명 발표			
2003. 06. 02.	전라북도 : 방사성폐기물 관리시설 추진지원단 발족			
2003. 06. 04.	산자부 2조 1천억 원 지원 계획 구체화			
2003. 06. 09.		군산시장 추진 의사 표명.		
2003. 06. 15.		신시도 지질 굴착 조사 시작		
2003. 06. 24.			부안군방폐장유치위원회 발족	
2003. 06. 26.	정부 '원전수거물 부지선정 최종 방침' 발표.			
2003. 06. 27.		민관합동토론회 개최		
2003. 07. 02.		군산시 본격적인 유치 공세 돌입	부안방폐장유치반대범군민대책 위원회 발대식	
2003. 07. 10.		활성단층 발견 및 유치 포기선언		

자료 : 사회갈등연구소(2010: 39-76) 편집

8-9차 추진일지 (부안군을 중심으로)

일시	중앙 및 지방정부	전북 부안군	
		(위도)	
2003. 07. 11.			김종규 부안군수 유치신청 선언. 부안군의회 유치 청원 부결함.
2003. 07. 12.			한수원 지질조사 결과 양호 통보
2003. 07. 14.			부안군수와 군의회 의장 산자부에 유치 신청서 제출
2003. 07. 15.	전라북도, 시군합동대책위원회 산자부, 부지선정위원회 개최 부안군 일부의원, 의장불신임안 제출		시민사회단체, 찬반여론 확산
2003. 07. 16.			학생 등교거부 시작
2003. 07. 18.	부안군 일부의원, 부안군수 사퇴 권고안 제출		
2003. 07. 19.			핵폐기장 백지화 부안군 의료인 집회
2003. 07. 20.			부안군 천주교인 200여명 집회 및 행진
2003. 07. 21.	부안군의회, 의장 사퇴 권고안 부결 및 군수 사퇴권고안 가결. 김형인 의장 폭행사건		부안 농협조합장 방폐장 반대 선언
2003. 07. 22.	노무현대통령 보고		부안 핵폐기장 백지화 대회. 무력충돌로 부상 97명, 차량 6대 파괴(경찰청 추산) 군민 100여명 부상, 50여명 중상(대책위 추산). 전북의약단체 방폐장 유치 찬성 성명
2003. 07. 23.	노무현 대통령 부안군수 격려차 통화		전북 관광협회, 전북 체육회, 생활체육협의회, 전북예술총연합회, 사단법인 인터넷PC협회 전주지회 방폐장 유치 찬성 성명 발표
2003. 07. 24.	산자부, 위도 최종 확정 발표. 행자부, 위도 종합개발계획 마련 문화관광부, 변산지역 국립공원 조정 위해 환경부와 협의시작 한수원, 위도종합휴양지계획 착수	현금보상 불가시 유치반납 여론 확산	광복회, 상이군경회 등 도내 5대 국가보훈단체 유치 지지선언
2003. 07. 25.	행자부 특별교부세, 소도읍 육성 사업비 등 11건의 지역개발사업 지원계획 확정		정부가 국책사업을 돈으로 사려 한다고 비난
2003. 07. 26.			부안군민 4천여명 경찰과 충돌
2003. 07. 28.	김종규 군수 및 전북도, 정부의 소극적 지원 정책에 우려 표명		

(다음 장에 계속)

일시	중앙 및 지방정부	전북 부안군	
		(위도)	
2003. 07. 29.	정부 현금보상불가방침	유치신청 반납여부 논의	
2003. 07. 30.		'위도 특별법' 법제화 촉구	
2003. 07. 31.	부안군수 주민투표 언급(MBC 100분토론)		해상시위
2003. 08. 01.	행자부, 주민투표 수용가능성 언급		
2003. 08. 04.			차량 2,000대 고속도로 점거 시위
2003. 08. 05.	도지사, 방폐장 찬성 입장 견지		부안핵폐기장백지화 범도민위원회 발족
2003. 08 .06.	부안군종합개발계획(2003-2012년) 용역 계획 수립	방폐장 거부 세력 등장(위도지킴이)	
2003. 08. 07.	산자부 장관, 주민투표 불가 언급		부안지역 이장단의 58%(290명) 사퇴.
2003. 08. 08.		유치위원회, 직접 보상 포함하는 8개 요구안 제출	대책위원회, 부안군수 주민소환 서명운동 시작
2003. 08. 10.			전북대책위, 부안과 전주 야간 촛불집회
2003. 08. 12.	문화관광부, 카지노사업 불가 방침.		부안대책위, 강도 높은 투쟁 선언
2003. 08. 13.			부안대책위, 1만여명
2003. 08. 14.	부안군 지원 대책위원회 제2차 회의, 20개 우선 지원 사업 확정		부안군민총파업 투쟁의 날 선포
2003. 08. 15.		위도지킴이 100여명 방폐장 유치 반대 투쟁 공식 결의	
2003. 08. 16.	산자부, 양성자가속기 사업 추진을 위해 4백억 원 추가지원 발표		
2003. 08. 17.			200여명 고속도로 저속 운행 시위
2003. 08. 19.			방폐장 등 핵추방을 위한 부안지역 교사모임 성명
2003. 08. 21.	노무현 대통령, 방폐장 건설 의지표명 및 폭력에 대한 단호한 대응 지시	유치위원회, 한수원 약속이행 촉구	1,000여명 2차 해상시위
2003. 08. 28.	행자부장관 부안대책위에 '공동위원회'제안(입장차만 확인 시행 불발)		차량 2,000대 고속도로 점거 시위
2003. 08. 30.	행자부, 특별교부세 1백억 지원 등 확정		행자부 지원발표에 주민 매수라고 반발
2003. 09. 01.			부안대책위, 2,000명 참여 집회 개최

(다음 장에 계속)

일시	중앙 및 지방정부	전북 부안군	
		(위도)	
2003. 09. 02.			부안군청공무원직장협의회 방폐장 업무 거부선언.
2003. 09. 03.			부안대책위, 400명(초중생 350명, 주민 50명), 국회 상경
2003. 09. 04.			부안 초등학생과 학부모 250명, 청와대 편지 전달위해 상경
2003. 09. 05.		유치위, 위도 주식회사 설립 방침 정함	
2003. 09. 07.		유치위, 산자부에 위도 주식회사 설립등 요구	
2003. 09. 08.	김종규 군수 감금 폭행 발생		
2003. 09. 17.	산자부, 위도 대통령별장 설립방안 검토 발표		대책위, 현금보상설 유포 관련 국민감사 청구
2003. 09. 19.	고건 국무총리 부안대책위 오찬 (1차 대화)		
2003. 09. 24.	부안군의회 의원 7명 등원 거부. 군의회 기능 정지.		
2003. 10. 01.			300명 삼보일배
2003. 10. 03.	고건 국무총리와 부안대책위 대표단 간담회, '부안민정대화기구' 구성합의		
2003. 10. 04.	김종규 군수 원전수거물센터 대화창구에 대한 부안군수 환영성명서 발표		
2003. 10. 05.	부안군. 1조 6천억 원 규모 신규 지원산업 발굴보도.		
2003. 10. 08.	대화기구 마련을 위한 실무회의(1차)		
2003. 10. 14.	대화기구 마련을 위한 실무회의(2차)		
2003. 10. 24.	부안지역 현안 해결을 위한 공동협의회(부안민정대화기구) 1차 회의		
2003. 10. 29.	위도주식회사 합의 전면부인.	유치위, 위도주식회사 건설합의 허위 발표	
2003. 10. 31.	부안지역 현안 해결을 위한 공동협의회(부안민정대화기구) 2차 회의		
2003. 11. 03.	부안지역 현안 해결을 위한 공동협의회(부안민정대화기구) 3차 회의		
2003. 11. 14.	부안지역 현안 해결을 위한 공동협의회(부안민정대화기구) 4차 회의		
2003. 11. 16.			주민투표 연내 실시 방안 수용 결정
2003. 11. 17.	주민투표 연내 실시 수용 불가 입장 밝힘		천여명 과격시위
2003. 11. 19.			7천여명 과격시위

(다음 장에 계속)

일시	중앙 및 지방정부	전북 부안군	
		(위도)	
2003. 11. 20.			과격 시위
2003. 11. 21.			부안문제 해결을 위한 중재단 구성
2003. 11. 22.	주민투표 2004년 2월안 거절		주민투표 2004년 2월안 제안
2003. 11. 24.	민주당 부안 방폐장 건설 백지화 당론선정		
2003. 11. 25.	부안군의회 10명 등원거부방침 유지		부안주민 60명 서울에서 항의집회
2003. 11. 26.	노무현 대통령 단계적 해법론 제시		
2003. 11. 29.			부안군민 결의대회
2003. 12. 05.	부안문제 해결을 위한 비공식 실무회의 (1차)		
2003. 12. 08.			방폐장 반대 집회
2003. 12. 09.	부안문제 해결을 위한 비공식 실무회의 (2차)		
2003. 12. 10.	정부, 유치신청 보완방침 발표		
2003. 12. 12	부안문제 해결을 위한 비공식 실무회의 (3차)		
2003. 12. 16.	노무현 대통령 주민투표 3대 기준 제시		
2003. 12. 19.			찬성주민 범부안군 국책사업유치추진연맹 결성
2003. 12. 25.	방폐장 부지 추가신청을 2004년 2월 이후로 늦춤		
2004. 01. 08.	원전센터 관계 장관 워크숍		
2004. 01. 12.			부안대책위, 2004년 2월 14일을 주민투표일로 확정
2004. 01. 15.			부안대책위, 부안 주민투표 관리위원회 발대식. 부안국책사업추진연맹, 불법 주민투표 무효선언규탄대회.
2004. 01. 24.			부안 방사성폐기장 유치 찬반 주민투표관리위원회 개소
2004. 01. 26.	김종규 부안군수, 불법 주민투표 저지 선언.		
2004. 01. 28	부안군청 공무원, 불법 주민투표 저지를 위한 결의 대회.		
2004. 02. 05.	정부, 방폐장 부지 공모에 관한 공고 발표(부안군 예비신청자격 유지)		

(다음 장에 계속)

일시	중앙 및 지방정부	전북 부안군 (위도)	전북 부안군
2004. 02. 10.			방폐장 유치 찬반단체, 대규모 집회
2004. 02. 14.		부안군 주민투표, (반대 91.83%, 찬성 5.71%, 무효 2.46%)	
2004. 05. 31.	신규 유치 청원 마감 (8개 지자체 내 10개 지역주민 유치청원)		
2004. 07. 30.	주민투표법 시행		
2004. 08. 18.	부안군 의회, 주민투표조례안 의원간 갈등 속에 통과		
2004. 09. 10.	열린우리당 공론화를 위한 중재안 정부와 시민단체에 전달		
2004. 09. 15.	신규 유치 예비신청 마감 (8개 지자체 중 예비신청 지역 없음)		
2004. 09. 16.	부안군, 예비신청 단계인 부안군의 기득권 명문화 및 견학 계속 추진 요구, 총리실 전달 전북도지사, 11월 주민투표 실시 요구		방폐장 추진일정 무산을 위한 군민 총파업투쟁 집회
2004. 10. 01.	정부 6개 부처 장관회의, 새로운 절차 논의		
2004. 10. 04.			부안 주민의 상경 집중 투쟁 시작
2004. 10. 07.		위도 주민 100여명, 세종로 집회. 핵폐기물 유치 촉구 주장	5일부터 7일까지 삼보일배. 7일 정부종합청사 앞에서 경찰과 충돌
2004. 11. 12.	한수원 부안출장소 철수		
2004. 11. 30.	주민투표 시행 마감일	주민투표 시행되지 않음	
2004. 12. 01.			부안대책위, 원전센터 백지화 선언.
2005. 02. 04.			부안대책위, 공식해산

자료 : 사회갈등연구소(2010: 39-207) 편집

10차 추진일지 (경주시를 중심으로)

일시	경주시의회	시민단체	
		찬성측	반대측
2005. 03. 02.	'중·저준위 방폐장 유치지역지원에 관한 특별법' 국회 통과		
2005. 03. 09.		경주핵대책시민연대 발족	
2005. 03. 11.	중·저준위 방폐장 처분시설 부지선정위원회 발족		
2005. 03. 23		경주핵대책시민연대 방폐장 유치성명발표	경주환경운동연합 방폐장 반대성명 발표
2005. 03. 28.	경주 시의회 방폐장 유치 결정		
2005. 04. 01.			(가칭)경주핵폐기물처분장반 대범국민대책위원회 구성합의
2005. 04. 04.	경주시의회방폐장유치특별위 원회 첫 회의	경주핵대책시민연대 방폐장 유치 타당성과 고준위 핵폐기물 정책 촉구 시민궐기대회	
2005. 04. 07.	산자부, 선부지조사-후절차공고 방침 밝힘.		
2005. 04. 14.	행정동우회 초청 간담회		반대단체 대책회의
2005. 04. 18.	유치관련 설명회 (양남면) 부지적합성 조사 착수(양북면)		
2005. 04. 21. ~ 2005. 04. 22.	시의원과 사무국직원 대전 원자력연구원 연수 외동읍 긴급 이장회의	경주핵대책시민연대 한시적 활동중단 발표	
2005. 04. 25.	부지적합성소위원회, 유치신청 지역 부지적합성 조사 착수		
2005. 04. 27.			경주핵폐기장반대 범시민대 책위원회 발대식 및 경주시장 항의방문
2005. 04. 29.	내남면 이장협의회 대전 원 자력환경기술원 견학		
2005. 05. 09		국책사업 경주 유치 추진단(가칭) 출범	경주핵폐기장 반대 경주시민 결의대회
2005. 05. 25.	농어민회관 건설 확정		
2005. 05. 26.	경주시의회, 월성원전 주민지 원사업 관련 보고질의.		
2005. 06. 16.	중·저준위 방폐장 부지선정 등에 관한 공고 발표		
2005. 06. 30.			전교조 경주지회, 핵폐기장 유치 반대 성명

(다음 장에 계속)

일시	경주시의회	시민단체	
		찬성측	반대측
2005. 07. 06.	정부합동설명회(경북도청)		
2005. 07. 26.	정부, 지자체 유치 활동비 국고 지원 방침 전달		
2005. 08. 05. ~ 2005. 08. 06.		시민 1,500명 여론조사 (찬성 55.4%, 반대 38%, 무응답 6.6%)	
2005. 08. 10.	산자부장관, 경주 방문 간담회		방폐장 주민여론조사 원천무효 기자회견
2005. 08. 11.	경주시장 방폐장 유치선언		
2005. 08. 12.	경주시의회 동의안 통과		
2005. 08. 16.	경주, 방폐장 유치신청		시청 앞 천막농성 돌입. 울산시의원 및 시민단체 경주 방폐장 유치 철회 요구.
2005. 08. 18.	경북도청 내 서라벌향우회 경주유치 가세		
2005. 08. 20.			아름다운 경주지키기 문화 한마당
2005. 08. 24.		대구경북 23개 대학 총장 방폐장 동해안 유치 촉구 특별성명발표	
2005. 08. 25.	정종복 국회의원 유치 찬성 기자간담회. 지역반상회를 통한 유치홍보		지역 교육,문화,예술,사회단체 관계자 100인 유치 반대 선언
2005. 08. 26.	이의근 도지사 경주 유치 찬성 발언	방폐장 홍보관 개관식	
2005. 08. 31.	방폐장 유치신청 마감일(경주,포항,군산,영덕 유치신청 완료 / 울진, 삼척은 의회에서 유치동의안 부결)		
2005. 09. 01.	경북도, 방폐장과 연계된 동해안발전구상 발표	경주문화원, 경주예총경주지부 유치 찬성 선언	
2005. 09. 02.			한국농업경영인경주시연합 대규모 시위 예고
2005. 09. 05.		경주상의, 유치지지 선언	시청천막농성 해제 및 황성공원 천막농성 시작
2005. 09. 06.		경주시의사회 방폐장 경주유치지지 성명	
2005. 09. 07.	부지선정위, 봉길리 방문	문화예술단체 유치 결의대회	
2005. 09. 08.			전교조 경주초중등지회, 핵폐기장바로알기 공동수업
2005. 09. 09.			한농연 반대투쟁 선포식
2005. 09. 10.		양북면 국책사업유치위원회 발족	

(다음 장에 계속)

일시	경주시의회	시민단체	
		찬성측	반대측
2005. 09. 12.		한나라당 경북도당 방폐장 경북 유치 결의대회. 열린우리당 경주시 당원협의회 지지 성명.	
2005. 09. 13.	국정현안정책조정회의, 주민투표일(11월 2일) 결정		
	경주시 학원연합회 지지성명		
2005. 09. 14.	이의근 도지사 경주 중앙시장 방문 유치홍보	경주시 장애인단체협의회, 경주교육삼락회 방폐장 지지선언	
2005. 09. 15.	산자부장관, 부지선정위원장 4개 지자체장과 공동 기자회견 부지적합성 최종평가 결과 발표 및 주민투표 일정(11월 2일) 발표		
	경북도, 농업분야 200억지원 등 7개 지원 대책 발표	저문건설협의회, 경주시 약사회, 경주전문건설협의회, JCI KOREA 경주, 경주JC특우회, 민주노총산하 민주택시 연맹 지지선언	한농연, 경주 핵폐기장반대 경주농민 궐기대회
2005. 09. 21.			오영식 국회의원, 녹색연합 양성자가속기 과대 홍보 지적
2005. 09. 22.	산자부, 양성자가속기 과대 홍보 논란 반박. 경주시의회 제106회 임시의회, 방폐장 주민투표 실시 의견 만장일치 통과.		
2005. 09. 27.			시민사회단체연대회의, 주민투표 문제제기 긴급 토론회
2005. 09. 29			민노당 의원 7명, 중저준위 방폐장 추진절차 촉구 기자회견
2005. 09. 29	양북, 양남, 감포 지역 주민과의 대화. 경주월성 원전 2기 건설 승인	양북, 양남, 감포 지역 주민과의 대화	
2005. 10. 04.	4개 지자체 주민투표 동시 발의		
2005. 10. 05.		재 경주 호남향우회 방폐장 유치지지 선언	경주핵폐기장반대공동운동본부 출범
2005. 10. 10.		경주교육삼락회 유치 결의대회	
2005. 10. 13.		한나라당 경북지역 의원 방폐장 유치찬성 공식선언	

(다음 장에 계속)

일시	경주시의회	시민단체	
		찬성측	반대측
2005. 10. 14.		경주시 여성단체협의회 유치 지지성명	
2005. 10. 26.		경주시체육회, 경주시 경기연맹회장협의회, 경주시 읍면동 체육회 방폐장 유치 지지성명	
2005. 10. 27.	백상승 시장, 이종근 의장, 이진구 국책사업유치단 공동대표, '정부와 군산시의 지역감정 조장 망동 규탄' 기자회견 및 단식농성 시작.		경주핵폐기장 반대 및 불법부재자 신고 규탄 삼보일배
2005. 11. 02.	주민투표 (경주 사실상 확정)		
2005. 11. 03.	이희범 산자부장관 경주 확정 공식 발표		

자료 : 경주신문 각 호(2005.03.25.~ 2005. 11.07) 편집